李未醉 魏露苓 著

古代中外科技交流史略

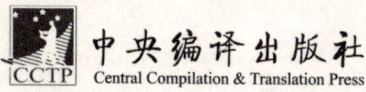
中央编译出版社
Central Compilation & Translation Press

图书在版编目（CIP）数据

古代中外科技交流史略 / 李未醉，魏露苓著. — 北京：
中央编译出版社，2013.1
ISBN 978 - 7 - 5117 - 1461 - 9

I.①古… Ⅱ.①李… ②魏… Ⅲ.①科学技术－文化
交流－文化史－研究－世界 Ⅳ.①G321.9

中国版本图书馆 CIP 数据核字（2012）第 168694 号

古代中外科技交流史略

出 版 人：	刘明清
出版统筹：	谭　洁
著　　者：	李未醉　魏露苓
责任编辑：	张丽辉　曲建文
责任印制：	尹　珺
出版发行：	中央编译出版社
地　　址：	北京市西城区车公庄大街乙 5 号鸿儒大厦 B 座　　邮编：100044
电　　话：	(010) 52612345（总编室）　　(010) 52612363（编辑室）
	(010) 66161011（团购部）　　(010) 52612332（网络销售）
	(010) 66130345（发行部）　　(010) 66509618（读者服务部）
网　　址：	www.cctpbook.com
经　　销：	全国新华书店
印　　刷：	北京振兴源印务有限公司
开　　本：	710 毫米×1000 毫米　1/16
字　　数：	310 千字
印　　张：	21.5
版　　次：	2013 年 1 月第 1 版第 1 次印刷
定　　价：	60.00 元

本社常年法律顾问:北京市吴栾赵阎律师事务所律师　闫军　梁勤
凡有印装质量问题,本社负责调换。电话:(010)66509618

目　录

绪　论

　　科学技术是劳动人民的创造发明，是在劳动生产中产生和发展的。古往今来，科学技术不断推动了社会发展进步。

　　科学技术在原始社会就有，农业、手工业和房屋建筑技术就是当时的三大创造。但是，在原始社会阶段，科学还存在于技术之中，或只能说是萌发。如在选择石料、打制和使用石器中，就蕴含有力学和矿物学、地质学知识的萌芽；在采集狩猎和原始农牧业中，包含着动植物学的初始知识；在火的使用、制陶和原始冶铜技术中，则有一些化学知识的萌芽；而农牧业发展的需要则促成了物候、天文和数学知识的早期积累。[①]

　　进入奴隶社会，我国的科技得到进一步发展。夏代铸造工艺的改进，酿酒业的出现，房屋建筑技术的进步，天文历法的创造，都是科技进步的表现。商代时，青铜工业得到进一步发展，建筑技术进一步提高，天文历法开始设置闰月，表明科技继续发展。西周时期，数学和天文历法取得重大成就。春秋战国时期，科学技术得到进一步发展。秦始皇统一中国后，对文字、货币和度量衡进行了统一，有力地促进了科技的发展。在整个封建社会阶段，大一统局面有助于科学技术持续不断地

　　[①]　杜石然等：《中国科学技术史稿》，科学出版社1983年版，第4页。

发展。汉代在天文历法、数学、医学、地理学、造纸术、化学等方面均取得重大突破。中国古代科学体系，在汉代基本形成，数学、天文学、地理学、医学和农学五大学科各自都有自己的科学范式。[①] 三国两晋南北朝至隋唐时期，中国古代的科学家在前人的基础上做出了新的贡献。在宋元时期，中国科技达到了发展的高峰。中国的四大发明——造纸术、印刷术、火药、指南针，是中国古代科学技术领先世界的主要表现。

全林在《科技史简论》（科学出版社，2002）一书中认为：中国古代科学技术大致经历了形成、发展和衰落三个时期。形成时期可分为三个阶段：（1）秦始皇统一中国以前；（2）秦汉时期；（3）魏晋南北朝时期。发展时期包括隋唐宋元几个朝代。衰落时期是指从明代起到1911年辛亥革命爆发这一时期。该书作者分析了中国古代科学技术之所以衰落的深层原因，指出："清朝后期，政府腐败，社会动荡不安，工业停留于工厂手工业水平，连传统的造船业也衰落了。雍正即位之后，把传教士统统驱赶到澳门，同时也截断了东西方文化的交流。再加上清朝历代屡兴文字狱，对知识分子采取残酷的高压政策，这些都严重阻碍了近代科学技术在中国的发展。15世纪后，欧洲文艺复兴兴起，沉重打击了欧洲封建专制统治，为近代科学大踏步前进扫清了道路。正当近代西方自然科学突飞猛进的时候，此时我国清王朝却采取了闭关自守政策，拒绝国外先进科学技术，因而自清乾隆以后，我国科学技术显著落后了，中国与西方科学技术的差距也渐渐拉开了。"[②] 事实表明，中国封建社会的专制统治不利于科技的发展进步，即使在中国古代科技发展的所谓"黄金时期"（如唐宋时期），也存在压制科技工作者，贬低科技的现象，科技工作者的社会地位一直比较低。

中国近代科学技术落后于西方各国，与天朝大国思想不无关系。在我国文化发展史上，虽然我国确实是在不断吸取世界其他国家和地区的先进成就，但是总的来说，封建统治者对于科学技术在社会发展中推动

---

① 乐爱国：《儒家文化与中国古代科技》，中华书局2002年版，第8页。
② 全林：《科技史简论》，科学出版社2002年版，第60页。

作用始终没有认识或认识不足，延续 2000 多年的封建大国使他们产生一种天朝大国思想，认为向邻邦和外国学习，似乎有损尊严。尤其是在封建社会末期，西方列强纷纷向东方大肆殖民扩张，这种固步自封、妄自尊大的天朝大国思想显得尤为突出，成了学习先进科学技术的严重思想障碍；而当时，西方科学技术正在大踏步地前进。反对学习西方科学技术的顽固派认为"立国之道尚礼仪不尚谋权，根本之图在于人心不在艺术"；主张学习西方科学技术的洋务派提出的口号是"中学为体，西学为用"，目的在于用西方的科学技术来巩固封建主义的统治，而不是推动社会进步。同时，这种天朝大国思想又是清代曾奉行的长达百余年的闭关自守政策的思想基础。这一政策使中西方科学技术交流陷于中断，人们对欧洲科学技术的新进展，以及科学思想、科学方法的新潮流、新手段茫然无知，完全堵塞了可能给中国近代科学技术发展提供外部刺激的管道。天朝大国思想和闭关自守政策，都是腐朽封建专制制度的保守性和反动性的表现。可见，垂死的封建制度不仅极大的消磨着中国近代科学技术产生的内在潜力，而且还力拒外部积极因素于国门之外，中国近代科学技术在内乏"粮草"，外拒"援兵"的情况之下，无法产生和发展。[①]

中国科学技术史是整个人类文化史的一部分。在它发展的过程中，我们曾经不断地吸取了世界各民族、各地区和国家的许多成果，同时我们也通过各种途径，把自己的许多先进成果贡献给全人类。

中国古代的科学技术随着国门的洞开而走出国门，传播到世界各个地区。英国著名学者李约瑟在其所著的《中国科学技术史》一书中认为：中国在公元前 1 世纪到 15 世纪，在应用自然知识于人类实际需要方面，远比西方领先。英国另一著名学者贝尔纳在其所著的《历史上的科学》一书中也指出，"中国许多世纪以来，一直是人类文明和科学的巨大中心之一"。

中国人在科技上的贡献颇多，在材料和技术、思想根源等方面都走

---

① 全林：《科技史简论》，科学出版社 2002 年版，第 71 页。

在世界各国前面。中国早在公元前就发明了纸，在公元 1 世纪初就用于书写，公元 2 世纪初造出了一种新的纤维纸。不久，它就在中国四境之内传播开来，在公元 3 世纪得到广泛使用。早在公元 700 年左右中国就应用了雕板印刷，在 11 世纪中期使用了活字印刷。后来那些误传为"印度墨水"的经久耐用的墨水由西方研制出来，但是饮水思源，墨水也是中国人首先发明的。我们可以由此追溯到中国悠久的文明史。这些要素的输出使得书写记录在更广大的地区得以大量地保存下来。标明页码、白纸黑字的现代书籍所需要的材料和技术，最初就是由中国人贡献出来的。

纸经过阿拉伯人传到欧洲。纸在 9 世纪传入阿拉伯，在 12 世纪时被生产出来。在 14 世纪出现雕板印刷，在 15 世纪使用雕板印刷。这样，曾经在中国使用的纸在 1000 年之后扬名欧洲。欧洲使用雕板印刷是在中国 600 年之后，而使用活字印刷是在中国 400 年之后。尽管在欧洲出现时其技术已经在很大程度上改进了，但是其造纸和印刷的思想根源确实来自中国。[1]

中外科技交流是中外文化交流的重要组成部分，在中外关系史上居于重要地位。中国科技文明是中国传统文化的重要组成部分，她融入了世界各国的先进成果，传播到世界各国，为人类的进步作出了重大贡献。中外科技文化互动，推动了科学技术的进步和社会经济的发展。

古代中外科技交流与古代中国外交有着紧密的联系。

在古代，外交范围非常狭小。古代的外交，具有十分鲜明的地缘政治色彩，几乎完全可以将其与周边外交、区域外交划上等号。当时，受生产力发展水平的制约，尤其是受交通条件与通讯条件的限制，在全球范围之内开展全方位外交还是不可思议的。各国在那时所进行的外交活动，基本上都处于本国所在的区域之内，并且主要是以自己的周边国家为对象。以外交合作换取两国的睦邻友好，进而保境安民及捍卫国家安

---

① Tsuen—hsuin Tsien, *Why paper and printing were invented first in China and used later in Europe*, Explorations in the history of science and technology in China, 李国豪等主编：《中国科技史探索》，上海古籍出版社 1982 年版，第 459 页。

全，可以说是古代外交最直接、最重要的目标。各国在当时开展跨地区，跨洲际乃至全球范围之内的外交活动，不但可能性不大，而且也没有多大的实际意义。①

中国古代外交，经历了从周边向偏远地区扩展的过程。秦代以来，我国海上交通发展到一个新阶段。其突出特点是开始与朝鲜、日本这些邻近国家进行交往。建元三年（公元前 138）汉武帝派遣张骞出使西域，目的是与大月氏结盟，以夹击匈奴，同时可以使匈奴不与氏人联系；加以其时征服南越，耗费太多，征西域则可以转移目标；而西域颇为富裕，虽然因沙漠缺乏水源，但是其时已经有水井，可资灌溉。② 元狩四年（公元前 119）汉武帝派遣张骞第二次出使西域，采取各种有力措施保护丝绸之路的繁荣与畅通，从此才真正了解和掌握了沿丝绸之路各民族和国家的真实情况，沟通与交流了中外的经济文化，使得汉族和西北边疆各族以及中国人民和亚欧各国人民的交往进入了一个新阶段。③ 同时为了打通海道，于天汉元年（公元前 100）兵分两路进攻朝鲜，后在朝鲜设置真番、临屯、乐浪、玄菟四郡。到了唐代，海上丝绸之路更加畅通，中国大批的丝绸通过海路运往世界各地。《新唐书·地理志》记载了海上丝绸之路的路线：从广州出发，经越南东海岸、新加坡海峡，进入马六甲海峡。从这儿分出两条路，往东经苏门答腊东南部到爪哇；往西则出马六甲海峡到斯里兰卡。然后，沿印度半岛西海岸到达卡拉奇。这里又分出两条航线：一条沿波斯湾西岸的霍尔木兹海峡，沿阿拉伯半岛到亚丁；一条经霍尔木兹海峡进入波斯湾，沿东海岸航行到幼发拉底河口的阿巴丹和巴士拉。这一航程在顺风情况下大约需要三个月时间。④ 在唐代，万国来朝，唐太宗被尊为"天可汗"。外国侨民非常多，外国商人以长安居多，大都为波斯人及阿拉伯人。据统计，在长安 100 万总人口中，各国侨民和外籍居民大约占总人数的百分之二左

---

① 金正昆：《外交学》，中国人民大学出版社 2004 年版，第 15 页。
② 方豪：《中西交通史》，上海人民出版社 2008 年版，第 54 页。
③ 陶雪、金之平：《古代中国与海外》，山东教育出版社 1997 年版，第 23 页。
④ 同上书，第 30—31 页。

右，加上突厥后裔，其数当在百分之五左右。① 宋代以后，海上丝绸之路几乎完全取代了路上丝绸之路。中国的商船频繁地航行在通往西方的航路上，最远可以达到今天的埃及、索马里，甚至马达加斯加岛及其附近非洲沿岸地区。明代郑和下西洋就是通过唐代海上的丝绸之路而经历30余国的。元代由于实现了大统一，蒙古族势力直达欧洲，中外交通畅达。中国与亚非欧各国之间的交通往来十分频繁。据史料记载，当时中国至少与世界上140多个国家和地区有着海道上的联系。而泉州港与广州港成为这一时期海外交通和贸易的两颗璀璨明珠。

明代开创了中外关系史的新篇。明太祖朱元璋在平定天下之后，曾诏谕周边国家"诸夷君长，或使或身，悉随使者来朝贡，则高丽、日本、大小琉球、安南、真腊、暹罗、占城、苏门答腊、西洋、爪哇、彭亨、百花、三佛齐、渤泥凡十五国，臣服最先而最恭顺。太祖作祖训，列诸不征，且示毋征远略之意。既则抚绥怀柔，令其三年一朝"②。明太祖对周边国家采取怀柔手段，无非是稳定国家周边形势，以便专力处理明王朝与蒙古的关系问题。"成祖有天下，远慕唐宗宾服内夷之盛。"明成祖在多次对蒙古用兵取得节节胜利的情况下，认为蒙古已经不能构成对大明的威胁，开始把目光投向海外。他向各地派出使节，命郑和和王景弘出使西洋。郑和七下西洋，到达亚非三十余国，空前绝后，是古代历史上的唯一一次壮举。"自和后，凡将命海表者，莫不盛称和以夸外番，故俗传三保太监下西洋，为明初盛事云。"③

明代郑和下西洋是以明初经济的繁荣为物质基础的，进一步扩大了中国自汉唐以来就比较发达的海外贸易。但是到明朝宣德以后，由于中国国力的衰落，政治经济形势呈江河日下之势，再搞大规模的出使西洋已经力不从心。总的看来，明清时期，中国国力逐渐衰弱，落后于西方国家。

古代中国与世界的科技交流，是在东方文化积极向外传播、中国封

---

① 沈福伟：《中西文化交流史》，上海人民出版社1985年版，第156页。
② 《国榷》卷十六《成祖永乐十三年》。
③ 《明史》卷三〇四《郑和传》。

建王朝努力向外宣扬国威的历史背景下进行的。科技交流的动因涉及政治、经济、文化等方面，就中国而言，在政治方面，科技交流是中国封建王朝向外宣扬国威，树立政治大国形象的产物。这以唐太宗和明成祖时期最为突出；在经济方面，科技交流是中国与国外互通有无的现实需要；科技交流的最基本目的是满足社会生活的需要。"唐太宗遣使（摩揭它）取熬糖法"① 就是一个突出的事例。在文化方面，科技交流是中国传播中华文化，吸取外国先进文化的手段。就亚洲各国而言，与中国进行科技交流，可在政治上与中国建立密切的关系，稳固其统治地位；在经济上，可以发展本国的经济，提高人民的生活水平；在文化上，学习中国先进的文化，丰富本国的文化宝库。

古代中外科技交流，在内容上涉及农业、手工业（冶金、纺织、陶瓷、造纸、印刷、造船、制茶等等）、医学、药学、天文学、地学、数学、机械、化学等等。广义的科技包括各种科学技术，其中也包括各种动植物。交流的范围很广，古代中国同亚洲、非洲、欧洲、美洲等国家都有科技往来，但是主要是同亚洲各国进行交流。亚洲各国与中国之间的科技交流内容不尽相同，这与各国拥有的科技文化有关，也与各国国情和国家当时的社会需求等方面有关。

科技交流是一种双向的文化互动，一般来说，以古代中国的科技文化向亚洲各国传播为主，古代亚洲各国较多地接受中国的科技文化。相比之下，东南亚接受来自中国的东西较多，而南亚受到的影响比较少。亚洲各国的科技在中国也有广泛的传播。如在天文学、医学等方面，中国较多地接受印度等国的影响，在香料和农作物等方面，中国较多地受到东南亚国家的影响。在研究这些问题时，我们注意到科技文化互动的差异性：一是在不同的地区中外科技交流的科技类型有所不同；二是在不同的地区在科技文化互动的规模上有差别；三是科技传播的途径有所不同。

科技交流的主要渠道有朝贡活动、使节往来、商贸活动、移民、僧

---

① 《新唐书》卷二二一《摩揭它》。

侣等，华侨华人在中外科技交流中发挥了桥梁作用。政府和民间成为中外科技交流的两条主线。民间先行、国家主导、官民并举是科技交流的基本途径。

我以为，古代中外科技文化交流一般存在传播——融合——创新三个阶段。在第一个阶段，科技文化经过多种途径传播到国外。在第二个阶段，科技文化融入外国，被外国所吸收、借鉴。这是科技文化在国外生根发芽、本土化的过程。第三个阶段，经过一国或者多国科技人员的努力，科技得到创新，科技不断发展。在科技交流史上最典型的事例有金属活字印刷术的发明与改进，蔗糖技术的传播与不断改进等，都存在这三个阶段。

科技文化交流是一个循环往复的过程，正如季羡林先生在《中印文化交流史》上所说的那样："一方的新东西、新思想、新科技等等流向另一方。另一方的新东西、新思想、新科技等等也流向这一方。有时候，流过来的东西，经过这一方的改造、加工、发展、提高，又流了回去。如此循环往复，无休无止，一步比一步提高，从而促进了人类文化的发展，以及人类社会的进步。"[①]

古代中国与亚洲国家的科技交流，有一些规律可循。如：中外科技交流突出表现为交流的双向互动性；科技文化交流能够激发科技工作者的创造力，如活字印刷术的不断创新，制瓷技术的不断提高；中外科技交流在规模、质量等方面受政治关系的影响很大；战争对科技文化交流会产生影响，甚至起阻滞作用，但是不可能隔断文化交流。

本书引用的资料，主要来自中国史籍中的外国传以及各个时代的史家著述、游历家的记载，此外，我们还充分利用了近现代学者的资料汇编。当然，史料浩如烟海，如何取舍，颇费心力。我们有自己的看法，尽可能选择最有说服力和最有代表性的史料。

拙著论述古代中外科技交流，在时间上作了一个界定，即 1840 年鸦片战争前。因为有些内容有必要涉及 1840 年后，故全书对科技交流

---

① 季羡林：《中印文化交流史》，中国社会科学出版社 2008 年版，第 26 页。

史的论述在时间跨度上并非固定不变的，在时间的起止上各章节稍有不同。

　　拙著主要论述古代中国与亚洲主要国家的科技交流，这些亚洲国家在历史上与中国有着广泛的联系。因为拙著对中国与亚洲一些国家（如阿富汗、以色列、叙利亚等国）的科技交流没有涉及，对中国与非洲、欧洲和美洲等国的科技交流没有进行研究，对古代中国地方政权同国外的科技交流没有深入和全面探讨，因而不能全面系统地反映整个古代中外科技交流史的全貌，故取名《古代中外科技交流史略》。拙著提出的某些观点来源于我们对中国同亚洲某些国家科技交流的史实的认识，这可能反映了古代中国与亚洲国家科技交流的实际情况，但我们不能由此及彼，以此类推。事实上，中国与欧洲、非洲、美洲国家的科技交流情况与此有很大的不同。我们认为，在这里，这种推而广之的办法决不可取，否则必然与历史事实大相径庭，这一点请读者务必注意甄别。

第一章　古代亚洲国家简况

（一）朝鲜

朝鲜是我国的近邻，自古关系密切。朝鲜，位于朝鲜半岛，在亚洲东北部，处于中国的东北方向，在汉代以前，称为朝鲜。早在殷商末年，箕子率殷商宗室赴朝，建立箕氏朝鲜，带去中国文化，其中就有中国古代的科学技术。燕人卫满曾占据该地，《汉书》记载："朝鲜王满，燕人。自始燕时，尝略属真番、朝鲜，为置吏筑障。秦灭燕，属辽东外徼。汉兴，为远难守，复修辽东故塞，至浿水为界，属燕。燕王卢绾反，入匈奴，满亡命，聚党千余人，椎结蛮夷服而东走出塞，渡浿水，居秦故空地上下障，稍役属真番、朝鲜蛮夷及故燕、齐亡在者王之，都王险。"[①] 汉武帝平定此地，设置真番、临屯、乐浪、玄兔四郡。汉武帝时代，朝鲜成为中国封建王朝统治的一部分，中国先进的农业技术更有条件快速传入朝鲜。百济与中国南朝有着密切的文化交流。534 年、541 年，百济屡遣使赴梁访问，并请《涅盘》等经义、《毛诗》博士并工匠画师等，梁武帝满足了百济的全部要求。[②]

---

① 《汉书》卷九五《西南夷两粤朝鲜传第六五》。
② 杨通方：《源远流长的中朝文化交流》，载周一良主编：《中外文化交流史》，河南人民出版社 1987 年版，第 366 页。

"汉末，有扶余人高氏据其地，改国号曰高丽，又曰高句丽。"[①]隋末，高丽王高元死，异母弟建武嗣。武德初，建武遣使入朝。[②] 唐太宗曾派遣职方郎中陈大德出使高丽，贞观十五年（641）八月已亥，陈大德自高丽回国。[③] 朝鲜前三国时期，唐与新罗关系密切。660 年，唐与新罗联合出兵消灭百济。新罗是 4 世纪中叶至 10 世纪 30 年代三韩族在朝鲜半岛南部建立的奴隶制国家。668 年，唐与新罗联手灭高句丽，新罗统一大同江以南地区。新罗后期，王族间因争夺王位而战乱不已。900 年，甄萱在完山州（今全州）建后百济国，弓裔在松岳（今开城）建后高句丽国，从而形成后三国分立的局面。"后唐时，王建代高氏，兼并新罗、百济地。"[④] 918 年，弓裔部将王建依靠武力创立了高丽王朝。935、936 年新罗和后百济先后归附高丽王朝。北宋太宗即位，遣使于延超等至高丽。[⑤]

元至正（1341－1368 年，为元惠宗在位后期）中，西京内属，置东宁路总管府，尽慈岭为界。[⑥]世祖统治时期，皇女忽都鲁揭里迷失下嫁于朝鲜国王世子愖，两国关系紧密，正如朝鲜国王向元朝皇帝上表所说的那样："尝以世子入侍，得联婚帝室，遂为甥舅，实感至恩。"[⑦]

明兴，在高丽称王者为王颛。明太祖与其建立起密切的宗藩关系。"自是贡献数至，元旦及圣节皆遣使朝贺，岁以为常。"[⑧]洪武二十二年（1389），高丽大将李成桂废高丽王昌，立王瑶为王，不久，李成桂自立。洪武二十五年（1392），李成桂"闻太子崩，遣使表慰，并请更国号。帝命仍国号曰朝鲜"[⑨]。

李朝是朝鲜最后一个封建王朝，建于 1392 年，仅比中国明朝的建

① 《明史》卷三二〇《朝鲜传》。
② 《新唐书》卷二二〇《高丽传》。
③ 《资治通鉴》卷一九六《唐纪十二》。
④ 《明史》卷三二〇《朝鲜传》。
⑤ 《宋史》卷三二〇《高丽传》。
⑥ 《明史》卷三二〇《朝鲜传》。西京，即平壤。
⑦ 《元史》卷二〇八《朝鲜传》。
⑧ 《明史》卷三二〇《朝鲜传》。
⑨ 同上。

立（1368）晚 20 多年。李朝在生产上有较大发展，文化上也出现繁荣景象，与中国的政治关系比较密切。朝鲜李朝还主动配合中国抗倭。

《明史·朝鲜传》记载：

> 三十五年（嘉靖三十五年即 1556 年——引者注，下同）五月有倭船四自浙、直败还，漂入朝鲜境。岠遣兵击歼之，得中国被俘及助逆者三十余人来献，因贺冬至节，帝赐玺书褒谕。三十八年（嘉靖三十八年即 1559 年）十一月奏：“今年五月，有倭寇驾船二十五只来抵海岸，臣命将李铎等剿杀殆尽，获中国民陈春等三百余人，内有通倭向导陈得等十六人，俱献阙下。”复降书奖励，厚赍银币，并赐铎等有差。

万历二十年（1592），日本大封建主丰臣秀吉（《明史》上称为平秀吉）命大将行长、清正等率领水师（《明史》称为舟师）入侵朝鲜，“朝鲜君臣益急，出避爱州”。明朝政府派遣李如松为东征提督，率军入朝，后战死。丰臣秀吉病死，倭寇惊惶不已，纷纷退回日本。“初，朝鲜失守，赖中国力得复，倭弃釜山遁。”但是中国在援助朝鲜的战争中付出了沉重的代价。“自倭乱朝鲜七载，丧师数十万，糜饷数百万，中朝与属国迄无胜算，至关白死而祸始息。”[①] 因万历二十年是壬辰年，历史上又称为“壬辰之役”。在抗倭战争中，中朝两国人民用生命和鲜血结下了深厚的友谊。《明史·朝鲜传》云：“朝鲜在明虽称属国，而无异域内。故朝贡络绎，锡赉便番，殆不胜书。”

清代中朝两国关系的建立是以兵戎相见开始的，因而战争给日后两国的交往投下过阴影。清（后金）的两次入侵给朝鲜人民带来了极大的灾难，但两国往后的关系很快就实行了正常化。[②]

中国传统文化对朝鲜影响很大。百济王扶余章去世后，其子义慈

---

① 《明史》卷三二○《朝鲜传》。
② 高伟浓：《走向近世的中国与朝贡国关系》，广东高等教育出版社 1993 年版，第 30 页。

嗣。"义慈事亲孝，与兄弟友，时号海东曾子。"① 清代皇帝曾先后特赐朝鲜国王"式表东藩"、"礼教绥藩"等匾额。

（二）日本

日本是亚洲东部的一个岛国，与中国隔海相望。《三国志》中说："倭人在带方东南大海之中，依山岛为国邑。"② 《旧唐书》中说："倭国者，古倭奴国也。去京师一万四千里，在新罗东南大海中。依山岛而居，东西五月行，南北三月行。世与中国通。"③ 又云："日本国者，倭国之别种也。以其国在日边，故以日本为名。或曰：倭国自恶其名不雅，改为日本。或云：日本旧小国，并倭国之地。其人入朝者，多自矜大，不以实对，故中国疑焉。又云：其国界东西南北各数千里，西界、南界咸至大海，东界、北界有大山为限，山外即毛人之国。"④ 这些史籍记载反映了古代中国人对日本国情的了解逐渐加深。

日本自后汉时期开始对华朝贡，历魏、晋、宋、隋皆来贡，如大业三年（607），倭国王多利思比孤遣使来华朝贡。⑤ 唐代日本遣使贡献尤多。日本曾经派出遣隋使和遣唐使来中国学习中国的文化和典章制度。"其副朝臣仲满慕华不肯去，易姓名曰晁衡，历左补阙，仪王友，多所该识，久乃还。"⑥ 宋雍熙元年（984），日本国僧人奝然与其徒弟五六人浮海而至，献铜器十余事，并本国《职员今》、《王年代记》各一卷。⑦ 乾道九年（1173），日本"始附明州纲首以方物入贡"⑧。

元代中日关系出现倒退现象。元朝初年，元世祖曾经两次发动对日战争（1274，1281），但是都以失败告终，元军损失惨重，"十万之众得

---

① 《新唐书》卷二二〇《百济传》。
② 《三国志》卷三〇《魏书》。
③ 《旧唐书》卷一九九《倭国传》。
④ 《旧唐书》卷一九九《日本传》。
⑤ 《隋书》卷八六《倭国传》。
⑥ 《新唐书》卷二二〇《日本传》。
⑦ 《宋史》卷四九一《日本传》。
⑧ 同上。

还者三人也"①。这在日本史上被称为"文永、弘安之役",战争的结果使得中日关系进入低潮。《明史》云:"惟元世祖数遣使赵良弼招之不至,乃命忻都、范文虎等帅舟师十万征之,至五龙山遭暴风,军尽没。后屡招不至,终元世未相通也。"②但是中日两国民间的交往并未中断,战后不久,民间贸易悄然兴起,而且越来越频繁。随着日本禅宗的兴盛,日本到中国朝圣的禅师日益增多。14世纪上半期,入元的日本僧侣络绎不绝,形成自遣唐使之后的又一次入华高潮。

洪武二年(1369)三月,明太祖派遣行人杨载"诏谕其国,且诘以入寇之故"。日本国王良怀不奉命入贡。洪武三年(1370),明太祖遣使赵秩赴日,良怀先倨后恭,派遣僧人祖来奉表称臣,贡马及方物。日本国王子滕祐寿来华入国学学习,"帝犹善待之"。洪武二十四年(1391)五月特授观察使,留之京师。成祖即位后,遣使以登极诏谕其国。日本国王源道义遣使入贡。永乐四年(1406),明成祖封其国之山为寿安镇国之山,御制碑文,立其上。正如明张岱所言:"明洪武初,遣使朝贡,自永乐以来,其国王嗣立皆授册封"。③正统年间,倭寇骚扰中国东南沿海更为猖獗。"嘉靖三十二年三月,汪直勾结诸倭大举入寇,连舰数百,蔽海而至,滨海数千里,同时告警。"此后,"广东巨寇曾一本、黄朝太等,无不引倭为助"。④万历二十四年(1596),日本封建主丰臣秀吉遣将攻打朝鲜,中国派遣李如松等援助朝鲜。后来丰臣秀吉病死,日本撤军。总的看来,明清时期,中日两国之间虽然发生了战争(如壬辰战争),但是为时不长,中日关系的主流是好的。中日两国人员往来频繁,文化交流不断。

在日本的华侨颇多。仅据《明史·日本传》记载的明代华侨就有不少,其中有不少人被拐卖到日本。如成化四年(1468),日本遣使入贡,"通事三人,自言本宁波村民,幼为贼掠,市与日本"。又如正德年间,

① 《元史》卷二〇八《日本传》。
② 《明史》卷三二二《日本传》。
③ 《夜航船》卷十五《外国部·外译》。
④ 《明史》卷三二二《日本传》。

日本国王源义澄遣使来贡，正使是宋素卿。宋素卿是浙江鄞县朱氏之子，名缟，被其叔父朱澄卖给日本使臣。[①] 华侨在中日文化交流中发挥了桥梁作用。

（三）琉球

琉球是东亚的一个岛国。宋称流求，元称瑠求，明清称琉球。《宋史》记载："流求国在泉州之东，有海岛曰彭湖，烟火相望。其国堑栅三重，环以流水，植棘为藩，以刀槊弓矢剑钹为兵器，视月盈亏以纪时。无他奇货，商贾不通，厥土沃壤，无赋敛，有事则均税。"[②] 可见琉球的社会经济在当时处于一个比较落后的阶段。《元史》记载："瑠求，在南海之东。漳、泉、兴、福四州界内彭湖诸岛，与瑠求相对，亦素不通。天气清明时，望之隐约若烟若雾，其远不知几千里也。西南北岸皆水，至彭湖渐低，近瑠求则谓之落漈，漈者，水趋下而不回也。凡西岸渔舟到彭湖已下，遇飓风发作，漂流落漈，回者百一。瑠求，在外夷最小而险者也。汉、唐以来，史所不载，近代诸蕃市舶不闻至其国。"[③] 《明史》记载："琉球居东南大海中，自古不通中国。元世祖遣官招谕之，不能达。"由于琉球偏远，海路凶险，中琉往来不多。至明代，中琉关系渐趋密切。"洪武初，其国有三王，曰中山，曰山南，曰山北，皆以尚为姓，而中山最强。"[④] 山南王承察度、中山王与山北王先后遣使朝贡。"自是，三王屡遣使奉贡，中山王尤数。"[⑤] 《清史稿》云："光绪元年，琉球国贡使蔡呈祚回国病殁山东，赐葬费银。五年，日本入琉球，灭之，夷为冲绳县，虏其王及世子而还。"[⑥] 从此琉球不复存在。

在明清时期，中琉两国政治关系密切。明代有江西饶州人朱复侨居

---

① 《明史》卷三二二《日本传》。
② 《宋史》卷四九一《琉球传》。
③ 《元史》卷二一〇《瑠求传》。
④ 《明史》卷三二三《琉球传》。
⑤ 同上。
⑥ 《清史稿》卷五二六《琉球传》。

琉球 40 年，担任左长史，为琉球国王效劳，长期不懈，"年至八十，乞致仕归故乡，许之，命以相国兼长史，赐四品服"①。在文化上，琉球曾经受到中国的巨大影响。洪武二十五年（1392），中山国遣王从子及寨官子入国学；山南国遣从子及官生入国学。永乐年间，山南国和中山国多次遣贵族子及寨官子入国学。②清康熙二十五年（1686），琉球国王世贞遣官生梁成辑等四人入太学，二十七年（1688）二月"始至京师"，清廷"特设教习一人，令博士一员督课"。③

（四）越南

越南位于中南半岛东部，是中国的近邻。中越两国人民交往大体可以分为三个时期：一是秦汉至北宋初年；二是北宋初年至 1885 年；三是 1885 年至近现代。根据史料记载，越南最早称交趾，公元前 214 年秦朝在今天的越南北部、中部地区设置象郡，汉武帝元鼎六年（公元前 111 年）在今越南北部置交趾、九真、日南三郡。秦汉之际，赵佗并三郡，建国号南越。公元 203 年，汉献帝改交趾郡为交州。三国时期，交州太守士燮为中国文化在该地区的传播做出了重要贡献。唐高宗调露元年（679）改交州大总管为安南都护府。可见古代越南长期处于中国的封建统治之下。越南在公元 968 年宣布独立，建立"大瞿越国"。从此进入第二个时期。越南与中国存在宗藩关系，越南封建王朝定期对中国进行朝贡活动。安南历代封建王朝都主动地使用汉字，学习、推行先进的中国文化以服务于自己的封建统治。华侨在这一时期大量进入越南。元灭南宋时，江南难民纷纷逃亡越南。元朝在 1256 年、1285 年、1286 年曾经先后出兵 30—50 万进攻越南，但是都以失败而告终，不少中国官兵和病残者留居越南。洪武二年（1369），明太祖命侍读学士张以宁赴安南封陈日煃为安南国王。建文四年（1402），安南权臣胡季犛大杀陈氏宗族而自立，更姓名为胡一元，名其子苍曰胡奎，谓出帝舜裔胡公

---

① 《万历野获编》补遗卷四《外国夷官》。
② 《明史》卷三二三《琉球传》。
③ 《清史稿》卷五二六《琉球传》。

后，僭国号为大虞，年号元圣，不久自称太上皇，传位于胡奁。① 永乐四年（1406），明成祖朱棣以"维护封建纲纪，不许藩国逆命"为口实征伐安南胡朝。永乐五年（1407），明军俘获胡季犛，至此，安南胡朝为明军所灭。平定安南后，明成祖朱棣接受了拥戴明朝的安南统治阶层部分官员和地方耆老的联名要求，在安南驻扎明军，并将安南改为交阯布政司，使安南成为当时中国的一个省。这年六月，明朝"诏告天下，改安南为交阯，设三司"②。在 1407－1427 年，越南这段时期被称为"属明时期"。由于国内外形势的发展变化，明宣宗放弃安南，大批官员和明军撤回国内，但仍有很多人留居安南。明末清初，抗清失败的明军将领如陈上川等人率军流亡越南。清末，太平天国起义失败后，部分起义队伍也退居越南。1873 年，法国殖民主义者开始侵略越南，1885 年6 月 9 日，在天津签订《中法会订越南条约十款》，又称《天津条约》或《中法新约》，从此终止了中越宗藩关系，越南成为法国的殖民地。

中越两国文化关系密切，特别是在安南"属明时期"，中国内地的文化大量输入安南。《明史》云："安南都会在交州，即唐都护治所。……欢、演二州多文学，交、爱二州多倜傥士，较他方为异。"③ 这反映了古代越南深受中国文化的影响。在历史上，华侨对促进中越经济文化交流以及越南南方的开发，做出了巨大贡献。古代中国与越南的科技文化交流，涉及印刷术、织锦技术、建筑技术、陶瓷技术、医药、数学、天文历法、农学诸方面。

（五）占婆

占婆是东南亚的一个文明古国。它在历史上曾经有不同的称呼，最早称为林邑。据史书记载，林邑是在东汉末年南方各族人民起义的时候，由当地的统治阶级象林县功曹区氏在今越南中部建立的一个政权。林邑又名占婆。公元 3 世纪，具有高度文明的民族——卡姆人在此建立

---

① 《明史》卷三二一《安南传》。
② 同上。
③ 同上。

了王国，这就是中国古代文献所记载的"占婆国"。卡姆人深受印度文明熏陶，采用古梵文作为宗教和宫廷文字，崇信婆罗门教和佛教。占婆中心是首都土伦（即现在的岘港）区，梵文名因陀罗补罗，所在地即今天茶桥。① 占婆（林邑）同中国封建王朝有较多的交往。史载林邑"自孙权以来，不朝中国。至武帝太康中，始来贡献"②。1300 多年间，林邑、占城入贡我国可考者，统计凡 210 次。③

林邑在唐朝名环王国。《新唐书》载："环王，本林邑也，一曰占不劳，亦曰占婆。……至德后，更号环王。"④ 武德中，环王国遣使献方物，"高祖为设九部乐饷之"。贞观时，环王头黎献驯象、朝霞布、火珠等物。⑤ 林邑在宋朝时名占城。宋朝与占城之间始终保持着密切的关系。300 多年中，两国的使节来往不断。由于占城经常遭到安南封建王朝的侵略，多次向宋朝申诉，并表示帮助宋朝击退安南李朝的进犯。⑥安南陈朝、黎朝继续进犯占城。1446 年和 1471 年，安南黎朝大举出兵占城，占领其首都佛誓，城市遭到洗劫，约 4 万多人被杀，3 万人被俘，占城大部分地区至此被黎朝并吞。⑦

占婆人"深目高鼻，发拳色黑"，属马来群岛人种，受印度文化洗礼，但是该国与中国政治关系密切。唐代时环王向中国朝贡，宋代，占城入贡凡数十次，以北宋太祖、太宗、真宗、仁宗四朝为最多。雍熙三年（986），"占城人蒲罗遏率其族百余众内附，言为交州所逼故也"⑧。蒙古曾经在其地设立"占城行省"。明永乐年间于其地设"升华府"。⑨虽然没有直接管辖这一地区，但是中国的政治制度和文化因此传入此地。

① 郎天咏：《东南亚艺术》，河北教育出版社 2003 年版，第 127 页。
② 《晋书》卷九七《林邑传》。
③ 张秀民：《中外关系史论文集》，台北文史哲出版社 1992 年版，第 278 页。
④ 《新唐书》卷二二二（下）《环王传》。
⑤ 同上。
⑥ 《古代中越关系史资料选编》，第 224 页。
⑦ 续建宜、刘亚林：《世界文明古国述略》，上海教育出版社 1988 年版，第 37 页。
⑧ 《宋史》卷四八八《交趾传》。
⑨ 张秀民：《中外关系史论文集》，台北文史哲出版社 1992 年版，第 4 页。

从公元 192 年林邑建国开始，至 16 世纪中期占婆消亡，占婆在历史上共存在 1350 余年。在历史上，占婆（林邑）受到中国文化的巨大影响。

（六）老挝

在公元前的我国典籍中有关于越裳国的记载，某些学者认为是指可能是在老挝出现的最早的国家。越裳国亦作"越常"，亦作"越尝"。古南海国名。汉王充《论衡·恢国》："成王之时，越常献雉。"汉张衡《东京赋》："北燮丁令，南谐越常。"《后汉书·南蛮传》："交趾之南，有越裳国。周公居摄六年，制礼作乐，天下和平，越裳以三象重译而献白雉。"唐杜甫《诸将》诗之四："越裳翡翠无消息，南海明珠久寂寥。"明唐寅《白燕》诗："越裳雉尾姬周化，瀚海乌头汉使归。"而越南历史学家陶维英《越南古代史》第一篇第三章中这样说："在扬子江（长江）流域以南地区，越族的一个国家越裳国，是可能确实存在过的。因此，今日越族的一些后裔民族，其中包括越南在内，他们仍然还追溯着越裳，并被他们视为自己的祖国。"①陶把越裳当作是周代越南的一个国名，又把我国长江流域地区视作越南古代越裳国的领土，有悖于历史，也缺乏地理常识。

公元 1—2 世纪，在老挝北部出现了堂明国，到了唐代称为道明国。《资治通鉴》卷七〇云："堂明国即道明国，在真腊北。"公元 8 世纪初，真腊国分裂为水真腊和陆真腊，水真腊相当于扶南时期的疆域，而陆真腊则在今老挝和泰国西北部及缅甸一部分，②中国史籍称之为文单国。

1353 年老挝建立了历史上第一个统一的国家—澜沧王国（1353—1707 年），又称为南掌，第一个国王是法昂。它和我国的明清王朝有着密切的联系。《万历野获编》云："老挝者，俗呼挝家，亦六慰之一。本古越裳之国。自周后部复通中华。至本朝永乐初年，始备方物入贡，因

---

① 陶维英：《越南古代史》，科学出版社 1959 年版，第 33 页。
② 王民同：《东南亚史纲》，云南大学出版社 1994 年版，第 114 页。

为置老挝军民宣慰使司。"①《明史·老挝传》云:"老挝,俗呼为挝家,古不通中国。成祖即位,老挝土官刀线歹贡方物,始置老挝军民宣慰司。永乐二年以刀线歹为宣慰使,给之印。"据统计,明朝与澜沧王国的交往前后共210多年,老挝向中国遣使34次,明朝向老挝遣使9次,平均每六年老挝向中国遣使一次。② 我国清代所见的"南掌国",主要是指老挝北部的琅勃拉邦,它与清朝建立了臣属关系。雍正八年(1730),南掌国王岛孙遣使奉表朝贺,并请永定贡期。③ 此后120多年,清政府共接待其20个使团。

根据《西南夷风土记》记载,中国人侨居老挝,最早开始于明代永乐年间(1403—1424)。清代以后,人数逐渐增加。老挝华侨华人,一部分来自云南,另一部分是从福建、广东沿海地区渡海过去的。其中,广东人最多,占华侨华人的90%,而在广东人中又以来自潮州的华人最多。④ 华人为中老文化交流做出了巨大贡献。

(七)柬埔寨

在我国史书上,柬埔寨在汉朝时称扶南,隋朝时称真腊,唐朝时称吉蔑,宋朝时称占腊,元朝时称甘孛智,明代万历年间开始称为柬埔寨。柬埔寨历史上曾经出现一些强大的国家。扶南一名,首先见于《三国志·吕岱传》,《晋书》开始有其传。《晋书》卷九十七《扶南传》云:"扶南西去林邑三千余里,在海大湾中,其境广袤三千里,有城邑宫室。"三国吴时(222—280),吴王孙权遣中郎将康泰、宣化从事朱应使于寻国(范寻在其国为王,故称之为寻国)。在晋武帝泰始(265—274)初,扶南王遣使贡献方物。南北朝时期,扶南与南齐、梁都有往来。《新唐书》卷三二二下《扶南传》记载:"扶南在日南之南七千里,地卑洼,与环王同俗,有城郭宫室。"唐武德(618—626)、贞观(627—

---

① 《万历野获编》补遗卷四《土司·六慰·老挝之始》。
② 郭保纲:《古代中国和老挝的历史关系》,《中国东南亚研究会通讯》1985年第3期。
③ 《清史稿》卷五二八《南掌传》。
④ 张晔:《东南亚华侨华人历史与现状》,旅游教育出版社2001年版,第23页。

649）时扶南王遣使献两个白头人。

真腊国后来兼并扶南。按真腊国的方位，在林邑即占婆西南，南接车臣国，可能在今柬埔寨南部；西有朱江国，即缅甸古国骠国。一般认为，此国地处湄公河中游，以今老挝南部的巴色地区为中心。① 拔婆跋摩是真腊王国的第一代国王，是真腊帝国的开创者。到伊奢那跋摩（615－635）当政，国内政治经济文化都有很大发展。据《旧唐书》卷一百九十七《真腊传》记载：神龙（705－706）以后，真腊分为两半，以南近海，多坡泽处谓之水真腊；以北多山阜谓之陆真腊，亦谓之文单国。高宗朝、则天、玄宗朝均遣使来朝贡。神龙是唐中宗李显的年号（705－707），自神龙元年至神龙三年，存在 3 年之久。在真腊时期，柬埔寨和中国的隋唐王朝保持着友好交往。公元 9 世纪初，阇耶跋摩二世结束了真腊两个世纪的分裂局面，完成了真腊王国的统一，创建了吴哥王朝。吴哥王朝是柬埔寨历史上最辉煌的时代。由于暹罗的入侵，1432年，吴哥国王被迫撤离吴哥，迁都到札木多（今金边）。

宋元明清时期，华人大量移民柬埔寨。公元 10 世纪，宋代经济重心南移，中国人移民柬埔寨者日渐增多，在当时被称为唐人。1295 年，元成宗派周达观为特使前往真腊，回国后周达观写有《真腊风土记》一书，记载了当时真腊的吴哥窟情况及其当地的风土人情，也记载了侨居真腊的华人情况。明末清初，明朝不少遗民投奔越南和真腊，如明总兵杨平率兵 3000 人投奔真腊王，请求收容，得到真腊王的妥善安置。② 华人为柬埔寨的社会经济发展贡献极多。

（八）泰国

泰国是一个以泰族为主体民族组成的国家，位于中南半岛上，处于东西交通的要冲。古代历史上曾先后出现赤土国、堕罗钵底国、罗斛、素可泰王国、暹罗。《明史》上说：“暹罗，在占城西南，顺风十昼夜可至，即隋、唐赤土国。后分为罗斛、暹二国。暹土瘠不宜稼，罗斛地平

---

① 王民同：《东南亚史纲》，云南大学出版社 1994 年版，第 29 页。
② 张晔：《东南亚华侨华人历史与现状》，旅游教育出版社 2001 年版，第 25 页。

衍，种多获，暹仰给焉。元时，暹常入贡。其后，罗斛强，并有暹地，遂称暹罗斛国。"① 到明洪武十年（1347），开始称其国为暹罗。

中国与泰国两国人民友好往来历史悠久。早在公元前，中国与泰国就有海上往来，据《汉书·地理志》记载：汉武帝时（公元前140—前87年），我国海船就从雷州半岛出发，途经众多国家到印度。其中提到的邑卢没国、谌离国，都是今天泰国境内小国。② 据《隋书》记载，隋炀帝大业四年（608），隋朝曾经派遣屯田主事常骏出使赤土国。堕罗钵底国（Dvaravati），《旧唐书》称之为堕和罗，是存在于6—10世纪的位于湄公河下游的国家。唐太宗贞观十二年（638）、二十三年（649），堕罗钵底国的使者曾经访问长安。罗斛同中国关系密切。宋政和五年（1115）罗斛国首次遣使访华。在绍兴二十五年（1155），罗斛国给中国送来了一头大象。素可泰王国和中国关系密切，其王多次遣使访问中国。拉马坎亨王（《元史》上称为敢木丁）从中国请来制陶工匠，传授制陶技术，在素可泰城和宋加洛城建立制陶工业。

最能说明中泰两国关系密切的历史事件是华裔郑昭领导暹罗人民驱缅复国并建立吞武里王朝，积极开展与中国的友好往来。1767年缅甸进攻暹罗，攻入首都阿瑜陀耶。郑昭组织华人，号召并率领人民驱缅复国，击退缅军。1768年，郑昭被拥立为王（即郑信王），他建都于吞武里，统一全国，"镇抚绥辑，国日殷富"③。1781年郑昭遣使向清廷进贡。他依赖华人，大力招募华人来暹罗从事经贸活动。为了纪念这位民族英雄，1955年，泰国政府规定，每年的12月28日为郑昭节。

中国与泰国有1000多年的文化交流史。泰国华侨数量较多，或经商，或行医，或从事农业生产，在中泰文化交流上起着十分重要的作用。有的华侨充当通事，从事语言翻译工作。如弘治十年（1497），暹罗国通事奈罗，"自言是福建清流县人，因渡海飘至其国"④。经商者众

---

① 《明史》卷三二四《暹罗传》。
② 张晖：《东南亚华侨华人历史与现状》，旅游教育出版社2001年版，第33页。
③ 《清史稿》卷五二八《暹罗传》。
④ 《万历野获编》补遗，卷四《外国·华人夷官》。

多,如郑昭的父亲。《清史稿·暹罗传》云:"昭,中国广东人也。父贾于暹罗,生昭。"昭即郑昭。

(九) 缅甸

缅甸,在中国史书上先后称掸国、骠国、蒲甘和缅甸。蒲甘王朝(1044－1287)是缅甸历史上第一个统一的封建国家,在第二任国王江喜陀统治时期,于崇宁五年(1106)遣使访问中国,宋廷以"今蒲甘乃大国",给予使团以优厚隆重的接待。[①] 1271 年,1273 年,元世祖两次遣使蒲甘,诏谕入贡,但是蒲甘抗命,1277 年还兵犯云南干崖,元缅战争于是爆发。1287 年元世祖下令元军撤兵。经过元军的沉重打击,蒲甘王朝已名存实亡。缅甸历史从此进入战国时期(1287－1531)。到 14 世纪 60 年代,缅甸形成了阿瓦、勃固和阿拉干三国鼎立的局势。1531 年莽瑞体建立东吁王朝(1531－1752),实现了缅甸历史上的第二次统一。1752 年 4 月,孟族军队攻占阿瓦,持续 200 多年的东吁王朝结束。1753 年 6 月,雍籍牙以新城瑞冒为首都,自称为阿朗帕雅(意即"将成为佛的大王"),建立起雍籍牙王朝,史称贡榜王朝,这是缅甸历史上最后一个封建王朝。从 1824 年至 1885 年,英国先后发动三次侵略战争,逐步吞并了缅甸。

缅甸是东南亚的重要国家,位于中南半岛西部,中缅两国有长达 2100 多公里的国境线,又有山山相依,水水相连的自然通道,自古以来就把两国连接在一起,成为两国之间友好往来和经济文化交流的纽带。

根据英国人哈威编撰的《缅甸史》和霍尔的《东南亚史》、伯希的《交广印度两道考》等著作记载:公元前 2 世纪以来,中国以缅甸为商业通道,"循伊洛瓦底江为一道;循萨尔温江为一道;尚有一道循亲敦江经曼尼坡乘马需三月乃至阿富汗。商人在其地以中国丝绸等名产换取缅甸的宝石、翡翠、木棉,印度的犀角、象牙和欧洲的黄金等珍品"[②]。

---

① 《宋史》卷四八九《蒲甘传》。
② [英]哈威:《缅甸史》,商务印书馆 1957 年版,第 52 页。

这条路线早在公元前122年张骞出使西域时就已经发现。东汉明帝永平十二年（69）设置永昌郡（今云南保山），这条丝路又有进一步发展。永昌郡设立后，又在今德宏傣族地区修治了博罗道。永昌郡的设置与博罗道的开通，对中缅经济文化交流和中国与南亚甚至欧洲交流都具有意义。① 此后，缅甸各部落纷纷派遣使节与中国通好。唐朝，中缅往来频繁。

《旧唐书》云：

> 骠国，在永昌故郡南二千余里，去上都一万四千里。其国境，东西三千里，南北三千五百里。东邻真腊国，西接东天竺国，南尽溟海，北通南诏些乐城界，东北拒阳苴咩城六千八百里。往来通聘迦罗婆提等二十国，役属者道林王等九城，食境土者罗君潜等二百九十部落。②

《旧唐书》记载了骠国献乐的过程：

> 古未尝通中国。贞元中，其王闻南诏异牟寻归附，心慕之。十八年，乃遣其弟悉利移因南诏重译来朝，又献其国乐凡十曲，与乐工三十五人俱。乐曲皆演释氏经论之词意。寻以悉利移为试太仆卿。③

宋代，中缅继续交往，民间的驮队马帮往来运输两国货物，大量缅甸的棉花、象牙、翡翠、玉石等输入中国，中国的丝绸、茶叶、金银首饰等运往缅甸。这期间，缅甸国王阿奴律陀曾遣使至中国进献白象等物。

元明时期，中缅曾发生战争，但是为时不长。明代曾经在缅甸设置二宣慰使，明洪武二十七年（1394）设置缅中宣慰使司，以土酋卜剌浪为宣慰使；永乐元年（1403）设置缅甸宣慰使司，以那罗塔为宣慰使。

---

① 张晔：《东南亚华侨华人历史与现状》，旅游教育出版社2001年版，第27页。
② 《旧唐书》卷一九七《骠国传》。
③ 同上。

宣德二年（1427），明廷以莽得剌为宣慰使。"自是来贡者只署缅甸，而甸中之称不复见。"① 虽然明朝并没有对这些地区进行实际的统治，但是宣慰使的设置确实有利于中缅两国的联系和文化交流。明清时期，华人大量入缅，繁荣了缅甸经济，为缅甸的农业生产及宝石、玉石开采业等方面做出了贡献。

（十）菲律宾

菲律宾位于亚州东南部，是一个群岛国家。该国北隔巴士海峡与中国台湾省相对，南和西南隔苏拉威西海、苏禄海、巴拉巴克海峡与印尼、马来西亚相望，西濒南海，东临太平洋。菲律宾古代有麻逸、苏禄、吕宋等国家。麻逸是我国史籍记载的菲律宾古代国家，据《宋史》和《文献通考》记载，太平兴国七年（982），麻逸国人携宝货到我国广州贸易。麻逸国存在的时间大约是10—14世纪。苏禄最早见于我国史籍《大德南海志》（成书于1304），原来写作苏录，《岛夷志略》将其翻译成苏禄，后为中国明清史籍沿用，直到今天。② 苏禄大约存在于14—19世纪中叶，是菲律宾历史上立国时间最长的古国。其国盛产珍珠，在国际市场上享有盛名。14世纪中期后，苏禄国力强大，一度攻打加里曼丹岛上的文莱王国。在明代初期，苏禄王国和中国有比较密切的往来。《明史》卷七《成祖本纪》载：永乐十八年（1420），苏禄西王入贡。十九年（1421）苏禄王入贡。二十二年（1424），苏禄入贡。这一年明成祖去世，以后苏禄不再入贡。明代在菲律宾群岛上还有吕宋国，吕宋有属国合猫里（又名猫里务）、美洛居等国。16世纪以后，西班牙殖民者入侵菲律宾，使得苏禄成为西班牙的附庸。

中国与菲律宾在历史上关系密切，科技交流频繁。华侨在中外科技交流中扮演了重要的角色。特别是原产于拉美的农作物经菲律宾华侨而传到中国，对中国的经济和社会发展产生了巨大的影响。

---

① 《明史》卷三一五《缅甸传》。
② 王民同：《东南亚史纲》，云南大学出版社1994年版，第198页。

（十一）马来西亚

马来西亚是东南亚马来半岛上的国家，位于中国通往印度的海上要冲，因而自古成为中国和印度交通的中继站。在 1 世纪至 2 世纪左右，马来半岛出现了羯荼、狼牙修、赤土、丹丹、盘盘等邦国。这些国家深受印度文化和中国文化的影响。公元 7 世纪，在苏门答腊崛起的室利佛逝帝国侵入马来半岛，曾经在几个世纪内控制着这一地区。在此期间马来半岛的经济、文化、宗教皆受到室利佛逝的影响。13 世纪室利佛逝衰落，统治势力退出马来半岛，半岛出现各王国分裂割据的局面。这个时期我国史籍中提到的王国有彭亨、丁加奴、柔佛和马六甲等。其中马六甲王国最为重要，最强大。15 世纪初，马六甲王国统一了马来半岛的南部，结束了分裂局面。1511 年，葡萄牙殖民者占领了马六甲，马六甲王国灭亡。17 世纪，马六甲成为荷兰的殖民地。19 世纪，英国排斥了荷兰在马来半岛的殖民势力，使马来半岛成为英国的海峡殖民地，与此同时，东马（沙捞越和沙巴）也沦为殖民地。[①]

马来西亚和中国明朝的关系非常密切。《明史》有满剌加传。满剌加是旧的译音，现时多译为马六甲。"满剌加，在占城南。顺风八日至龙牙门，又西行二日即至。或云即古顿逊，唐哥罗富沙。"[②] 马六甲国王拜里迷苏剌多次遣使访问中国。《明史》云：永乐三年（1405），明成祖正式承认拜里迷苏剌为马六甲国王，赠诰印、黄盖、袭衣和镇国碑文。《明通鉴》云：永乐三年（1405），满剌加入贡，始封为满剌加国王。[③] 据陈建《皇明通纪》记载：永乐六年（1408），满剌加首次入贡，明成祖诏封其王西利八儿速剌为满剌加国王。据考证，西利八儿速剌即拜里迷苏剌，满剌加首次入贡应为永乐三年。明朝多次遣使访问马六甲，马六甲是郑和下西洋的必经之地，明朝设立"官厂"即物资供应和商品转运基地。

---

① 王民同：《东南亚史纲》，云南大学出版社 1994 年版，第 162 页。
② 《明史》卷三二五《满剌加传》。
③ 夏燮：《明通鉴》，中华书局 2009 年版，第 610 页。

马来西亚华侨众多，华商在中马两国科技文化交流方面起了重要的桥梁作用。

（十二）印度尼西亚

印度尼西亚位于东南亚的海岛地区，是世界上最大的群岛国家，也是民族成分多而且十分复杂的国家。15世纪前，印尼群岛古国众多，在爪哇岛，公元4世纪有多罗摩，我国史籍称之为耶婆提，公元5世纪有阇婆，公元7世纪有诃陵，公元7世纪以后有夏连特拉王国。在苏门答腊岛，公元6世纪有干陀利，公元7世纪有末罗游、巴邻旁，7世纪以后有室利佛逝、三佛齐等海上帝国。13世纪末，爪哇建立了满者伯夷国。满者伯夷国灭亡后，印尼小国林立。16、17世纪有东爪哇的淡目、西爪哇的万丹、中爪哇的马打兰伊斯兰王国、苏门答腊的亚齐以及印尼东部的一些王国。15世纪后，印尼先后遭到葡萄牙、西班牙和英国的侵略，1596年又被荷兰占领。我国古代史籍对上述国家都有明确的记载。

印尼的这些古代国家都曾经遣使中国，与中国有较多的往来。干陀利曾经遣使中国，与南朝刘宋等王朝关系密切。唐太宗时期末罗游曾来华朝贡。唐代僧人义净于671年曾经到达巴邻旁，在此学习印度梵文文法。"三佛齐国，盖南蛮之别种，与占城为邻，居真腊、阇婆之间，所管十五州。"[①] 自695年到742年，三佛齐与中国有着密切的政治经济联系，此后突然中断，直到904年又同中国恢复通好。室利佛逝与中国唐朝关系密切，室利佛逝多次遣使入贡，唐朝皇帝对其国王多次进行册封。开元十二年（724）授予其王尸利陀罗跋摩为左威卫大将军；开元二十九年（741）册封其王刘滕末恭为宾义王，授予其左金吾卫大将军称号。13世纪末，元世祖向爪哇用兵，遭到失败。爪哇人击退元军，建立了满者伯夷国。满者伯夷国多次遣使中国。中国明朝航海家郑和于1405年和1408年两次到达其国进行友好访问和贸易活动。明朝与爪哇

---

① 《宋史》卷四八九《三佛齐传》。

关系密切，使节互访频繁。据统计，在明朝开国最初的 100 年间，爪哇使节访华达到 20 余次。①

华侨在中国与印尼的文化交流中扮演了重要的角色。有的华侨充当使臣、通事。正统元年（1436），爪哇国入贡使臣中名财富八致满荣者，自称是福建龙溪县人，姓洪名茂仔，捕鱼为业，被倭寇俘虏。他逃到爪哇，改为今名，"遣充使进方物"②。正统三年（1438），爪哇使臣亚烈马用良、通事良殷南、文旦奏："臣等俱福建龙溪人，因渔飘堕其国，今殷欲与家属同来者还乡"。他们的要求后来得到明朝皇帝的许可。③

（十三）大宛

大宛是古代中亚国家，在今费尔干纳盆地。据《史记·大宛列传》记载："大宛在匈奴西南，在汉正西，去汉可万里。其俗土著耕田，田稻麦。有蒲陶酒，多善马，马汗血，其先天马子也……"④ 约在公元前 128 年时，张骞来到大宛，而大宛国王本就打算与汉朝交好，但因匈奴与汉朝交恶而道路中断，当大宛国王知道张骞来意后，派遣向导护送张骞前往康居，并从康居前往大月氏。当张骞回到中国后，向汉武帝报告西域见闻。公元前 119 年，当张骞第二次出使西域的乌孙时，张骞派遣副使到乌孙周边地区大宛、康居、大月氏、安息等国进行外交活动。此后，东西方的商人们纷纷沿着张骞探出的道路往来贸易，成了著名的丝绸之路。而大宛和其他诸国也派遣使者与归途的汉朝使者一同来到中国，游览汉朝的强盛和疆域广大，大宛与中国因此接触越来越频繁。汉武帝对大宛马渴望至极，派人到大宛市马，遭到大宛王的拒绝。汉武帝因命李广利为贰师将军，"发属国六千骑，及郡国恶少年数万人"，讨伐大宛。结果大宛兵败，大宛王被杀，"汉军取其善马数十匹，中马以下牡牝三千余匹"，凯旋回朝。

---

① 何芳川：《中外文化交流史》，国际文化出版公司 2008 年版，第 463 页。
② 《万历野获编》补遗，卷四《外国·华人夷官》。
③ 同上。
④ 《史记》卷一二三《大宛列传》。

王莽改制时，不尊重周边地方政权，把西域各国国王贬黜为侯，引起西域各国纷纷反抗，并于 16 年联合击败西域都护李崇的军队。此后中国发生民变无暇西顾，在李崇逝世后，西域各国与中国联系断绝。而匈奴趁着中国大乱，企图在西域重新树立权威。西域以莎车较为强大且对汉朝较忠心，公元 29 年东汉光武帝封莎车国王"康"为西域大都尉，代汉管辖西域诸国。在莎车国王"康"逝世后，其弟"贤"立，开始致力于武力扩张疆土。公元 42 年，莎车国王"贤"与汉朝交恶后，诈称西域大都护，迫使西域诸国服从，重求赋税，并攻灭不臣服的国家。莎车国王"贤"以大宛的贡税少为由，亲自率领莎车与诸国大军进攻大宛，大宛国王延留投降，莎车便以"康"之子拘弥王桥塞提为大宛国王。桥塞提统治大宛仅仅数年，便被康居击败，莎车国王只好再命延留重新担任大宛国王，使其贡献如常。因匈奴在西域势力逐渐强大，东汉政府于公元 91 年命班超平定西域，使西域各国再度受西域都护管辖，直到公元 107 年。

两晋时期，大宛与中国仍有往来。《晋书》卷九七记载：太康六年（285），西晋武帝司马炎遣使杨颢拜其王蓝庾为大宛王。其子摩之继承王位后，遣使贡献汗血马。晋孝帝太元三年（378），大宛王遣使献汉血马和珍禽异兽 500 余种。[①] 南北朝时期（公元 420—589 年），大宛改称破洛那。隋朝大业中（公元 605—617 年），钹汗国遣使贡方物。《唐书》作拔汗那，即今费尔干纳（Ferghana）。[②]

（十四）康居

康居，古西域国名。东界乌孙，西达奄蔡，南接大月氏，东南临大宛，约在今巴尔喀什湖和咸海之间，王都卑阗城。北部是游牧区，南部是农业区。南部城市较多，有五小王分治。康居与大月氏同是土耳其系的游牧民族。自锡尔河下游，至吉尔吉斯（Kirgiz）平原，是康居疆域

①　《晋书》卷九七《大宛传》。
②　方豪：《中西交通史》，上海人民出版社 2008 年版，第 166 页。方豪先生在文中将 Ferghana 译为费尔干那。

的中心地带。张星烺先生认为，汉代康居即唐代之康国。《元史·地理志·西北地附录》中作撒麻儿干，《明史》作萨马儿罕。

汉代康居已经由锡尔河以北的游牧地扩展到锡尔河以南的栗特地方。汉初康居附属于匈奴。张骞初次通西域，曾由大宛到康居，康居王派人送张骞到大月氏。张骞出使乌孙时，又派副使联络康居，于是康居和汉朝建立了经常的往来。后来康居受到乌孙攻击，为谋取匈奴的支持，被迫与匈奴联姻。公元前11年，康居又派侍子入汉，表示愿意通好。公元74年班超到疏勒后，康居和汉朝的关系有了新的变化。康居派兵帮助疏勒王叛乱。

《隋书》云："康国者，康居之后也。迁徙无常，不恒故地，然自汉以来相承不绝。"大业中，康国遣使献方物。① 唐代时，康国有大批移民居住在中国各地。康国侨民人数众多，大多在唐朝担任武臣，或者在军队中供职。营州杂胡安禄山，出于北蕃，本姓康氏，后来改姓为安，开元、天宝之际成为边镇中最有实力的将军。康氏在大唐北方和西北都是大姓，移民数极多，在地方上很有势力。唐军部将康元宝和叛军史思明部将康没野波都是康国人。

元世祖时期平定西域，"尽以储王、驸马为之君长，易前代国名以蒙古语，始有撒马尔罕之名"②。又译其地为寻思干、薛迷思干等，耶律楚材、长春真人（丘处机）先后西游，曾到达此地。

明代，撒马尔罕多次向明朝进贡。中撒文化交流频繁。

（十五）土耳其

土耳其（古称突厥）民族是一个朴实的民族，世代居于我国北方，历史悠久。《隋书》卷八四《北狄·突厥》中谈到了突厥国名的由来：

> 突厥之先，平凉杂胡叶，姓阿史那氏。后魏太武灭沮渠氏，阿史那以五百家奔茹茹，世居金山，工于铁作。金山状如兜鍪，俗呼

---

① 《隋书》卷八十三《康国传》。
② 《明史》卷三三二《撒马尔罕传》。

兜鍪为"突厥",因以为号。

公元 6 世纪,崛起于漠北,逐铁勒,灭柔然,势渐强大,臣属北方各族,建立东西万里的突厥政权。南临中原,遂与隋唐王朝往来频繁。据《旧唐书》卷一九四《突厥传》记载,唐高祖起兵时,曾请突厥始毕可汗援助,太宗曾与颉利可汗在渭水会面为盟。贞观三年(629),唐太宗乘突厥内部分裂之时,派李靖等统帅大军分道出击,次年,颉利可汗被俘,东突厥灭亡。[①] 东突厥败亡后,一部分人迁居中国内地。公元 8世纪后,大食人进据中亚,突厥各部皆成臣属,散居河中之地。奥斯曼土耳其人于 14 世纪建国于小亚细亚(罗姆),逐渐夺取东南欧之地,灭东罗马帝国,建都伊斯坦布尔,进而发展成为地跨亚欧非三大洲的大帝国,称霸西亚东欧长达 600 年之久。

中国史书多有记载,宋代称其为芦眉国、罗姆苏丹,明朝称其为鲁迷国等。明代,鲁迷国(学术界一般认为是芦眉国的异译)曾经在嘉靖三年(1524)遣使贡狮子、犀牛。[②] 清朝正式采用"土耳其"这一称呼。

(十六)伊朗

伊朗是西亚的一个大国,古称安息、波斯。公元前 248 年,里海东南的帕提亚在阿塞西领导下,发动了反对塞流西王朝统治的起义,建立了安息国(公元前 247－公元 224)。据中国史料记载,早在 2000 多年前,西汉的张骞曾奉命向西方"凿空"。张骞第一次出使大月氏时,已经听说大月氏以西的这个安息国。此后,汉朝使臣到达安息,汉使返国时,安息也派使者到长安观察中国国情,向汉朝献鸵鸟卵和魔术师。[③]公元 224 年,安息王朝被波斯萨珊王朝推翻。萨珊王朝存在 400 多年(224－651),后成为阿拉伯帝国的一个行省。隋炀帝曾派遣云骑尉李昱

---

① 朱绍侯:《中国古代史》,福建人民出版社 2001 年版,第 602 页。
② 《明史》卷三三二《鲁迷传》。
③ 《汉书》卷九六上《西域传》。

通波斯，不久波斯遣使随李昱贡方物。[①] 贞观十二年（638），波斯遣使者没似半朝贡，又献活褥蛇。[②] 到了公元 7 世纪中叶（661），伊斯兰教征服了伊朗，从此，伊朗历史进入了伊斯兰时期。

在中国唐朝前期，今伊朗东北部曾经纳入中国版图。13 世纪蒙古大军多次进入伊朗，在此设置蒙古大汗国阿姆河等处行省，为后来的伊利汗国的建立奠定了基础。在我国的唐朝（伊朗萨珊王朝）、元朝（伊朗伊尔汗王朝）以及明朝（伊朗帖木儿王朝和伊朗萨法维王朝，即我国习称的萨非王朝），[③] 中伊两国都来往频繁，联系紧密，在经济上互通有无，在文化上也有广泛的交流。

经由伊朗向中国传播的宗教，主要有琐罗亚斯特教、摩尼教、景教、伊斯兰教。

唐代杜环曾经到达伊朗，撰有《经行记》，对当时伊朗的方位地理、风土人情、物产服饰以及宗教军事等作了描述。元代汪大渊随商船两次访问了十几个国家和地区，曾到达了伊朗的主要商埠忽尔谟斯，并在其《岛夷志略》一书中有专门章节介绍。明代陈诚曾经奉命出使伊朗，并写有《西域行程记》一书。中国明朝的船队多次访问伊朗。随郑和下西域的随从中，有几个人在回国后先后著书，如马欢写有《瀛涯胜览》，费信写有《星槎胜览》，巩珍写有《西洋番国志》，都对忽尔谟斯进行了生动的介绍。伊朗学者也积极介绍中国，如伊朗伊利汗王朝（1256—1253）杰出的政治家、史学家和医生推拉施特，在《史集》中讲述了中国的历史。另外，在《迹象与复苏》这部有关农业和园艺的著作中，他谈到了中国的 20 多种植物。他详细介绍了这些植物的外观、特性、用途和栽培方法，并用波斯语记录了它们的汉语名称和发音。[④]

（十七）大食

阿拉伯帝国（632 年—1258）是西亚阿拉伯人于中世纪创建的一个

---

① 《隋书》卷八三《波斯传》。
② 《新唐书》卷二二一《波斯传》。
③ 周一良：《中外文化交流史》，河南人民出版社 1987 年版，第 240 页。
④ 何芳川：《中外文化交流史》，国际文化出版公司 2008 年版，第 519 页。

伊斯兰封建帝国。唐代以来的中国史书，如《经行记》、《旧唐书》、《新唐书》、《宋史》、《辽史》等，均称之为大食国（波斯语 Tazi 或 Taziks 的译音），而西欧则习惯将其称作萨拉森帝国。《旧唐书》云：

> 大食国，本在波斯之西。大业中，有波斯胡人牧驼于俱纷摩地那之山，忽有狮子人语谓之曰："此山西有三穴，穴中大有兵器，汝可取之。穴中并有黑石白文，读之便作王位。"胡人依言，欣然前往，果见穴中有石及槊刃甚多，上有文，教其反叛。于是纠合亡命，渡恒曷水，劫夺商旅，其众渐盛，遂割据波斯西境，自立为王。波斯、拂菻各遣兵讨之，皆为所败。[1]

《新唐书》谈到大食的扩张：

> 灭波斯，破拂林，始有粟麦仓庾。南侵婆罗门，并诸国，胜兵至四十万，康、石皆往臣之。其地广万里，东距突骑施，西南属海。[2]

《宋史》记载：

> 大食国本波斯之别种。隋大业中，波斯有桀黠者探穴得文石，以为瑞，乃纠合其众，剽略资货，聚徒浸盛，遂自立为王，据有波斯国之西境。唐永徽以后，屡来朝贡。其王盆泥未换之前谓之白衣大食，阿蒲罗拔之后谓之黑衣大食。[3]

唐宋史书均记载大食之兴起，但是《旧唐书》多荒诞不经，而《宋史》较为客观真实。

阿拉伯帝国存在了 600 多年，主要有神权共和时期和倭马亚王朝、

① 《旧唐书》卷一九八《大食传》。
② 《新唐书》卷二二一《大食传》。
③ 《宋史》卷四九〇《大食传》。

阿拔斯王朝两个世袭王朝。帝国最强盛的时候，疆域东起印度河和中国边境，西至大西洋沿岸，北达里海，南接阿拉伯海，是继亚历山大帝国和罗马帝国之后又一个地跨亚、欧、非三洲的大帝国。由于其独特的地理位置，阿拉伯帝国的兴起改变了周边许多民族的发展进程，在中世纪的历史上产生了非常重要的影响。

穆罕默德曾经用《古兰经》鼓励他的门徒："为了追求知识，虽远在中国，也应该去。"这反映了当时阿拉伯人对中国文明的向往。[①] 唐朝从公元651年起与阿拉伯建立了外交关系。据唐代史籍记载，在唐高宗永徽二年（651），阿拉伯第三位正统哈里发奥斯曼（即大食王噉密莫末赋，646—656年在位），第一次派遣使者来到中国。

《旧唐书》卷一九八《大食传》记载：

> 永徽二年，始遣使朝贡。其王姓大食氏，名噉密莫末赋，自云有国已三十四年，历三主矣。[②]

公元751年中阿双方发生的怛罗斯战争，以唐军失败而告终，唐军有不少士兵被俘，结果引起了造纸术在阿拉伯的传播。唐宋时期，许多阿拉伯人来到中国经商。伊斯兰教的传入，带动了阿拉伯科学在中国的传播。

据《宋史》卷四九〇《大食传》记载，勿巡、陀婆离、俞卢和、麻罗拔地、层檀等国皆大食部属。这些大食属国都和宋王朝有着友好交往。

元代，阿拉伯科学家来到中国，促进了中外科技交流。中国的许多科学发明经过阿拉伯人传到西方，阿拉伯人在传播中国科技方面起了桥梁作用。

明代中阿关系密切。明代中国称阿拉伯为天方国。《明史·西域传四·天方》云："天方，古筠冲地，一名天堂，又曰默伽。"此天方指麦加。在明代游历家的著作中，天方是指整个阿拉伯半岛。明代，其王多次遣使来华朝贡。其国人也多有来华者。成化中有天方人阿力之兄纳

---

① 朱绍侯：《中国古代史》，福建人民出版社2000年版，第668页。
② 《旧唐书》卷一九八《大食传》。

的，在中国居住 40 余年。

（十八）印度

印度是南亚的大国。公元前 6 世纪之后，印度进入了十六国时期，内战频繁。内部的纷争也招致了外部的入侵，波斯、希腊人相继攻入印度。公元前 323 年孔雀王朝（前 323－前 185 年）统一了北印度，阿育王皈依佛教并大力推广佛教。此后，印度进入列国时代。直到公元 4 世纪，古代印度的第一个统一的封建王朝笈多王朝兴起，带来了两个世纪的和平与繁荣。在笈多时期，从古老的婆罗门教演化出来的印度教兴起并逐渐占据主导地位。也正是在这一时期，古代印度文化达到了颠峰。从公元 8 世纪开始，信仰伊斯兰教的阿拉伯人不断侵入南亚次大陆，同时也将伊斯兰教传入此地，使印度文明增添了新的色彩。伊斯兰教与印度教成为古代印度的两大宗教，佛教与耆那教日渐式微。1526 年，信仰伊斯兰教的蒙古－突厥贵族建立了莫卧儿帝国。

18 世纪中期到 19 世纪中期，英国殖民者逐步控制了南亚次大陆，使这里成为大英帝国最重要的原料供应地。19 世纪末期开始，印度人民开展了不屈不挠的独立运动，其中以甘地为首的不合作运动为民族主义事业赢得群众支持做出了重大贡献。1947 年，印度终于独立。之后经过两次印巴战争，南亚次大陆形成了目前的印度、巴基斯坦、孟加拉三个国家。

我国人民最早知道印度是西汉张骞通西域的时候，最初称印度为身毒，后来称为天竺、贤豆等。印度佛教传入我国，是印度文化一次大规模的东传，对我国社会生活和思想文化有很大影响。唐代著名僧人玄奘，在公元 7 世纪西游印度并居住多年，返回唐朝以后写成《大唐西域记》。他在其著作中始称其国为印度，这一称谓沿用至今。宋代僧行勤要求去西域求佛书，得到批准。"开宝后，天竺僧持梵荚来献者不绝。"开宝八年（975）冬，东印度王子穰结说啰来华朝贡。①

---

① 《宋史》卷四九〇《天竺传》。

古代中印文化交流丰富多彩。正如季羡林先生所说的那样："印度的许多东西大量流入中国，其影响既深且广，至今不衰。"①但是中国文化对印度也有较大的影响。

（十九）尼泊尔

尼泊尔历史悠久，在公元前 6 世纪就建立王朝。该国先后出现基拉特王朝（前 800 年－100 年）、利查威王朝（100－1200 年）、玛拉王朝（1200－1768 年）和沙阿王朝（1768－2008）。

公元 1559 年，从印度契托尔来的一个拉杰普特王公后裔德拉维亚·沙阿，占领尼泊尔西部一个称作廓尔喀的村落，建立一个小王国。公元 1742 年，这个王国第十代君主普里特维·纳拉扬·沙阿登上王位。他励精图治，使王国逐渐强大起来。他率廓尔喀军队于 1769 年征服谷地三国，结束玛拉王朝，开始沙阿王朝的统治。从此，尼泊尔逐步趋向统一，也开始有年代准确、史料翔实的历史。

《新唐书》云："泥婆罗直吐蕃之西乐陵川。"《大唐西域记》卷七作尼波罗。中尼之间有着上千年友好交往的历史。晋代高僧法显、唐代高僧玄奘曾到过佛祖释迦牟尼诞生地兰毗尼（今尼泊尔南部）。639 年，尼泊尔国王阿穆苏·瓦尔马之女儿布丽库蒂公主（即赤尊公主）与吐蕃赞普松赞干布联姻，尼泊尔的建筑技术传入中国西藏地区。阿穆苏·瓦尔马的后继者纳伦德拉·德瓦国王即位不久，中国唐朝的使者王玄策等在公元 643 年访问了尼泊尔。贞观二十一年（647），尼泊尔遣使大唐入献波棱、酢菜、浑提葱。永徽时，其王尸利那连陀罗又遣使入贡。②

元朝时，尼泊尔著名工艺家阿尼哥曾来华监造北京白塔寺，把尼泊尔先进的建筑技术传入中国。

明代称之为尼八剌国，中尼两国政治关系比较密切。据《明史》记载："尼八剌国，在诸藏之西，去中国绝远。其王皆僧为之。"③ 洪武十

---

① 季羡林：《中印文化交流史》，中国社会科学出版社 2008 年版，第 3 页。
② 《新唐书》卷二二一《泥婆罗传》。
③ 《明史》卷三三一《尼八剌传》。

七年（1384），明太祖命僧智光出使其国，成祖复命僧智光出使其国。永乐十一年（1413）明成祖命杨三保出使其国，以玺书、银币赐其嗣王沙的新葛；永乐十六年（1418），明成祖命中官邓诚出使其国。宣德二年（1427），明宣宗又遣中官侯显出使其国。尼八剌也多次遣使来华朝贡。良好的政治关系，促进了中尼两国文化交流。

第二章　古代中国与亚洲国家的农业技术交流

中国是一个农业大国，创造了高度的农业文明。早在 7000 年前，我国就开始人工栽培水稻，这是我国先民对世界物质文明的伟大贡献。农业的发明是人类征服自然的一个新的里程碑，所以新石器时代被誉为"农业革命时代"[①]。到了周代，随着大量的荒地被不断垦辟成为良田，在农业技术上，出现了休耕轮作的办法。在耕作技术上，当时人们不仅懂得深耕、熟耘、雍本等精耕细作，而且已经能够使用绿肥和制造堆肥，知道应用人工灌溉。[②]

中国古代历史上有许多先进的水利工程。战国时期，李冰主持兴建了都江堰。都江堰是一个防洪、灌溉、航运综合水利工程。李冰采取中流作堰的方法，在岷江峡内用石块砌成石埂，叫都江鱼嘴。鱼嘴是一个分水的建筑工程，把岷江水流一分为二。东边的叫内江，供灌溉渠用水；西边的叫外江，是岷江的正流。又在灌县城附近的岷江南岸建筑了离碓，离碓就是开凿岩石后被隔开的石碓，夹在内外江之间。离碓的东侧是内江的水口，称宝瓶口，具有节制水流的功用。夏季岷江水涨，都江鱼嘴淹没了，离碓就成为第二道分水处。内江自宝瓶口以下进入密布

---

① 朱绍侯：《中国古代史》，福建人民出版社 2002 年版，第 15 页。
② 同上书，第 92 页。

于川西平原之上的灌溉渠道，"旱则引水浸润，雨则杜塞水门"①，保证了大约 300 万亩良田的灌溉，使成都平原成为旱涝保收的"天府之国"②。

在关中秦国建有郑国渠。汉武帝时期在关中开凿了几条较大的灌溉渠。在著名水工徐伯的领导下开凿了与渭河平行的漕渠。漕渠要经过商颜山（铁镰山）。这里土质疏松，渠岸易于崩溃，不能采用一般的施工方法。劳动人民发挥高度智慧，发明了"井下相通行水"的"井渠法"。③ 这是我国历史上第一条地下水渠。元鼎六年（前 111），又在郑国渠上游修了六条辅助的小水渠，称六辅渠。太始二年（前 95），建造了白渠。班固在《西都赋》称颂了郑国渠和白渠的意义："郑白之沃，衣食之源。"这两条管道对关中农业生产的发展起了相当大的作用。

唐政府很重视农田水利灌溉，在中央工部之下设有水部司，设置郎中、员外郎各一人。据史料记载，在唐朝前期 130 多年中，劳动人民兴修水利工程达 160 多处，分布于全国广大地区。④ 这些水利灌溉工程对农业生产起了重要作用。

宋金并立时期，南方的水利建设大大超过北方。史料记载："南渡后，水田之利，富于中原，故水利大兴。"⑤ 除了修复久废的工程之外，还修建了许多新的水利灌溉工程。如宋高宗时，眉州（今四川眉山）农民修建通济堰，四周 34 万多亩田得到灌溉。宋光宗时，淮东农民修建绍熙堰，使数百里的土地都得到灌溉。⑥

我国历代学者对古代农业生产技术进行了科学的总结，汉代的农书就有 9 家 114 卷之多，现在的辑本《氾胜之书》已经具有了基本的农学体系。北魏末年贾思勰的《齐民要术》是一部农业生产技术的总结性著作，是古代农学体系形成的标志。全书 10 卷，共 92 篇，内容涉及精耕

---

① 《华阳国志·蜀志》。
② 朱绍侯：《中国古代史》，福建人民出版社 2001 年版，第 171 页。
③ 《汉书》卷二九《沟洫志》。
④ 朱绍侯：《中国古代史》，福建人民出版社 2001 年版，第 563 页。
⑤ 《宋史》卷一七三《食货志》。
⑥ 朱绍侯：《中国古代史》，福建人民出版社 2001 年版，第 94 页。

细作、选种播种、作物栽培、果木种植、动物饲养、食物加工等各个方面，集周秦至北魏农业生产知识之大全。宋元时期，中国古代科技发展到高峰。农学著作不断问世，主要有宋代陈旉编撰的《农书》，元代王祯编撰的《农书》，鲁明善编撰的《农桑衣食撮要》。明代出现了徐光启的《农政全书》等农学著作。

中国古代还设有劝农机构。秦设治粟都尉，汉景帝时期设置大司农。"唐时节度使出镇，尚兼营田使，而租庸使则以户部尚书领之。至宋时州郡守臣俱带权农使。"① 元世祖中统二年（1261），命令各路都设置劝农司。明朝宣德初年，添设浙江杭、嘉二府属县劝农主簿。成化元年（1465），添设山东、河南各布政司劝农参政，及府同知通判县丞各一员。嘉靖六年（1527），诏江南府州县治农官，不得玩忽职守，"营干别差"。② 这些机构的设置，对农业生产的发展有着重大的促进作用。

在古代，中国与亚洲国家有着密切的农业技术交流。

一、中外农业技术交流的有利条件

（一）由于东亚的朝鲜、日本和东南亚的越南等国与中国路途较近，人员往来频繁，政治经济关系密切，进行文化交流比其他国家更为便利

朝鲜是我国的近邻，自古关系密切。早在殷商末年，箕子即率殷商宗室赴朝，建立箕氏朝鲜，带去中国文化，其中就有中国古代的科学技术。汉武帝时代，朝鲜成为中国的一部分，中国先进的农业技术更有条件快速传入朝鲜。百济与中国南朝有着密切的文化交流。534 年、541 年，百济屡遣使赴梁访问，并请《涅盘》等经义、《毛诗》博士并工匠、

---

① 《万历野获编》卷十二《户部·劝农》。
② 同上。

画师等，梁武帝满足了百济的全部要求。[①]

中朝两国山水相连，政治关系密切，两国人民来往频繁，这是两国农业技术交流的有利条件。

地处东亚的日本，也具有同中国进行农业技术交流的有利条件。

日本是亚洲东部的一个岛国，与中国隔海相望。隋唐时期中日往来频繁。日本的遣唐使曾多次来华。明清时期，中日两国文化交流不断，科学技术得到传播。由于近邻，到达日本的华侨很多，中国文化随之得到传播。自古以来，中日两国官民来往不断，科技交流缤纷多彩。

冯承钧在《中国南洋交通史》上说：在纪元以前，印度移民东徙，文化东渐，苏门答剌、爪哇、马来半岛、越南半岛并为印度文化传播之地。[②] 指出东南亚受印度文化影响。越南半岛（现称中南半岛）的占婆王国受印度影响很深。在纪元后，东南亚国家受到中国文化的影响。

越南位于中南半岛东部，是中国的近邻。越南东北临北部湾，同中国的广东、海南两省隔海相望。东临浩瀚的南中国海。北部的莱州、老街、河江、高平、凉山、广宁六省分别同中国的云南和广西山水相连。两国边境地区有两个最重要的天然通道口。一个从中国广西友谊关通往越南凉山，另一个从中国云南河口通往越南老街。这两个通道是中越两国人民紧密相连的重要纽带。中越两国政治文化关系密切，北宋之前越南长期成为中国封建统治区域的一部分，独立后成为中国的藩属。

泰国是一个由泰族为主体民族组成的国家，位于中南半岛上，处于东西交通的要冲。《明史》上说："暹罗，在占城西南，顺风十昼夜可至，即隋、唐赤土国。后分为罗斛、暹二国。……元时，暹常入贡。其后，罗斛强，并有暹地，遂称暹罗斛国。"[③] 到明洪武十年（1347），开始称暹罗。中国与泰国有 1000 多年的文化交流史。

缅甸是东南亚的重要国家，位于中南半岛西部，中缅两国有长达

---

① 杨通方：《源远流长的中朝文化交流》，载周一良主编：《中外文化交流史》，河南人民出版社 1987 年版，第 366 页。
② 冯承钧：《中国南洋交通史》，上海古籍出版社 2005 年版，第 5 页。
③ 《明史》卷三二四《暹罗传》。

2100多公里的国境线，又有山山相依，水水相连的自然通道，自古以来就把两国连接在一起，成为两国之间友好往来和经济文化交流的纽带。

菲律宾位于亚州东南部，是一个群岛国家。该国北隔巴士海峡与中国台湾省相对，南和西南隔苏拉威西海、苏禄海、巴拉巴克海峡与印尼、马来西亚相望，西濒南海，东临太平洋。明代名吕宋，有属国合猫里（又名猫里务）、美洛居等。中国与菲律宾在历史上关系密切，科技交流频繁。

马来西亚是东南亚马来半岛上的国家，位于中国通往印度的海上要冲，因而自古成为中国和印度交通的中继站。《明史》有满剌加传。满剌加是旧的译音，现时多译为马六甲。"满剌加，在占城南。顺风八日至龙牙门，又西行二日即至。或云即古顿逊，唐哥罗富沙。"① 马来西亚和中国的历史关系非常密切，中国农业技术不断传入马来西亚。

新加坡位于亚洲大陆南部马来半岛南端。东临南中国海，西朝马六甲海峡，南隔新加坡海峡与印尼的廖内群岛相望，北靠柔佛海峡。由于新加坡地处东南亚，与中国距离较近，华人多有前往定居者，两国民间有着较多的农业技术交流。

古代中国与中亚国家（如汉代与大宛、康居，唐代与西突厥、吐火罗，宋代与花剌子模等，明代与撒马尔罕等国）有着科技交流。

大宛（dà yuān），古代中亚国名。中国汉代时，泛指在中亚费尔干区域居住大宛附近各国的国家和居民，大宛国大概在今费尔干纳盆地。

康居，古西域国名。东界乌孙，西达奄蔡，南接大月氏，东南临大宛，约在今巴尔喀什湖和咸海之间，王都卑阗城。北部是游牧区，南部是农业区。南部城市较多，有五小王分治。康居与大月氏同是土耳其系的游牧民族。自锡尔河下游，至吉尔吉斯（Kirgiz）平原，是康居疆域的中心地带。

突厥汗国被隋朝分裂成东西两部后，西突厥在西域称雄，以控制丝

---

① 《明史》卷三二五《满剌加传》。

绸之路。最强盛时期领土面积东起金山，西到西海诸国。

吐火罗是最初在塔里木盆地讲吐火罗语的游牧民族，原始印欧人地处最东的一支民族。

花剌子模是中亚西部地区的古代国家，位于阿姆河下游、咸海南岸，今日乌兹别克斯坦及土库曼斯坦两国的土地上。花剌子模有时也被写作"花拉子模"。在塞人的语言里解释为"太阳土地"的意思。

撒马尔罕位于中亚，元世祖时期平定西域，"尽以储王、驸马为之君长，易前代国名以蒙古语，始有撒马尔罕之名"。撒马尔罕离嘉峪关九千六百里。"元末为之王者，驸马帖木儿也。"①

这些国家都地处中亚，中国都有陆路连接其地。因此交往比较便利。

其他南亚、西亚国家，与中国的交往都有其有利条件。丝绸之路有两条，一是陆路，一是海路，陆海互动，把中国与亚洲国家的文化紧紧地联系在一起。

在西亚，中国与土耳其、伊朗等国有着密切的往来。在南亚，中国与印度、尼泊尔等国有着频繁的文化交流。

据《新唐书》卷四十三下《地理志》下记载："广州通海夷道"从广州东南海行，可先后至占城、安南、海硖（今马六甲海峡）、罗越国（今马来西亚南端）、佛逝国（今印尼旧港）、诃陵国（今印尼早哇）、婆国珈蓝洲（今印度尼科巴群岛）、狮子国（今斯里兰卡）、南天竺（今印度南部）、没来国（今印度西部）、提罗卢和国（今伊朗阿巴丹附近）、乌剌国（今伊拉克奥波拉）、末罗国（今伊拉克巴士拉）、缚达城（今伊拉克首都巴格达）等地。②

（二）亚洲各国一般都有较好的农业生产条件和比较发达的农业生产技术，在农业生产上中外可以取长补短、相互借鉴

古代亚洲各国都是农业国家，世界四大文明古国就有三个在亚洲，

---

① 《明史》卷三三二《撒马尔罕传》。

② 文中今地名据章启臣主编：《广东海上丝绸之路史》，广东经济出版社 2003 年版，第 126—127 页。

这就是东亚的中国、西亚的巴比伦、南亚的印度，还有一个是非洲的埃及。

古代朝鲜人民很早就开始了农业生产，三韩部落知道种植农作物。史载：马韩，"其民土著，种植，知蚕桑，作绵布"。弁韩，"土地肥美，宜种五谷及稻，晓蚕桑，作绵布"。①

在战国时期，日本列岛上的倭人已与位于今中国东北南部、朝鲜北部的古燕国有往来。秦灭燕时，有一些汉人逃亡朝鲜，进一步去了日本。

进入弥生时代（此时代日本以农耕畜牧的生产经济为主，由于发现在东京都文京区弥生町而得名）之后，就从中国经由朝鲜南部把铁器传到西北九州，逐步扩展，并且由输入铁制品逐步开始自己煅造，后期日本列岛自己也生产铁（制造农业工具和武器）。② 到弥生时代中期，铁器在日本普遍增多，种类包括锹、锄、镰等农具以及斧、凿等工具，刀剑戈矛等武器。③

琉球土地肥沃，适合农业生产。《宋史》记载：

> 流求国在泉州之东，有海岛曰彭湖，烟火相望。……无他奇货，商贾不通，厥土沃壤，无赋敛，有事则均税。④

朝鲜方面的文献《葆真堂燕行日记》记载琉球国种麦、稻的情况。"问百谷则一年种麦一度，稻及诸种，正月始耕，五月收食，是月又耕，九月获取"。⑤

中国是具有五千年历史的古国，其悠久而发达的农业文明和精湛的

---

① 《三国志》卷三〇《魏书·乌丸鲜卑东夷传》。
② 夏应元：《相互影响两千年的中日文化交流》，载周一良：《中外文化交流史》，河南人民出版社1987年版，第309页。
③ 陈尚胜：《五千年中外文化交流史》（第1卷），世界知识出版社2002年版，第86页。
④ 《宋史·琉球传》。
⑤ ［日］松浦章：《明清时代东亚海域的文化交流》，郑洁西等译，江苏人民出版社2009年版，第62页。

农业技术尤其称着于世。而越南位于肥沃、湿润的印支半岛，气候与中国不同，那里养育了特有的作物品种。而且，越南南方地处古代海上交通要道，有机会得到棉花等异域植物。这一切，与中国形成互补。

早在周秦之际，金属工具通过长江流域传入交趾。秦汉以来，随着政治势力的南下，汉文化也广被岭南，而且逐步深入中印半岛。先进的农业生产技术和工具不断南传。从汉置三郡到东汉初叶的150年当中，交趾、九真、日南三郡秩序很稳定。中原人士大量南迁，越南北部人口激增，同时也有部分交趾居民北上，这给汉越通婚、民族融合、文化交流创造了有力条件。不但加速了交州地区封建化的进程，同时也密切了交州与内地的联系。可以说，交州地区从社会经济基础到上层建筑都引起了深刻的变化。从"炎荒"、"缴外"步入形同内地的"郡县"；从转房制到对偶婚；从刀耕火种到牛耕，从雒将雒侯到郡守，都呈现出巨大的飞跃。①

从原始的"刀耕火种"发展到精耕细作"一岁再种"。"民以食为天"，这是促进交趾地区经济上升、人口繁衍、文化提高的重要因素。中国是蚕丝的发源地，但南传交趾以后也呈现异彩，被誉为"八蚕之绵"。左思的《三都赋·吴都赋》："国税再熟之稻，乡贡八蚕之绵。"唐代诗人韩渥《安南寓止诗》有云："枳篱茅厂共桑麻。"反映了越南民间种桑养蚕之普遍。《旧唐书·食货志》云："扬租调以钱，岭南以米，安南以丝，益州以罗绸绫绢。"可见南安的丝已成为唐王朝的重要岁收之一。

古代缅甸是个农业国，《旧唐书》称"其土宜菽粟稻粱，无麻麦"②。由于中缅比邻而居，缅甸容易接受中国的农业生产技术。

古代印尼人民掌握了一定的农业生产技术。那孤儿是古代印尼的一个小国。《明史》有传，把那孤儿写成理想的人类社会。传云：

---

① 陈玉龙：《中国和越南柬埔寨老挝文化交流》，载周一良：《中外文化交流史》，河南人民出版社1987年版，第676页。

② 《旧唐书》卷一九七《骠国传》。

那孤儿，在苏门答剌之西，壤相接。……然俗淳，田足稻米，强不侵弱，富不骄贫，悉自耕而食，无寇盗。①

印度是亚洲农业古国，有先进的农业生产技术，具备了农业生产三要素——畜耕、施肥、灌溉。古印度幅员辽阔、人口众多，为了养活众多的人口，各个时期的统治阶级都把农业生产放在第一位。印度一直是一个农业大国，而印度河和恒河流域也正好为农业发展提供了优越的条件。

我国唐代著名僧人玄奘，在公元 7 世纪西游印度，并居住多年。他返回唐朝以后写成的《大唐西域记》中记载了古印度繁荣的农业经济。其实早在公元前 3500 年以前，印度次大陆北部的居民就已经开始了种植业。在哈拉巴文化时期，农牧业生产都很发达。考古发掘出的那个时期的城镇遗址中，发现了规模不小的谷仓。那时人们已经发明畜耕，饲养了水牛、耕牛、山羊、绵羊、猪、狗和象等动物。而且已经开始使用青铜制造的锄头和镰刀。农作物品种也非常丰富，有小麦、大麦、水稻、豌豆、甜瓜、枣椰、棉花和胡麻等。在吠陀时代，他们懂得了畜耕、人工灌溉和施肥。到了吠陀时代后期，铁器的使用使农业生产得到了进一步发展。在相对统一的孔雀王朝，政府设有高级官吏管理全国的水利事业，动用了大量人力物力进行了较大规模的水利建设。到封建社会以后，即曷利沙帝国时期，古印度农业生产的水平更是有了很大的提高，但由于封建社会过于漫长，古印度虽然造了成熟的自然农业经济，最终也没有从内部产生出资本主义经济，到后来，印度农业发展越来越缓慢，变得越来越落后了。但是，古印度的农业仍然构成了国家的经济基础，为科学技术的发展创造了条件。②

西亚的巴比伦，农业生产具有高度文明。苏美尔人疏导洪水灌溉良田。

"奔腾咆哮的洪水没有人能跟它相斗，它们摇动了天上的一切，同时使大地发抖，冲走了收获物，当它们刚刚成熟的时候。"

---

① 《明史》卷三二五《那孤儿传》。
② http://www.confucianism.com.cn/html/keji/1084737.html. 中国国学网，《古印度文明》。

这是苏美尔人在泥版上留下的诗句,生动地描述了洪水对他们的侵害。虽然在公元前 3500 年左右时,苏美尔人在狩猎的同时已经有了比较发达的农业,但是由于幼发拉底河和底格里斯河上游的降雨量大,汛期长,严重影响了农业生产的发展。

与古埃及人在尼罗河上建筑大堤坝和水库不同的是,古巴比伦在洪水治理上采用疏导的方式。公元前 30 世纪中期,阿卡德王国建立之后,立即展开了大规模的洪水治理工程。他们主要靠大规模的挖沟修渠、疏导洪水的流向以分散其流量,给洪水留下出路。这样不仅治理了洪水,而且为农业灌溉提供了便利条件。古巴比伦王国是古代两河流域经济繁荣的时期,当时的统治者就以国家法律的形式保障水利设施的合理利用,《汉谟拉比法典》中有好几条条文与水利有关。汉谟拉比时期有几个年头都以"水利之年"载入史册。王国政府还设有专门官吏,负责开河渠、兴修水利等一系列事务。洪水给古巴比伦带来了威胁,同时也带来了沃土,使两河流域的农业生产得以发展繁荣起来。①

中亚大宛等国也从事农业生产。据《史记》卷一二三《大宛列传》记载:"其俗土著耕田,田稻麦。有蒲陶酒,多善马……"

二、古代中国农业生产技术传入亚洲各国

(一) 中国的农作物通过各种途径输入亚洲各国

农作物,指的是农业上栽培的各种植物,包括粮食作物、经济作物(油料作物、蔬菜作物、嗜好作物)、工业原料作物、饲料作物、药用作物等。中国农作物种类繁多,农作物在不同时期先后传入到亚洲各国。

1. 朝鲜

中国人种茶饮茶历史悠久,到唐代,茶已经成为人们最常用的饮

① http://www.confucianism.com.cn/html/keji/1078022.html. 中国国学网,《古巴比伦的农业》。

料。中国茶叶在唐代时就已经传入朝鲜。太和二年（828），新罗使臣把茶种从中国带回国，从此朝鲜开始种茶。①

棉花种植在元代传入高丽。1363 年，高丽使臣文益渐赴元。回国时，于中国境内路旁棉田取棉实 10 多枚带回高丽。1364 年，文益渐回故乡晋州，以一半棉实交其舅郑天益种植。但仅 1 枚得以成活。当年秋，郑天益收获棉实达 100 余枚。天益年年繁育，棉实渐多。至 1367 年，他以所获棉种分给乡里，劝令种植。据传有一胡僧弘愿，至天益家，见到棉花，十分感动："不图今日复见本土之物。"天益盛情款待弘愿，因问纺织之术。弘愿无保留地详细告知，并制出工具交给天益。弘愿应为流落到朝鲜的中国僧人。天益因教其家之婢织出朝鲜的第一匹棉布。从此，邻里相传，得传遍一乡。不到 10 年而传遍朝鲜全国。②1375 年，高丽王召文益渐，任命其为典仪注薄，后官至左司议大夫。

2. 日本

中国的稻谷传入日本。

公元前三世纪，日本种植水稻。据考古学家研究，日本稻谷是从中国传来的，而其途径大体有三条：一是从华北传到朝鲜半岛南端，再传到九州北部；二是从长江口越海传到九州；三是从华南传到台湾、冲绳一带诸岛，再传到九州南部。但是迄今无定论。但无论从稻谷的种类（圆粒的粳稻）及使用的农具（特别是收割用的石刀），均与华南地区有一定的渊源。③

日本水稻生产渊源于大陆系统的农耕文化。水稻的输入使日本原始社会起了划时代的变革。日本史学家藤间生大对此极为重视。他说："日本民族从未开化的世界，进入到原子能时代，其间必须经过数千年的岁月，以及许多重要的发展。作为这种发展的第一步，是从中国输入

---

① 朱绍侯：《中国古代史》，福建人民出版社 2001 年版，第 658 页。

② 杨通方：《源远流长的中朝文化交流》，载周一良主编：《中外文化交流史》，河南人民出版社 1986 年版，第 381 页。

③ 夏应元《相互影响两千年的中日文化交流》，载周一良主编：《中外文化交流史》，河南人民出版社 1986 年版，第 309 页。

水稻开始。"[1]

中国农作物引种到日本。4 项栽培技术从中国东传，农作物有经琉球引进的西瓜种子、秋海棠、腊梅、菜豆（隐元豆）、薏苡等。[2]

茶种由高僧最澄带回日本种植。[3] 最澄是日本平安时代的僧人，日本天台宗的开创者。802 年，他被确定为入唐求法的短期留学生，804年，他和空海等人到达明州（今浙江宁波），学习天台宗教义。805 年 5月，他搭遣唐使的船回到日本。[4] 最澄把茶种种植在近江国（今滋贺）一带。当时，茶叶非常珍贵，在日本是作为名贵药材饮用的，一般人不得问津。在日本的汉文诗集《凌云集》中，载有日本天皇以茶树为对象的歌咏之作："萧然幽兴处，院里生茶烟"，"吟诗不厌捣香茗，乘兴偏宜听雅弹"。平安时代，留学僧荣西于 1168 年归国时，又从中国带回茶种，在距京都大约 5 公里远的肥前（今佐贺县）背振山种植成功。他还把茶种送与山城国（今京都）的僧人高牟。高牟把它培养成优良品种，被称为"本茶"，声名远扬，并被移植到日本的许多地区。荣西还系统地总结了有关茶叶的各种知识，写成《吃茶养生记》，大力提倡饮茶。从此，日本种茶和饮茶之风开始盛行。[5]

中国鲜花输入日本，日本花卉逐渐多起来。据黄遵宪介绍，日本举行斗花会，吸引了许多观众。

> 东京每有斗花会，任輂车牛，名种毕集，每于四壁嵌玻璃，光影迷离，如到四禅天矣。士女裙屐，云集鳞萃。日本诸花，颜色敷腴，光艳独绝。或言比较华种香味稍逊，鼻观徐参，知其语真实不虚也。[6]

① 陈玉龙：《汉文化论纲》，北京大学出版社 2000 年版，第 31 页。
② 东汉马援从越南引入薏苡。详见《后汉书·马援传》。
③ 杜石然、范楚玉等：《中国科学技术史稿》（上），科学出版社 1982 年版，第 361 页。
④ 杨曾云：《日本佛教史》，人民出版社 2008 年版，第 101—104 页。
⑤ 李威周、刘志义：《中日文化交流史话》，山东教育出版社 1996 年版，第 78 页。
⑥ 黄遵宪：《日本杂事诗》卷二，岳麓书社 1985 年版，第 714 页。

从中国等地运入日本的植物类名目繁多。食用植物有西瓜、菜豆、豆角、唐菜、南瓜、冬瓜、芥菜、诸葛菜等。竹类有盆宗竹、大名竹、明竹、潇湘竹、方竹、凤尾竹、高节竹等等。

植物中有不少是观赏植物。据《地锦抄附录》记载，正保年间（1644－1647）运来的观赏植物，有散丹花（三段花）、南京梅（腊梅）、琉球杜鹃、茶兰、棕榈竹、凤车、玫瑰、雾道、杜鹃、莲玉，以及特殊品种的菊花。宽文年间（1661－1672）运来的有黑船杜鹃、唐杜鹃、铁线莲、荷兰石竹、大雾岛的杜鹃等。天和、贞亨年间（1681－1687）运来的有美人蕉、千日红、岩石兰、东南天、曼陀罗花（朝鲜牵牛花）等。[①]

天宝、正德年间（1704－1715）运入日本的有落花生、珊瑚菜、立泉花、诸葛菜等。亨保年间（1716－1735）从中国运入的有南京石榴、唐枫、甘蔗等等。后来山花、早月等新品种被开发，罕见品种牵牛花、万年青、菊花等的栽培也很流行，花卉赛会也举行了。花卉的栽培引起了以江户为中心的老百姓的极大兴趣。[②]

3．越南

古代越南主动寻求从中国引进农作物。

越南黎朝使臣冯克宽在 1587 年出使中国时，关注中国的农作物。在返国途中，他见到中国农民正在收获玉米和大豆。这是越南所没有的两种农作物，冯克宽一心想把它们引入越南。当时，由于中国官方禁止这类农作物的种子出口，他就偷偷地捡了一些玉米和大豆种子，在出境时，躲过关卡的严密检查，带回越南推广和种植，从而使玉米和大豆很快成为越南的主要农作物之一。[③]

4．柬埔寨

周达观访问真腊时，带去了荔枝种子，撒播在吴哥以北一座山上。

---

① 王晓秋等：《中日文化交流史大系》（一）历史卷，浙江人民出版社 1996 年版，第247 页。

② 同上书，第247－248 页。

③ 杨保筠：《中国文化在东南亚》，大象出版社 1997 年版，第 58 页。

据说荔子只有在这座山上才能成活，因而人称"中国荔枝山"，它是中柬两国人民友谊永世长存的象征。为纪念这位中柬友好的使者，柬埔寨工匠在吴哥地区为周达观树立了一座石雕像。[①]

5. 缅甸

华人在缅甸京郊种植的蔬菜果木，有许多新品种，如芹菜、韭菜、油菜、荞头等蔬菜，还有荔枝、红枣、枇杷、梅、桃、柿子等果木，这些都是从中国传入的。缅甸人为了纪念，特地在这些蔬菜果木的前面都加上缅语"德由"（意为中国）或直接借用汉语音译，成为新的缅文辞汇。[②]

6. 印尼

华侨把中国蔬菜、果树、花卉引进印尼，如白菜、韭菜、萝卜、龙眼、荔枝、米仔兰等。此外还从中国引进胡椒栽培法。[③]

7. 菲律宾

菲律宾华侨从中国引进了白菜、莴苣、大辣椒、菠菜、豌豆、大豆、芋头以及橙、柚、多种柑桔、枇杷、李、荔枝、黄皮、柿子、石留、水蜜桃、多种香蕉；柠檬、紫桃、梨、玫瑰红苹果、皂角、槟榔、山核桃、龙眼、花生等蔬菜和果类。[④]

8. 泰国

泰国的橡胶、玉米、茶叶、烟草、棉花、荔枝、龙眼等经济作物和水果，是由华侨传入而广为种植和发展起来的。祖籍福建的华侨许泗章、许心美父子从马来西亚把橡胶苗带到泰国南部董里府种植，后推广到整个泰国南部。[⑤]

---

① 杨保筠：《中国文化在东南亚》，大象出版社 1997 年版，第 19 页。

② 陈炎：《中缅文化交流两千年》，载周一良，《中外文化交流史》，河南人民出版社 1987 年版，第 31 页。

③ 周南京：《历史上中国和印尼的文化交流》，载周一良：《中外文化交流史》，河南人民出版社 1987 年版，第 219 页。

④ 周南京：《中国和菲律宾文化交流的历史》，载周一良：《中外文化交流史》，河南人民出版社 1987 年版，第 452 页。

⑤ 傅增有：《中泰文化交流的特点研究》，载北京大学东南亚研究所编：《东南亚文化研究论文集》，经济日报出版社 2004 年版，第 136 页。

9. 伊朗

中国传入伊朗的作物主要有：

桃和杏：据传此两种水果均于公元前 3 世纪至 2 世纪由中国输入伊朗。

茶叶：波斯语称茶叶为 chayee，显然是汉语"茶叶"两字的译音。

肉桂：波斯语称之为 darcheen，或者 darcheenee，cheenee 意为"中国的"。

茯苓：据伊朗书籍记载，茯苓于 16 世纪传入伊朗。[①]

10. 阿拉伯

阿拉伯从中国引进了不少植物。除桃、杏、肉桂之外，阿拉伯还引入了姜、"中国玫瑰"，治头痛的药物"沙赫－锡尼"、"中国根"（土茯苓）等等。[②]

11. 印度

中国茶树引种和制茶技术传入南亚。17 世纪末 18 世纪初，欧洲饮茶之风大盛，荷兰东印度公司和英国东印度公司在同中国进行茶叶贸易上展开竞争，英国人于是想到在其殖民地印度种茶。1780 年，英国东印度公司从中国广州输入部分茶籽在印度试种，1788 年又再次引种。1837 年后，英国人派人到中国福建、安徽、浙江等地购买良种，分别种植于印度各地，又请来中国制茶工人教土人如何烧制。19 世纪 60 年代末，"印度茶之名竟噪于世"[③]。

据前人研究，桃和梨也是从中国传到印度的，此外还有肉桂、黄连、大黄和土伏苓等。[④]

12. 尼泊尔

中国植物传入尼泊尔，有荔枝、马铃薯和花生等。直到现在，尼泊

---

① 以上见周一良：《中外文化交流史》，河南人民出版社 1987 年版，第 253－255 页。

② 周一良：《中外文化交流史》，河南人民出版社 1987 年版，第 759 页。

③ 林延青、李梦芝等：《五千年中外文化交流史》（第 2 卷），世界知识出版社 2002 年版，第 581 页。

④ 季羡林：《中印智慧的结晶》，载周一良：《中外文化交流史》，河南人民出版社 1987 年版，第 164－165 页。

尔人仍把荔枝称为"Leechee",与中文"荔枝"的发音相同。① 把马铃薯称作"中国薯",把花生称作"中国豆"。这些东西是在中尼两国人民长期密切的交往过程中从中国传入尼泊尔的。②

13. 撒马尔罕

中国农作物也传入中亚。撒马尔罕城的西耕田,所种多是粳稻,后人认为是从中国移栽过去的。③

(二) 中国的农业生产工具及生产技术传入亚洲各国

朝鲜人崔溥于 1488 年因奔父丧在济州乘船遭遇风暴而飘流到中国,在浙江了解到水车制造之法,就将水车制造之法引入朝鲜。④

4 世纪中叶,大和朝廷大体上统一了日本列岛。大和曾通过与百济交往,间接吸收大陆文化,从南朝鲜输入铁的资源、铁制农具、工具及其制作技术,学习农业土木技术,并获得一些技术人员。⑤ 据史料记载,4 世纪时,不少中国人经由朝鲜移居到日本,带去了先进的养蚕、缫丝和农业生产技术。⑥

在 4、5 世纪之交,秦的遗民弓月君(自称秦始皇后裔)率 120 县人民去日本,被称为"秦人"。接着,自称为汉灵帝三世孙的阿知使主率 7 姓 17 县汉人来日本。秦、汉二氏带到日本的是"乐浪文化",其根源则属于中国的汉魏文化。秦氏到日本后,主要从事养蚕、制丝,改变了过去口含抽丝的方法,使丝织大为发展。所织的绢帛,质地柔软。还在京都盆地西部从事农田开拓、修堤开渠的工作,使旱地水田化。汉氏主要从事手工业,把制铁技术带到日本。⑦

---

① 刘必权:《尼泊尔》,福建人民出版社 2004 年版,第 4 页。
② 王宏纬:《尼泊尔》,社会科学文献出版社 2004 年版,第 401 页。
③ 张星烺:《中西交通史料汇编》,中华书局 1977 年版,第 201 页。
④ 朝鲜李朝《孝宗实录》卷四。
⑤ 夏应元:《相互影响两千年的中日文化交流》,载周一良:《中外文化交流史》,河南人民出版社 1987 年版,第 310 页。
⑥ 杜石然、范楚玉等:《中国科学技术史稿》(上),科学出版社 1982 年版,第 360 页。
⑦ 夏应元:《相互影响两千年的中日文化交流》,载周一良:《中外文化交流史》,河南人民出版社 1987 年版,第 310—311 页。

农业生产工具制造技术也传入日本。如日本的《类聚三代格》卷八记载了日本天长六年（829）五月《太政府符》命作水车，称："耕种之利，水田为本，水田之难，尤其旱损。传闻唐国之风，渠堰不便之处，多构水车，无水之地，以斯不失其利。此间之民，素无此备，动若焦损。宜下仰民间，作备件器，以为农业之资。其以手转，足踏，服牛回等，备随便宜。若有贫乏之辈，不堪作备者，国司作给。经用破损，随亦修理。"①

中国兽医技术传入日本。天文二十年（1551），日本出版了兽医著作《马医醍醐》（12册），其中载有9世纪奉敕来华学习兽医的平仲国与其子安国精心研究病例的内容，题名为《仲国百问答》，是日本兽医方面最早的杰出著作，也反映了以兽医学研究为目的而赴海外留学所取得的重要成果。天文二十二年（1553）的《仲国秘传集》，永禄五年（1562）的《安骥集跋书》，天正元年（1573）的《疗马图说》，文禄二年（1593）的《马疗治秘传书》等书，多是参考中国古代兽医著作，特别是李石的《司牧安骥集》写成的。庆长九年（1604），桑岛学派的继承人桥本道派撰《假名安骥集》，主要是参考《司牧安骥集》编译而成的。明历二年（1656），日本出版《马经大全》（四卷），是一位被日本尊为国师的中国兽医马师问所编。其书的内容编排与中国丁宾序《元亨疗马集》基本相同，因此史学界推断《元亨疗马集》可能已经传入日本。② 享保九年（1724），中国船主施翼亭携《元亨疗马集》到日本。享保十二年（1727），幕府将军德川吉宗为发展养马业，从中国聘请陈采诺、沈打成、刘经光到日本，传授养马、骑马、相马以及医马技术。其中，刘经光为祖传三代的兽医，长于方药、针灸、烧烙、马病诊疗和家畜去势等技术。日本还将这些内容加以整理，编成《清朝马法口传》（四册），颇具影响。宝历十年（1760），曾有称做"泥道人"的编纂

① 杜石然、范楚玉等：《中国科学技术史稿》（上），科学出版社 1982 年版，第 361 页。
② 林延青、李梦芝：《五千年中外文化交流史》（第 2 卷），世界知识出版社 2002 年版，第 533 页。

《万病马疗针灸最要》，在日本流传。[①]

古代中国农业生产技术传入越南。

历史上越南人民勇于实践，因地制宜，也积累了长期的治水经验，给后人留下了宝贵的财富。古代的雒人，早就知道利用潮水上下来灌溉田地。《水经注》卷三七《叶榆河》条引《交州外域记》载：

> 交州昔未有郡县之时，土地有雒田，其田从潮水上下，民垦食其田，因名为雒民，设雒王雒侯，主诸郡县。

这充分显示了雒越人的智慧和创造力。中国古代水利灌溉工程的传入越南，是和农业的发展相互配合的。根据一些学者分析，蜀王子举族南迁后，西蜀的水利工程和灌溉技术，可能在公元前3世纪同时传入越南。[②]

马援入交，穿渠灌溉，造福人民，在越南水利史上首开记录。越南红河发源于中国境内，沿途各支流来会，夹泥沙俱下，颇类黄河，故中国的治水经验，足资借鉴。越南的历代王朝均非常重视兴修水利，而且有许多实际措施。著名的保护红河的鼎耳堤，开始建筑于陈朝。据史料记载，陈朝初年，仿照中国颁行的各种典章制度，并奖励开荒种地，扩大耕地面积，发展水利，开沟疏通河道。[③]

犁耕技术和铁器传入越南。

中国早在商周就开始了耕犁的使用和初级的冶铁技术。铁制农具与牛耕的普及，把中国的历史车轮推到社会大变革的战国时代。新兴的封建制确立之后的汉代，钢铁冶炼技术与耕犁又有了改进。此二项技术正是在汉代传入越南的。

汉武帝时定南越，把其地分为九郡，今越南的北部和东部有三郡，

---

① 林延青、李梦芝等：《五千年中外文化交流史》（第2卷），世界知识出版社2002年版，第533页。
② 陈玉龙等：《汉文化论纲》，北京大学出版社2000年版，第377页。
③ 续建宜、刘亚林：《世界文明古国述略》，上海教育出版社1988年版，第35页。

即交趾、九真、日南。《后汉书》卷八六《南蛮传》云："凡交趾所统，虽置郡县，而语言各异，重译乃通。人如禽兽，长幼无别。项髻徒徒，以布贯头而著之。"又据《后汉书》卷七六《任延传》载："九真俗以射猎为业，不知牛耕，民常告籴交趾，每致困乏。"这些材料都充分说明古代交趾三郡的生产力十分低下。

汉平帝时（公元 1—5），汉中锡光为交趾太守，"教导民夷，渐以礼义"，教其耕稼，制为冠履，锡光治交长达 20 余年。[①]汉光武帝时，任延被任命为九真太守，看到九真的雒民要从交趾地区运进粮食来接济，生活贫困，无以度生，于是任延"乃令铸作田器，教之垦辟"，其结果出现了"田畴岁岁开广，百姓充给"的局面。《水经注》记载了在日南做官的俞益期给韩康伯的书信内容云：

> 九真太守任延，始教耕犁，俗化交土，风行象林，知耕以来六百余年，火耨耕艺法与华同。……稻谷两熟，米不外散，恒为丰国。

任延把中原地区先进的农业生产技术的铁器和先进的生产经验传授给九真人民，促进了农业产品的提高，改善了九真人民的生活。

对于交趾九真地区使用铁器和耕牛的作用，越南历史学家明铮也曾经说过：

> 到公元 1 世纪初，锡光驻交趾，任延驻九真时，才积极地把中国的耕作经验传播到我国来。铁犁和耕牛的使用推广了，灌溉使生产率大大提高了。[②]

锡光任延顺应交趾九真社会发展的需求，推动了生产力的变革，使生产力有了新的突破。

---

① 王民同等：《东南亚史纲》，云南大学出版社 1994 年版，第 66 页。
② 转引自郭振铎、张笑梅：《越南通史》，中国人民大学出版社 2001 年版，第 153 页。

中国农具和耕种方法传入越南。中国在 3 世纪时出现了水车（又称翻车）和 13 世纪出现的水力翻车（又名筒车），是我国南方农民普遍使用的引水入田的重要农具，也先后传入了越南，有利于越南的农事。①

据高熊征《交趾总志》（卷一）载：交州人原"不解种麦"，唐都护赵昌"尝教种之"。这说明安南的种麦技术来自中国内地。

古代中国农业生产技术传入印尼。

印尼是东南亚的大国，华侨赴印尼者较多。早期定居于印尼的华侨所从事的经济活动一般以商业为主，但久居以后，也从事农业、手工艺等各种经济活动，把祖国比较先进的生产技术传入印尼。华侨向印尼人民介绍的农业生产技术主要有以下几种：

1. 犁耕和种植法

印尼农民使用的一种入土较浅的犁，常用于旱田和果园，称为"中国犁"，据说是华侨蔡焕玉于 17 世纪带入印尼的。② 在爪哇文登地区，印尼农民在耕田时广泛使用蔡焕玉大力推广的"中国犁"。16 世纪，在万丹从事种植胡椒的华侨采取了一套完整先进的种植技术，大大地提高了产量，魔术般地使万丹成为世界上最大的胡椒生产地。18 世纪初，华侨不仅把胡椒的种植传入加里曼丹，而且还把东南亚以前的一般胡椒种植法加以改良，介绍了中国园艺管理方面的除草、施肥、剪枝、去叶等方法，使胡椒产量提高。③

2. 制茶术

15 世纪中叶，印尼尚无饮茶习惯。马欢撰《瀛涯胜览》爪哇国条云："若渴则饮水，遇宾客往来无茶，止以槟榔待之。"④ 1681 年中国茶叶才开始输入印尼。1684 年，德国人克莱尔曾经在爪哇引种中国茶树失败。19 世纪上半期，中国茶种、茶树、制茶技术开始传入印尼。1825 年，荷兰在中国大量收购茶籽，次年在爪哇贸物植物园，加累特

---

① 周一良：《中外文化交流史》，河南人民出版社 1987 年版，第 678 页。
② 梁志明等：《古代东南亚历史与文化研究》，昆仑出版社 2006 年版，第 3l3－314 页。
③ 林延青、李梦芝：《五千年中外文化交流史》（第 2 卷），世界知识出版社 2002 年版，第 569 页。
④ 《瀛涯胜览·爪哇国》。

实验园中大规模种植。1827年，爪哇华侨第一次试制样茶成功。接着，荷印政府派技术人员杰克逊在1828—1833年间先后六次来华学习制茶技术。[①] 1829年中国茶种及茶树传入爪哇，1832年和1833年"耶谷逊广从广东聘请中国制茶技术人员到爪哇制茶"[②]。

中国种植桑树和养蚕方法传入印尼。15世纪初期，在苏门答腊北部亚齐，人们开始种植桑树、养蚕。[③]

中国农业技术传入菲律宾。

1. 铁器和犁耕法等农业生产工具传入菲律宾。

据金应熙先生所述，中国与菲律宾之间的文化交往早在新石器时代就已经开始了。唐代时已经有中国人定居在菲律宾，但直到明代，尤其是西班牙侵占菲律宾之后，中国人才大批地移居菲律宾。从10世纪起，随着中菲贸易的发展，中国文化对菲律宾的影响也日渐加深。在中国生产的大量瓷器输入菲律宾的同时，铁器也不断传入菲律宾。[④]犁耕的方法也是从中国传来的，直到19世纪菲律宾的农民仍然使用有柄而没有犁头铁的中国式犁。水车、水磨等农业生产工具也是由华侨传入后在菲律宾农村中广泛采用的。[⑤]

林凤等人在菲律宾传播农业生产技术。万历二年（1574）二月，潮州海盗林凤率领战舰62艘前往菲律宾。在两千多士兵中，多数为农民和工匠。战舰装载大量的农具和种子。他们与西班牙殖民者展开激战，遭到失败，未能退出者进入菲律宾吕宋北部山区和土著杂居，在此传播了中国的耕作技术及其他手工艺。[⑥]

明代中菲贸易繁荣。每年约有三十三至四十条船从马尼拉开往中

---

① 林延青、李梦芝：《五千年中外文化交流史》（第2卷），世界知识出版社2002年版，第570页。

② 周南京：《历史上中国和印尼的文化交流》，载周一良：《中外文化交流史》，河南人民出版社1987年版，第220页。

③ 林延青、李梦芝：《五千年中外文化交流史》（第2卷），第576页。

④ 金应熙：《菲律宾史》，河南人民出版社1990年版，第38页。

⑤ 同上书，第44页。

⑥ 高伟浓等：《粤籍华侨华人与粤地对外关系史》，中国华侨出版社2005年版，第119页。

国，当时从中国输入菲律宾的商品就有耕畜、耕具、铁器等等。①

公元 1603 年及 1639 年，西班牙殖民者前后对华人进行两次大屠杀，华人死了 48000 名，以后还经常发生规模较小的屠杀。大批华人因奋起反抗而惨遭杀戮。② 华人的职业受到限制，主要从事农业、手工业和商业。

2. 菲律宾从中国引进种植水稻、甘蔗的方法等等。

华侨为中国与菲律宾之间的农业技术交流做出了重大贡献。刘必权认为：在公元 1000 年左右，已有华商在菲律宾侨居。③ 尽管菲律宾华侨经商者很多，但是仍有一些华侨务农，并且至今在蔬菜和果木种植业方面颇有成就。他们从中国引进了白菜、莴苣、大辣椒、菠菜、龙眼、花生等蔬菜和果类。此外，他们还向菲律宾农民介绍了使用水牛、黄牛、马、中国犁耙、粪肥（堆肥）或其他有机肥料、水车、水磨，以及种植水稻、甘蔗的方法，捕鱼法、养鱼法等。刘芝田在《中菲关系史》一书上写道："菲人有关农业的方法，完全是中国的一套，直到现在，菲人所使用的耕种工具如犁、耙、铲、镰刀等物，还和中国的农人所用的同一模样。其犁田、播种、插秧、耨草、收割、堆稻杆的方法也相同。可见菲岛的整顿农业方法是向华侨那里学会的。"④菲律宾人还从中国人那里学会了榨甘蔗取糖和嫁接果树等方法。⑤

3. 菲律宾的梯田文化也是从中国南部引进的。

巴纳韦梯田，规模浩大，历史悠久，是菲律宾人民勤劳智慧的结晶，也是人类古代文明的遗产。

在吕宋岛北部伊富高省巴纳韦镇附近的柯迪勒勒拉山区有一片面积400 平方千米，连绵 5 个高山的梯田。其中，伊富高省巴纳韦地区的梯田较为完整壮观，又靠近公路，还设有旅游点，人们习惯于把这些梯田

---

① 周南京：《中国和菲律宾文化交流的历史》，载周一良.《中外文化交流史》，河南人民出版社 1987 年版，第 442 页。
② 朱杰勤：《东南亚华侨史》，高等教育出版社 1990 年版，第 158 页。
③ 刘必权：《菲律宾》，福建人民出版社 2004 年版，第 2 页。
④ 周南京：《中国和菲律宾文化交流的历史》，载周一良：《中外文化交流史》，河南人民出版社 1987 年版，第 452 页。
⑤ 金应熙：《菲律宾史》，河南人民出版社 1990 年版，第 44 页。

统称为巴纳韦梯田。巴纳韦距马尼拉 360 公里。沿途山路崎岖，坡陡弯急，悬崖深谷，雾雨茫茫。这里层峦叠翠，一条条石渠像银链似的从山顶直泻而下。渠里流水淙淙，滋养着葱绿的禾苗。

巴纳韦的层层梯田上接云霄，下临峡谷，高低相差几百米。梯田里绿油油的秧苗染翠峻岭。山上清澈的泉水，或引来灌田，或自成瀑布，潺潺之声不绝于耳。

巴纳韦梯田已有 2000 年的历史。人类学家和考古学家认为，约在公元前 200 年，菲律宾伊富高民族的祖先就用简陋的青铜工具开山造田，年复一年，终于用双手雕琢成今天这样规模宏伟的古代水稻梯田。他们还从山顶挖塘蓄水，接引山泉瀑布，一直灌溉到山脚，使梯田终年不干。今天，菲律宾人在谈到古代完善的水利灌溉系统时，总以巴纳韦梯田为例，引为自豪。

由于山势陡峭，梯田面积最大的只有四分之一公顷，最小的仅 4 平方米左右。梯田的外壁大多用石块砌成，石壁最高约达 4 米，最低的不到 2 米。据测量，最高的梯田在海拔 1500 米以上，它们与最低一层梯田的垂直距离为 420 多米。盘山灌溉的水渠像巨大的台阶一样层层上升，高耸入云，总长度达 19000 千米，可绕地球半周。砌造巴纳韦梯田所用的石方超过埃及古代金字塔，菲律宾人民自豪地称它为"世界第八古代奇迹"。伊富高省的邻省——高山省也有一处"登天石级"，虽不及巴纳韦高山梯田雄伟，却也极负盛名。

伊富高族是菲律宾最古老的民族之一，梯田文化引起国际历史学家的重视。一些学者深入山区，长年累月地考察当地的文化和语言。他们认为，在公元前 3000 年，从中国南方或印度半岛上来的一支移民南渡重洋，在吕宋登陆后进入山区，将梯田文化传入。有的移民则继续南下，到达爪哇岛和小巽他群岛。在公元前 1000 至公元前 500 年间，第二批移民来此，传入了铁器、陶器和织布。因此，世界上除巴纳韦梯田外，在日本南部、爪哇岛和小巽他群岛也有古代梯田的遗迹。①

---

① 李未醉、魏露苓：《略论古代中国与菲律宾的农业技术交流》，《农业考古》2008 年第 4 期。

中国农业生产技术传入泰国。

18 世纪，泰国曼谷王朝建立之初，封建主欢迎中国潮州的移民前往开发农业。18 世纪末，潮州移民还采用先进的生产技术在尖竹汶种植甘蔗，后来开始从事商业性甘蔗生产，并且迅速成为泰国重要的出口商品。曼谷地区以外的广大农村，中国移民也以各种劳动技能从事于农业生产。[①]

19 世纪初，潮州农民开始定居于泰国农村地区。泰国东南部的尖竹汶地区，是移民者集中之地。华侨把分秧移植法带到泰国，提高了水稻产量。他们还利用中国的农业技术，种植橡胶、棉花、蔬菜、白薯、甘桔，栽花种树等。潮州人主要从事胡椒种植，其数量占全国的 90％。华侨为泰国农业开发和生产发展作出了贡献。

华侨还把中国的制造铁木农具技术传到泰国。[②]

华人移居马来西亚者很多，他们把农业生产技术带入马来西亚。

在槟榔屿的农业生产中，华侨也发挥着重要的作用。在海峡殖民地的档案中我们可以看到，首先把胡椒种子由亚齐带来，在槟榔屿初次种植的是华人。多年来，岛上的胡椒生产完全由华人经营。此外，他们还种植蓝定，特别是甘蔗。在 1800 年前至 1846 年，当地甘蔗种植几乎全为华侨所独占。后来，华侨种植甘蔗的方法还为欧洲籍种植者所仿效，不过欧洲人把工具加以改良罢了。[③]

在马来亚，早期甘蔗的种植者主要为潮州籍华侨。1785 年前，他们就在威士利省广种甘蔗。1800—1846 年前，槟榔屿种植甘蔗的也多为潮人。英国人 1830 年在这两个地区发展甘蔗种植业，工人主要是潮人。[④]

中国农业生产技术传入新加坡。

甘蜜是印尼廖内岛的野生植物，该岛内陆的潮人早已种植胡椒和甘蜜（1821 年廖内的龙牙岛已有胡椒和甘蜜输入新加坡）。潮人由廖内岛

---

① 林延青、李梦芝：《五千年中外文化交流史》（第 2 卷），世界知识出版社 2002 年版，第 568 页。
② 同上书，第 577 页。
③ 同上书，第 568—569 页。
④ 高伟浓等：《粤籍华侨华人与粤地对外关系史》，中国华侨出版社 2005 年版，第 119 页。

移居新加坡,也把胡椒和甘蜜移植于新加坡,后再于柔佛各港种植。潮人在新加坡和柔佛种植胡椒和甘蜜,有史料可以证明。新加坡开埠后不久,便有甘蜜园的买卖,在海峡殖民地政府档案中的地产买卖档中,有售地人 Tan Ngun Ha(陈银夏),Tan Aloo(陈亚鲁),Heng Too An(王图安),从他们姓名的译名我们可以知道他们都是潮人。①

19 世纪上半期是新加坡甘蜜业迅速发展的时期,1848 年达到顶峰。当年柔佛各港的甘蜜园主,多数是潮人,出产的甘蜜,必须运交新加坡的潮人甘蜜店,再集中输往欧美等地销售。据估计,从事胡椒和甘蜜种植的人员全部为华人,而其中又以潮人为最多,估算在万人以上,广府人次之,福建人居第三位。而在全盛时期,传说有 130 余处甘蜜园,园主全是华人,潮人占了十分之九。②

余有进 1805 年生于澄海县的月浦乡(现属汕头市郊区),1823 年到南洋定居。因为他能够读书写字,为华侨所器重。最初当帆船理账,继而在各船舶理账务,5 年后受聘为金瑞号司账。1830 年他 25 岁时已经闻名新马一带,为船舶的代理人。凡航行廖岛、苏岛及马来亚各口岸船所载货物,多由他代为销售。数年后他终于发达,广置园地,成为新加坡胡椒和甘蜜种植之第一人。③

中国先进的农业生产技术输入缅甸。

公元 225 年,诸葛亮南征,把汉族先进的文化传到中缅边境,从而对邻近的缅甸也产生了影响。

《三国志》记载:

> 三年春,亮率众南征,其秋悉平。军资所出,国以富饶,乃治戎讲武,以俟大举。④

---

① 潘醒农:《潮侨溯源集》,八方文化企业公司 1993 年版,第 49 页。
② 同上书,第 56—60 页。
③ 高伟浓等:《粤籍华侨华人与粤地对外关系史》,中国华侨出版社 2005 年版,第 123 页。
④ 《三国志》卷三五《蜀书·诸葛亮传》。

诸葛亮劝各族人民"筑城堡，务农桑"，把汉族先进的生产经验技术和知识传授给西南各兄弟民族。

较晚的《蛮书》记载滇中的耕田法：

> 每耕田用三尺犁，格长丈余，两牛相去七八尺，一佃人前牵牛，一佃人持按犁辕，一佃人秉耒。蛮治山田（梯田）殊为精好。[①]

缅甸北部和我国西南兄弟民族一样，过去使用这种耕田法，现在还在使用。他们也是用三尺犁。两牛中间架一格，一人在前牵牛，一人扶犁，一人在后下种，与上述记载吻合。这是两国劳动人民互相学习，并在生产中总结出来的经验。缅甸历史学家波巴信说过："缅甸族向南诏（今云南大理白族自治州）吸取了各种文化……"[②]

元缅战争，给中缅两国人民带来了灾难，但是也导致了文化交流。统治阶级虽然对缅甸用兵，从中国各地抽调来的各兄弟民族的士兵，却有机会长期在缅甸民间居住，同缅甸人民一起生活，中国文化随之传播。中国的历法如星相、农业节气、干支纪年、五行、九曜日、十二生肖等等曾经在缅甸流行，对缅甸农业生产的发展产生了影响。同样，缅甸新年的泼水节也在我国西双版纳和德宏傣族和景颇族自治州一带民族地区盛行。泼水节同两国的历法、农业节气相联系，反映了两国劳动人民在春耕农忙前的狂欢心情，互相泼水又含有洒水洗尘、消灾纳福和助天降雨、祈求丰收之意。[③]

中国士兵还主动帮助缅甸人民修建水利工程。1300年元朝对缅甸用兵时，统帅元军的云南参知政事高庆等人，不但未执行对缅甸作战的命令，反而率军协助当地人民为解除旱灾抢修叫栖（今皎克西）一带的

---

① 向达：《蛮书校注》，中华书局1962年版，第171—173页。
② 陈炎：《中缅文化交流两千年》，载周一良：《中外文化交流史》，河南人民出版社1987年版，第6—7页。
③ 同上书，第18页。

水利灌溉工程，并挖掘了一条顶兑运河。这些水利工程成为缅甸人民的经济命脉，至今对发展农业生产起重要作用。①

清缅战争以清失败而告终。中国官兵溃散在缅甸农村的人数不少，他们是农业技术的传播者。

缅甸的敏家，是为缅甸农业发展作出了巨大贡献的一支华人移民。敏家是桂家的一个支派，是跟随南明永历皇帝入缅流落者的后人。据说"陆行者缅人悉掠为奴，多自杀"②。他们主要居住在缅甸南部的白古一带。"地大二千里，而至于海。"土地肥沃，人口众多。他们都自认其老家是中国，见到中国来人，他们都非常热情地招待。据记载，这一地区原来无人居住，非常荒凉。敏家来到此地后，与缅甸人民一起，有的出海捕鱼，有的开荒种地，日渐旺盛，使白古一带成为鱼米之乡。③

中国的凿井技术传入大宛。

李广利围攻大宛，得知宛王城中无井，人民靠汲取河水为生，便派人断其水源，想使其因为缺水而投降。但是匈奴人不久就给大宛送来能打井的汉人水工，李广利得知这一情况后，只得接受汉军不入大宛的条件而与之议和。④挖井技术就是在这种情况下传到了费尔干纳地区的。

（三）中国农书传入亚洲各国

朝鲜王朝曾经将中国元朝司农司编写的《农桑辑要》用朝鲜文加以注释，并刻板印刷以使本国民众掌握书中的农业技术。朝鲜世宗王时所编辑的《农家集成》以及郑招所编撰的《农事直说》和姜希孟所编撰的《四时纂要》，是根据元代王祯《农书》等多种中国农学著作编成的。这些农书中所介绍的中国农业生产技术，为朝鲜人民的农业生产提供了重要的参考价值。⑤

---

① 陈炎：《中缅文化交流两千年》，载周一良：《中外文化交流史》，河南人民出版社1987年版，第19页。
② 《明史》卷一二〇《由榔传》。
③ 杨万秀等：《中华文化与海外华侨华人》，广州出版社1998年版，第80—81页。
④ 《史记》卷一二三《大宛列传》。
⑤ 陈尚胜：《五千年中外文化交流史》（第1卷），世界知识出版社2002年版，第552页。

明清时期，中国农业生产技术在朝鲜半岛得到应有的重视。李朝政府为了普及农业知识，积极译介中国农书。中国农书，如《农政全书》等传入朝鲜。一些朝鲜学者还参考中国的农业技术和农书，编撰朝鲜的农学著作。如朴趾源编撰《课农小抄》，介绍和提倡中国的农业技术。另一位李朝实学家徐有榘（1764—1848 年）广征博引中国的各种农书，编成《林园经济十六志》116 卷。该书中的《灌畦志》充分吸收了《农政全书》中的农田水利灌溉工程技术的成果。

农学著作也东传日本。北魏贾思勰的《齐民要术》编纂于 6 世纪，9 世纪在日本即见于记载，在日本很长时间内一直作为重要农书发挥着作用。宋代农书《耕织图》，对明清时期中国耕织图的绘制有很大的影响，而且流传到日本、朝鲜。日本有仿制的《四季辨作图》。[①] 明末徐光启的《农政全书》，于 1639 年刊印，不久传到日本，受到日本学者的高度重视。日本元禄十年（1697），宫崎安贞的名著《农业全书》问世。该书被称为日本第一部重要的百姓农书，在相当大的程度上利用了《农政全书》的成果。该书在体系、格局等方面大都仿照《农政全书》，论述的农业原理及许多技术细节有些是根据日本的具体特点进行阐述的，有些是直接从《农政全书》加以转译的。因此，日本学者熊代幸雄教授指出，徐光启的《农政全书》堪称为中国农书的决定版，它给日本宫崎安贞的《农业全书》以强烈影响，后者可以看成是《农政全书》"精炼化的日本版"[②]。

（四）中国的农业生产技术在亚洲各国得到大力推广

古代亚洲国家利用中国的农业生产技术为本国的农业生产服务，在这方面朝鲜最为突出。

朝鲜李朝大力推广中国农业技术。

在养蚕方面，介绍中国的成功经验，鼓励人民养蚕。朝鲜史料云：

① 吴格言：《文化传播学》，中国物资出版社 2004 年版，第 102 页。
② 林延青、李梦芝等：《五千年中外文化交流史》（第 2 卷），世界知识出版社 2002 年版，第 534 页。

初，前艺文馆大提学李行于《农桑辑要》内抽出养蚕方，自为经验，所收倍常。遂板刻行于世。国家虑民间未解华语，命议政府舍人郭存中将本国俚语逐节夹注，又板刻广布。然非我国素习，皆不乐为之。至是，命择各道闲旷有桑之地，分遣采访属典农寺奴婢，免其杂役，使之养蚕，以示民间。①

朝鲜重视农业生产，以中国农书《农桑辑要》来指导水稻种植。1438 年，李朝朝廷曾经向各道（省）监司传旨：

《农桑辑要》云：

水稻，三月种者为上时，四月中旬为中时，仲月为下时。……《四时纂要》云：谷种，二月上旬为上时。……又以今人已验之事言之，早种则所出倍多，晚种则禾谷盛长而所出少矣。以此观之，凡稼穑皆以早耕为贵。本国（朝鲜）之人，……不早耕种，……虽为丰岁，未免饥谨，良以此也。然节侯有早晚，……不可一概施之也。大抵法立则监司，守令必刻期催督，……勿令失时。……

《四时纂要》、《农桑辑要》为中国唐、元时编著的农书。李朝朝廷向各道监司所传旨意表明，朝鲜曾经按中国农书以指导农业生产。

李朝成宗（1649－1694 年在位）时，从中国学得水车制造技术，令工匠仿效，向各地推广，但是没有取得多少成效。李孝宗（1649－1659 年在位）时，鉴于"灌溉之用，莫如水车"②，又命仿造 10 具分送各地试用。同时，又照《农政全书》所载龙尾车图样，"造出十数具，并与用法颁于八道两都。又自各道监兵营造，颁于列邑"③。此外，朝鲜还积极从中国引进农作物的种子及其栽培技术。如，马铃薯即于李宪

---

① 《朝鲜实录中的中国史料》上编卷三《太宗恭定大王实录二》。
② 《朝鲜李朝孝宗实录》卷四。
③ 《朝鲜李朝正祖实录》卷十六。

宗（1834—1849年在位）时自清传入，初移植于北关，旋盛行于朝鲜半岛北部。[1]

乾隆嘉庆年间，朝鲜使团中的一些文人来北京看到中国的繁荣昌盛，都一致主张吸收中国的生产技术，扩大同中国进行的贸易，乃至籍此参加世界贸易。前后三次来过北京的朴齐家（1750—1805）写了《北学议》，力主向中国学习。由于北京在李朝王都汉城之北，因此从北京引进生产技术，仿效中国，促进朝鲜工商业的发展，被称为"北学"。朴趾源、洪大容（1731—1783）、李德懋（1741—1793）等都有大体类似的主张，因此他们被称为"北学派"。"北学派"是李朝实学家中的一个重要派别。[2] 虽然他们的主张没有被朝鲜当局采纳，但是在客观上有利于朝鲜农业生产的发展。

日本也积极推广中国的先进技术。

黄遵宪在《日本国志》卷三十八《物产志一》中谈到：日本人勤于学习，"于己所无者，移种以植之，如法以效之。广开农、商、工诸学校以教人，有异种奇植、新奇妙术，则模其形、绘其图、译其法而广传之，凡丝茶棉糖之类，必萃其类，区其品，开博览共进之会，以争奇竞美，褒其精纯，禁其饰匿，而进而劝之"[3]。

三、古代亚洲各国农业生产技术传入中国

（一）亚洲各国的农作物传入中国

1. 越南

中国古代农业发达，早在7000年前，我国就开始人工栽培水稻，

① 林延青、李梦芝等：《五千年中外文化交流史》（第2卷），世界知识出版社2002年版，第491页。
② 杨通方：《源远流长的中朝文化交流》，载周一良：《中外文化交流史》，河南人民出版社1987年版，第391页。
③ 黄遵宪：《日本国志》，天津人民出版社2005年版，第917页。

这是我国先民对世界物质文明的伟大贡献。但是中国历来欢迎外国特有的物种及农作物良种。稻种和棉花就来自邻国越南。

"稻"原是热带植物。越南人民素以善于种植水稻而闻名于世。宋真宗时代，从越南中部广南一带传入耐旱的占城稻，宋代占城表文中所谓"嘉种助于丰年"，就是指的这种占城稻。

安南稻不同于占城稻，是通过两国人员往来首先传入福建漳州地区。《福建通志》记载："安南稻，明成化（1465—1487）初，郡人得安南稻一种。五月先熟，米白。"

占城稻源出中国，其老祖宗是浙江余姚河姆渡，先是传入到越南，尔后反馈到中国。

占城稻是一种优良品种，传入我国后，很快就在我国各地推广，成为南方劳动人民的重要食粮。史载占城稻："稻比中国者，穗长而无芒，粒差小，不择地而生。"① 据《宋史》记载：

> 大中祥符四年（1011）……帝（真宗）以江淮两浙稍旱，即水田不登，遣使就福建取占城稻三万斛，分给三路为种，择民田高仰者莳之，盖旱稻也。内出种法，命转运使揭榜示民。后又种于玉宸殿，帝与近臣同观。毕刈，又遣内侍持于朝堂，示百官。稻比中国者，穗长而无芒，粒差小，不择地而生。②

大中祥符五年（1012）五月，宋真宗遣使福建州，"取占城道三万斛，分给江淮两浙三路转运使，并出种法，令择民田之高仰者分给种之……是稻即旱稻也"③。

福建人江翱，到河南的鲁山任知县，也把占城稻移植到鲁山。④ 可见占城稻不仅在福建、江淮、两浙一带种植，而且还传播到北方。

---

① 《宋史》卷一七三《食货志》。
② 同上。
③ 《宋会要·食货》。
④ 陈玉龙等：《汉文化论纲》，北京大学出版社 2000 年版，第 397 页。

占城稻"不择地而生",对缓解当时农民吃饭难的问题,对当时中国的农业生产发展起到了重大作用。

越南在宋朝时期传入中国的农作物还有木棉(棉花)。[1]

《吴录·地理志》曰:

> 交趾定安县有木绵,树高大,实如酒杯口,有绵如蚕之绵也;又可作布,名曰"白揲",一名"毛布"。[2]

棉花是如何从越南传入中国的,因目前资料有限,还有待今后考证。

甘蔗原是热带植物。2世纪以前所产"石蜜"(结晶的冰糖)特别著名。三国时期,东吴统治交趾地区,交趾的蔗糖输入中国。3世纪时吴主孙亮就服用过交趾的甘蔗饧。《越南历史》云:

> 我国人民已懂得榨蔗熬糖,制出了砂糖和冰糖。交趾的蔗糖成为向吴朝进贡的一种贵重贡品。[3]

《异物志》曰:

> 甘蔗,远近皆有,交趾所产甘蔗特醇好,本末无厚薄,其味至均。围数寸,长丈余,颇似竹。斩而食之,既甘;榨取汁如饴饧,名之曰糖,益复珍也;又煎而曝之,既凝如冰,颇如砖,其食之,入口消释,时人谓之石蜜者也。[4]

水果中的龙眼、荔枝,产自交趾、九真。交趾龙眼、荔枝曾经在汉代大量输入中国。汉武帝曾于长安建扶荔宫,移植荔枝百株。

---

[1] 朱绍侯:《中国古代史》,福建人民出版社2001年版,第150页。
[2] 郭振铎、张笑梅:《越南通史》,中国人民大学出版社2001年版,第153页。
[3] 越南社会科学院委员会:《越南历史》,北京人民出版社1977年版,第82页。
[4] 《齐民要术》卷十。

因路途遥远，劳民伤财，大臣纷纷上书禁止。公元 105 年，和帝下诏禁止交趾奉献龙眼等水果。①

交趾的橘柑也馨香可口。

马援北返时从交趾载回当地的薏苡种子，结果造成"薏苡之谤"。据《后汉书 ·马援传》记载：

> 初，援在交趾，常饵薏苡实，用能轻身省欲，以胜瘴气。南方薏苡实大，援欲以为种，军还，载之一车。时人以为南土珍怪，权贵皆望之。援时方宠，故莫以闻，及卒后，有上书谤之者，以为前所载还，皆明珠文犀。

马援因此而坐罪，葬不归墓，妻子亦受到株连，史称"薏苡之谤"。后来马援的冤屈得到昭雪。

明代初年，安南昌符十年（1386），明朝政府遣林孛来安南求槟榔、荔枝、波罗密、龙眼等树子。安南废帝陈睍"遣员外郎范廷等遗之，然木不耐寒，途中皆枯死"②。

2. 菲律宾

美洲农作物在明代分别从海陆等不同途经传入我国，影响深远，其中甘薯、烟草等都由菲律宾传来，可说是大帆船贸易和中菲贸易的间接成果。

甘薯，又名番薯。关于甘薯是由菲律宾传来的史料记载不少。

《闽书》记载：

> 番薯，万历中，闽人得之外国。……闽人多贾吕宋岛焉。其国有朱薯，被野连山而是。……虽蔓生不此省，然吝而不与中国人。中国人截取其蔓呎许，挟小盖中以来。

---

① 《后汉书》卷四《和帝纪》。
② 《大越史记全书》本纪卷八《陈纪》四。

　　周良工撰《闽小记》卷下《番薯条》亦有类似记载。[1] 有的资料明确指出甘薯是 1593 年由侨居菲律宾的福建长乐人陈振龙传入福建的，该省官员曾经依赖推广种植甘薯度过次年的大旱。由此逐渐遍及全省，到明末传到广东、浙江等省。[2] 据清代乾隆年间陈振龙的后裔陈世元编撰和刊行的《金薯传习录》（共 2 卷）记载，陈振龙是往来于福建与菲律宾之间的商人。他的儿子陈经纶是当时福建巡抚金学曾的幕僚。万历年间福建常闹灾荒，福建巡抚金学曾征求赈灾的方法，陈经纶便把从父亲陈振龙处听来的吕宋有一种极易种植而且产量很高的粮食作物的消息告诉了他。金学曾很想一试。陈经纶把金学曾的意图转告其父亲。这正合陈振龙的心意。陈振龙在菲律宾见到"朱薯被野，生熟可茹"，"功同五谷，利益民生"，便想到当时故乡福建"阻山扼海，土瘠民贫"，如能将甘薯引种回国，则"可济民食"，"荒年无饥馑之忧"。由于当时统治菲律宾的西班牙殖民主义者严禁薯种出国，陈振龙于万历二十一年（1593）用重金向私人购买了几尺薯藤，并学习了栽种方法。经过 7 天 7 夜的航行，终于在这一年的农历五月到达中国福州，随即在福州南台纱帽池试种，当年即获高产。陈振龙指示儿子陈经纶向福建巡抚金学曾陈述甘薯有"六益、八利，功同五谷"，建议政府大力推广。万历二十二年（1594），福建大旱，发生饥荒。金学曾下令所属各县种植甘薯。金学曾还特地为此撰写刊行了一篇《海外新传七则》，详细介绍了甘薯的栽培和繁殖方法。因此，甘薯的种植很快就在福建全省推广开来。[3] 到明末，甘薯已经传到浙江。著名农学家徐光启非常重视这一外来农作物，多次从福建引种到松江、上海等地，取得成功，"欲遍布之，恐不可户说"，于是就撰写了《甘薯疏》一文大力鼓吹种植甘薯。这样，"甘薯所在，居人便足半年之粮"[4]。

　　今福建乌石山有一座"先薯祠"，以纪念对引进番薯有功的华侨陈振龙。郭柏巷有一首颂词："种薯功与课农兼，闽海家家乐利沾，三百

---

　　① 周南京：《中国和菲律宾文化交流的历史》，载周一良：《中外文化交流史》，河南人民出版社 1987 年版，第 454 页。
　　② 金应熙：《菲律宾史》，河南人民出版社 1990 年版，第 168 页。
　　③ 王介南：《中外文化交流史》，书海出版社 2004 年版第 297 页。
　　④ 徐光启：《农政全书·甘薯疏》。

年来修缺典，名山祠宇巴香粘。"福建南安吴增亦有《番薯杂咏》，其中有一诗云："琼州一岛海中天，拍岸惊涛乏稻田；终岁食薯少食米，有人寿至百多年。"[①]

甘薯传播到中国后，很快就成为我国重要的耐旱、高产杂粮作物。它的传入，对我国山地、丘陵的利用，对杂粮种植的多样化，起了极深刻的影响。[②]

烟草也是在16、17世纪之交从菲律宾引进中国的，于明朝万历年间由吕宋华侨引入的，故通称吕宋烟。据《葵已存稿》记载："烟草出于吕宋，其地名曰淡巴姑，明时由闽海达中国，故今犹称建烟。……"[③]烟草也是从闽粤逐渐推广到全国的，初时以其稀少颇为昂贵，在东北曾经有"以马一匹易（烟）丝一斤"的事例。后来烟草在全国各处广泛栽种，成为重要的农业经济作物。[④]从经济贸易的角度看，烟草传入中国促进了中国种烟和制烟业的兴起和发展，但是从医学的角度看，"或曰烟之性辛，可以去湿发散，然久服则肺焦，似不宜多食也"[⑤]。

徐振保先生认为，在16世纪花生经菲律宾传入中国福建省。[⑥]最先在福建、广东等沿海省份种植，逐渐传入内地。1503年《常熟县志》云："三月栽，引蔓不甚长，俗云花落在地，而生子土中，故名。"花生富含蛋白质脂肪，为中国新增的油料来源之一，亦是中国人民喜爱的果品副食和加工糖果的好原料。除食用外，在药用、工业用等方面都有很高的经济价值。

玉米、可可、棉花和南瓜等原生产于拉丁美洲的农作物也是由华侨从菲律宾传入中国的，大大丰富了中国的农作物品种。[⑦]

---

① 周南京：《中国和菲律宾文化交流的历史》，载周一良：《中外文化交流史》，河南人民出版社1987年版，第455页。

② 金应熙：《菲律宾史》，河南人民出版社1990年版，第168页。

③ 周南京：《中国和菲律宾文化交流的历史》，载周一良：《中外文化交流史》，河南人民出版社1987年版，第455页。

④ 金应熙：《菲律宾史》，河南人民出版社1990年版，第168页。

⑤ Brian Harrison, *Southeast Asia*, *A short History*, London, 1954, P134.

⑥ 徐振保：《中外文化交流记趣》，复旦大学出版社1996年版，第49页。

⑦ 周南京：《中国和菲律宾文化交流的历史》，载周一良：《中外文化交流史》，河南人民出版社1987年版，第454页。

3. 缅甸

据《云南记》记载，在我国云南种植的大腹槟榔、椰子、娑罗树、诃黎勒、老缅瓜、缅茄等植物都是从缅甸引进的。缅茄果实坚硬，可用以治印，艺人喜在其上雕刻，可做装饰品和珍玩，还可以供药用，主治牙痛，去火。[①]

缅甸植物传入中国，主要有：

（1）磨夷花

《扶南传》曰：顿逊国有磨夷花，末之为粉，大香。[②]

（2）白桐木

《广志》曰："梧桐有白者。摽国有白桐木，其叶有白毳，取其毳淹渍缉绩，织以为布。"[③] 可见在公元 3 世纪开始，中国就传闻有骠国，并且通过永昌郡的僄人，把著名的木棉输入中国。[④]

（3）大腹槟榔

《云南记》曰："云南多生大腹槟榔，色青，犹在枝朵上，每朵数百颗，云是弥臣国来。"[⑤]

（4）酒树

顿逊国有酒树，如安石榴，华汁停杯中，数日成酒，美而醉人。[⑥]

4. 老挝

老挝的特产神品兰花移植到维扬后，"人争来看，门几如市"[⑦]。

5. 柬埔寨

《隋书》记载了真腊奇异的植物：

异者有婆那娑树，无花，叶似柿，实似冬瓜；奄罗树，花叶似

① 陈炎：《中缅文化交流两千年》，载周一良：《中外文化交流史》，河南人民出版社 1987 年版，第 32 页。
② 张星烺：《中西交通史料汇编》，中华书局 1977 年版，第 3185 页。
③ 李昉：《太平御览》卷九五六。
④ 杨长源等：《缅甸概况》，中国社会科学出版社 1990 年版，第 205 页。
⑤ 张星烺：《中西交通史料汇编》，中华书局 1977 年版，第 4305 页。
⑥ 李昉：《太平御览》卷四〇六。
⑦ ［清］檀萃：《滇海虞衡志》卷九《志花》。

枣，实似李；毗野树，花似木瓜，叶似杏，实似楮；婆田罗树，花叶实并似枣而小异；歌毕佗树，花似林檎，叶似榆而厚大，实似李，其大如升。自余多同九真。①

6. 尼泊尔

在南亚，尼泊尔的农作物曾传入中国。647 年王玄策第二次出使印度，途经尼泊尔，那陵提婆便派遣使者到长安，向唐太宗赠送菠棱、酢菜、浑提葱等礼物。菠棱就是菠菜，菠菜、榨菜在历史上都由尼泊尔首次输入中国。②《新唐书·西域列传》明确记载：贞观二十一年（647），泥婆罗国"遣使入献波棱、酢菜、浑提葱"③。

除上述三种植物外，还有两种植物来自尼泊尔，这就是胡芥、辛嗅药。④

波棱菜（菠菜）、浑提葱等在唐时传入我国后，逐渐成为我国人民常用的蔬菜。⑤

7. 印度

印度植物波罗树输入中国。《新唐书》记载：摩揭佗在"贞观二十一年，始遣使者自通于天子，献波罗树，树类白杨"⑥。

频婆子输入中国。据《大德南海志》记载，唐玄奘曾经把它传入中国："频婆子，实大如肥皂，核煨熟去皮，味如栗。本韶州月华寺种。旧传三藏法师在西域携至，如今多有之。频一作贫，梵语谓之丛林，以其叶盛成丛也。"⑦

8. 斯里兰卡

古代的典籍明确记载有些植物出自斯里兰卡。宋代编辑成书的《太

---

① 《隋书》卷八二《真腊传》。
② 沈福伟：《中西文化交流史》，上海人民出版社 2006 年版，第 139 页。
③ 《新唐书》卷二二一上《泥婆罗传》。
④ 王宏纬：《尼泊尔》，社会科学文献出版社 2004 年版，第 401 页。
⑤ 杜石然等：《中国科学技术史稿》，科技出版社 1982 年版，第 366 页。
⑥ 《新唐书》卷二二一上《摩揭佗传》。
⑦ 《大德南海志·物产》。

平御览》云："《唐子》曰：师子国出朱砂、水银、薰陆、郁金、苏合、青木等诸香。"①

9. 伊朗

伊朗传入中国的作物主要有：阿月浑子、扁桃（巴旦杏）、波斯枣等。周一良主编的《中外文化交流史》做了比较具体的考证。

阿月浑子

波斯语称 piste 或 pista。《大明一统志》卷八十九称之为菴思檀；此词在《增订广舆记》里也曾提到，而在《本草纲目拾遗》中则称之为必思。

扁桃（巴旦杏）

一种食用、药用杏仁，是波斯语 badam 的对音。《酉阳杂俎》十八说扁桃，波斯国称为婆娑树。李时珍在《本草纲目》卷二十九中称之为巴旦杏。

波斯枣

出自波斯。波斯语为 khorma。《酉阳杂俎》十八云："波斯枣出自波斯国，呼为窟莽。"《缀耕录》中称之为苦鲁麻。

没药

此药名译自波斯字 mor。《酉阳杂俎》、《开宝本草》、《图经本草》等书均介绍没药出自波斯，并介绍了它的形状和特性。

阿魏

药物中的兴奋剂和镇痉剂。波斯语称之为 anguze，梵文中的 hingu 亦系波斯语的译音。张岱《夜航船》卷十六云："阿魏树出三佛齐国，其树有瘿，出滋最毒，著人身即糜烂，人不敢近。每采时，柔羊于树下，骑快马自远射之，脂著于羊，羊即烂。故曰飞鸟取阿魏。"

没石子（无食子）

首见于《隋书·波斯传》，《酉阳杂俎》称其产于波斯，并对其功用作了介绍。

---

① 《太平御览》卷九八二《香部》。

小茴香

又称枯茗或莳萝，均系波斯语 kamun 或中古波斯语的对音。

安息香

自唐代开始由伊朗输入中国。

据《本草纲目》卷三零记载，安息榴传入中国：

> 李时珍曰：榴者瘤也，丹实垂之如赘榴也。《博物志》云：汉张骞出使西域得涂林、安石国榴种以归，故名安石榴。

张星烺先生认为安石国是安息国的别译。

10. 阿拉伯

中国从阿拉伯引入了椰枣树、刺桐（又名齐暾果、油橄榄）、茉莉花（耶悉花）、押不芦（作为麻醉药用的曼陀罗花）、莙荙菜（根刀菜）等多种植物。关于刺桐，晚唐诗人陈陶有《泉州刺桐花咏兼呈赵使君》七绝六首（《全唐诗》卷七四六），描写"越人多种刺桐花"、"刺桐花屏障满中都"的盛景。关于椰枣树，晚唐作家段成式按波斯语名称之为"窟莽"（《酉阳杂俎》前集卷十八）；刘恂描述了皮肉软烂、甜过沙糖的椰枣，又记载了广州种有椰枣树人称之为海棕的事实（《岭表录异》卷下）。我国唐代伟大诗人杜甫早在762年就写了一首古诗《海棕行》，记述了他在四川绵阳涪江畔看到的这种龙鳞犀甲、苍棱白皮的海棕，直到宋（宋祁《益部方物略记》）元（陶宗《仪辍根录》）时期，人们还不时提及这种树木。我们知道，椰枣生产于海湾地区和伊拉克、亚丁等地区，这是阿拉伯世界最富特征的树木，看来唐代中期已经作为观赏植物移入中国。在上述来自阿拉伯世界的植物中，耶悉花的名字最早见于晋惠帝（290—306年在位）的大臣嵇含所纂述的《南方草木状》。汉籍为什么这么早就出现这个阿拉伯词，至今还是不解之谜。[①]

中国从大食国引进蕃栀子。《岭外代答》记载：

---

① 周一良：《中外文化交流史》，河南人民出版社1987年版，第760—761页。

蕃栀子出大食国，佛书所谓薝葡花是也。海蕃干之如染家之红花也。今广州龙涎所以能香者，以用蕃栀故也。又深广有白花，全似栀子花，而五出。人云亦自西竺来，亦名薝葡，此说恐非是。[1]

11. 土耳其

土耳其棉花棉布输入中国。

公元 6 世纪突厥强大时，其境内植棉已经很普遍。公元 5、6 世纪时，中国北方同西域陆上交通频繁，贸易往来不绝，突厥的棉花棉布不断输入内地。唐朝诗人张籍曾写有《凉州词》，其中就有"无数铃声遥过碛，应驮白连到安西"，可见白布输入之多，满足了内地人民的一些需要。而内地织工专为西北边疆民族特制的民族纹饰和织有"胡"字样的锦锻，以作交换。[2]

12. 大宛

大宛传入中国内地的植物主要有苜蓿、葡萄、胡麻。

苜蓿

原产于伊朗，是当地饲养马匹的优质饲料。汉武帝经常遣使前往西域获取体态优美的伊朗种良马。《资治通鉴》云："天子得宛汗血马，爱之，名曰天马。使者相望于道以求之。"[3] 但此种马带回中国后，自第二代起即行退化。汉使张骞得知此种马嗜食苜蓿，于公元前 128 年把苜蓿种籽带回中国献给汉武帝。从此，苜蓿便出现在中国的土地上。

葡萄

由汉使张骞带回中国。汉语中现用的葡萄一词即系波斯语 bada（葡萄汁或酒的对音）

《史记》卷一二三《大宛列传》云：

宛左右以蒲陶为酒，富人藏旧至万余石，久者数十岁不败。俗

---

[1] 《岭外代答》卷八《花木门·蕃栀子》。
[2] 周一良：《中外文化交流史》，河南人民出版社 1987 年版，第 528 页。
[3] 《资治通鉴》卷二十《汉记十二》。

嗜旧，马嗜苜蓿。汉使取其实来，于是天子始种苜蓿、蒲陶肥饶地。及天马多，外国使者来众，则离宫别观尽种蒲陶、苜蓿极望。

胡麻

胡麻即芝麻。《本草纲目》卷二三云：

以其种来自大宛，故名胡麻。今胡地所出者，皆肥大，其纹鹊，其色紫黑，取油亦多。

（二）古代亚洲各国的农学著作传入中国

我国历代农学著作，自古流传邻国朝鲜。及至国内失传，则求"反馈"于邻邦。郑麟趾《高丽史》卷十《宣宗世家》记辛未八年（中国宋朝哲宗元佑六年，公元 1091 年）六月丙午，"李资义等还自宋，奏云：帝闻我国书籍多好本，命馆伴书所求书目录授之。乃曰：虽有卷第不足者，亦需传写"。附开求书目录 128 种，中有农艺古籍两种，即《氾胜之书》3 卷与王方庆《园亭草木疏》27 卷。必有所往，始有所索，以此作为古有传出之佐证。[①]

朝鲜汉文农学著作有三部，即郑招的《农事直说》，姜希孟的《衿阳杂录》，无名氏的《四时纂要抄》。这三部书都分别借鉴了中国的农学著作。"此《四时纂要抄》绝非'完全'抄自中国唐季韩鄂所著《四时纂要》之谓，自是朝鲜人士别一广泛抄集之著述。其间所引《梦溪忘怀录》、《琐碎录》、《范石湖梅谱序》皆宋人著作；出蚕、下蚁法、分台法、斋蚕法、收蚕种等篇皆出于元世《农桑辑要》，其为晚出可验。"[②]

越南农学著作传入中国。越南水利学者黄叔会著有《河堤对策》，既概述了越南的治水历史，分析了红河上下游的情况，又综合了中国的

---

① 胡道静：《朝鲜汉文农学撰述的结集》，载李国豪等主编：《中国科技史探索》，上海古籍出版社 1982 年版，第 691 页。

② 同上书，第 694 页。

治水经验，条分缕析，切合实际，颇多真知灼见，是越南水利史上非常
重要的文献。[①]

结　语

综上所述，古代中国与亚洲国家的农业交流有几个特点：

一、古代中国农业生产技术向外传播，由近及远，逐渐扩散开来，
与中国文化关系较密切、地理位置较近的国家，接受中国的农业生产技
术就相对较多，如日本、朝鲜和越南。

二、华侨华人在中外农业生产技术交流中贡献颇多。一方面，他们
在侨居国传播了中国农业生产技术，把中国的农作物输出到侨居国，另
一方面，把外地的农作物引入中国。

三、在古代农业生产技术交流中，中外相互借鉴，取长补短，相得
益彰，互惠互利，共同推动了农业生产技术的发展，亦有助于社会经济
的发展。

古代中国与亚洲各国的农业技术交流具有特别重要的意义。这里我
们以越南和菲律宾为例来说明。

古代中越农业技术交流是中越两国文化交流的重要组成部分。中国
先进的农业生产技术的铁器和先进的生产经验传授给越南人民，中国古
代水利灌溉工程的传入越南，促进了越南农业产品的提高，并改善了越
南人民的生活。"汉朝以后又传去了锄及牛耕等生产技术，大大提高了
生产力。"[②] 同样，古代中国在与越南农业技术交流的过程中也受益匪
浅。占城稻在中国的传播，改良了中国的稻种，缓解了当时中国的粮食
危机，密切了中越两国政府和人民的关系。

华人对越南的开发，促进了农业技术的发展。越南南部的美荻、边
和、嘉定、河仙等地，原来是荆棘丛生的荒芜之地，明末清初以来，经

---

① 陈玉龙等：《汉文化论纲》，北京大学出版社 2000 年版，第 377 页。

② 续建宜、刘亚林：《世界文明古国述略》，上海教育出版社 1988 年版，第 37 页。

过华侨的辛勤劳动，努力经营，变成了良田米仓，建成了繁华的城镇。在越南北部，原来荒地很多，中国边境地区失去土地的农民来到这里后，得到当地地方官的许可，开垦荒地，进行农业生产，经过长期的精耕细作，大量的荒地变成了良田。①

中菲农业技术交流是中菲两国文化交流的重要组成部分，华侨功不可没。在菲律宾华侨中，没有手艺的劳工很多。他们大部分从事农业园艺和渔业，把中国农业生产技术及先进生产工具，如犁、水牛、水磨等传入菲律宾，并把许多重要作物，如白菜、芥菜、豌豆、桃、李、梨、柚、甘蔗等带到侨居地，丰富了当地的作物品种。菲律宾华侨还"传给苏禄人以接枝和改良果木品种的技术"，促进了当地园艺业的发展。②菲律宾人有古代完善的水利灌溉系统，巴纳韦梯田是他们引为自豪的创造。我们应注意到在巴纳韦梯田文化中有华人的奉献，华人推动了菲律宾农业发展。

中菲农业技术交流有利于两国的社会经济发展。中国农作物的引入成为菲律宾经济发展的重要组成部分。在西班牙统治时期菲律宾的经济生活主要依赖华人的劳动力和勤劳经营。华侨居民是商人、农民、石工、银钱业者、油漆工人、制鞋工人、金属工人和劳动者。莫尔加博士在1609年说："他们是优良的工人，精通各种技艺和行业。没有华人的贡献，这个国家不能生存。"③

中菲农业技术交流对中国也产生了重大影响。美洲农作物输入中国，菲律宾华人起了重要的中介作用。玉米、甘薯、花生和南瓜等美洲农作物的引入，改变了中国的粮食生产布局，促进了粮食总产量的巨大增长，使人口迅速增长成为可能。美国芝加哥大学何炳内在1978年为纪念《大公报》在港复刊30周年而撰写的著名论文《美洲农作物的引进、传播及其对中国粮食生产的影响》一文中说："近千年来，我国粮

---

① 杨万秀等：《中华文化与海外华侨华人》，广州出版社1998年版，第81页。

② 林延青、李梦芝等：《五千年中外文化交流史》（第2卷），世界知识出版社2002年版，第471页。

③ ［菲律宾］格雷戈里奥·F.赛义德：《菲律宾共和国历史、政府与文明》，商务印书馆1979年版，第204页。

食生产史上曾经有过两个长期的'革命'。第一个革命开始于北宋真宗
1012 年后，较耐旱、较早熟的占城稻在江淮以南逐步传播。""我国第
二个长期粮食生产的革命，就是本文所讨论的对象。……美洲作物传华
四百年来，对中国土地利用和粮食生产确实引起了一个长期的革命。"[1]
菲律宾华侨把原产于拉丁美洲印第安人地区的一些农作物，如烟草、番
薯、玉米、可可、棉花、龙舌兰、凤梨、蓝靛、木薯、南瓜、秘鲁菜
豆、腰果、落花生等传入中国，丰富了中国的农作物品种。特别是烟草
和番薯，对中国农业生产和人民生活产生了深远的影响。[2]

---

[1] 王介南：《中外文化交流史》，书海出版社 2004 年版，第 301 页。
[2] 周南京：《中国和菲律宾文化交流的历史》，载周一良：《中外文化交流史》，河南人民出版社 1987 年版，第 454 页。

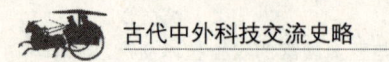

第三章　古代中国与亚洲国家的动物交流

　　中国地大物博，动物资源非常丰富。古代中国有些动物输出国外，有些动物亦从其他亚洲国家引进。产生动物交流的主要原因有：（1）由于古代中国与亚洲一些国家之间存在宗藩关系，有一些国家对华进行朝贡活动，常常送来珍禽异兽。有时，在答谢朝贡国国王和使节时，中国封建统治者也将一些动物作为赏赐品赐给外国使节；（2）中国国防建设的需要，如战马的引进；（3）为了满足广大人民生活和贵族生活的需要；（4）封建统治者在政治上的需要，如外国进献祥瑞动物麒麟、狮子、大象等，表明中国封建统治的政治清明、经济繁荣。

一、外国动物频频输入中国

（一）朝鲜

　　在历史上，朝鲜动物多次输入中国，在朝贡时朝鲜定期进献良马。三国时期，魏国与高句丽往来较多，高句丽进献果下马。《魏书·

乌丸鲜卑东夷列传第三十·高句丽传》记载："其马皆小，便登山。"①
《魏书·乌丸鲜卑东夷列传第三十·濊》云："其海出班鱼皮，土地饶文豹，又出果下马，汉桓时献之。"裴松之按：果下马高三尺，乘之可于果树下行，故谓之果下。见《博物志》、《魏都赋》。②

《旧唐书》记载百济曾经进献果下马："武德四年，其王扶余璋遣使来献果下马。"③《新唐书》也记载新罗进献果下马："玄宗开元中，数入朝，献果下马、朝霞绸、鱼牙绸、海豹皮"④。

宋代，朝鲜也向中国贡献良马。《宋史·高丽传》记载：太平兴国二年（977），高丽国王遣其子元辅献良马、方物等。⑤

元代，蒙古公主下嫁朝鲜国王，朝鲜和蒙元有甥舅之谊，朝鲜的动物如良马大量输入中国。

明朝与朝鲜关系密切，朝鲜马以朝贡的方式大量输入中国。明太祖即位后，洪武三年（1370），朝鲜王颛遣其门下赞成事姜仁裕来贡马。⑥洪武六年（1373）七月，朝鲜国王遣使周英赞到京师贺千秋节，献马十九匹，驴二匹。⑦同年十月，朝鲜国王遣使禹仁杰献马二十四匹，骡子二匹。⑧据《明史》记载，也在这一年，"颛遣甲两等贡马五十匹，道亡其二，甲两以闻。及进，以私马足之。帝恶其不诚，却之"⑨。此后朝鲜多次进贡良马。洪武十九年（1386）二月，朝鲜国王"遣使贡布万匹、马千匹"⑩。后李成桂自立，在洪武二十六年（1393）二月，朝鲜"遣使进马九千八百余匹，命运纻丝绵布一万九千七百余匹酬之。六月表谢，贡马及方物，并上前恭愍王金印，请更己名曰旦"⑪。永乐五年

① 《魏书》卷三〇《高句丽传》。
② 《魏书》卷三〇《濊传》。
③ 《旧唐书》卷一九九《百济传》。
④ 欧阳修：《新唐书》卷二二〇《东夷传》。
⑤ 《宋史》卷四八七《高丽传》。
⑥ 张廷玉：《明史》卷三二〇《朝鲜传》。
⑦ 《朝鲜李朝实录中的中国史料》前编，卷上。
⑧ 同上书，第34页。
⑨ 《明史》卷三二〇《朝鲜传》。
⑩ 同上。
⑪ 同上。

（1407）十二月，朝鲜"贡马三千匹至辽东"①。永乐二十一年（1423），朝鲜贡马万匹。②

由于元末多年的战争，到了明初中国国内出现了马匹缺乏的情况。明成祖时，全国仅有马二万三千七百余匹。③为了官方需求，也为了应付可能出现的战争，明朝政府审时度势，置太仆一职，专理马政，"各军卫皆令滋牧"。此外，积极引进国外良马。朝鲜多良马，明朝政府非常重视朝鲜马的引进。宣德二年（1427）三月，明宣宗"遣中官赐白金纻纱，别敕进马五千匹，资边用。九月如数至。"④明朝还派人去朝鲜购马。《殊域周咨录》亦记载：洪武十五年（1382），"上命市高丽马万匹"。洪武二十四年（1391）三月"诏市马高丽。八月，权国事瑶进所市马千五百匹"⑤。永乐十五年（1417）八月，太监黄俨至朝鲜，"以粗绵布九百九十九匹请易马四十匹"⑥。

明初广泛搜集马匹。"按明初马匹由进贡及购买之方式，取自朝鲜、辽东、云贵各地，永乐又向撒马尔罕等处搜购。所得马除官方使用外，即'寄养'于民间。"⑦

《弇山堂别集》卷八十九《市马考》云：

> 高帝时，南征北讨，兵力有余，唯以马为急，故分遣使臣以财货于四夷市马。而降虏土目来朝，及正元万寿之节，内外藩屏将帅，皆用马为币，自是马渐充实矣。⑧

在明代中后期，朝鲜亦多次贡马。"景泰元年贡马五百匹。""其秋，

---

① 《明史》卷三二〇《朝鲜传》。

② 同上。

③ （明）余继登：《典故征闻》卷六。

④ 《明史》卷三二〇《朝鲜传》。

⑤ 同上。

⑥ 《朝鲜李朝实录中的中国史料》上编卷三《太宗恭定王实录二》。

⑦ 黄仁宇：《明太宗实录中的年终统计——李老博士所称中国官僚主义的一个例证》，载《中国科技史探索》，上海古籍出版社1982年版，第128页。

⑧ 王世贞：《弇山堂别集》卷八九《市马考》。

续贡马千五百匹。""万历元年正月上穆宗尊谥，两宫徽号礼成，公表贺，献方物马匹。"①

后金爱新觉罗皇太极在位，亦重视朝鲜马的引进。太宗天聪元年（1627），朝鲜进献良马。"倧遣族弟原昌君李觉等献马百、虎豹皮百、绵绸苎布四百、布万有五千。"②

综上所述，朝鲜马输入中国的途径有二：一是朝鲜王朝进贡；二是中朝两国贸易。朝鲜良马大量输入中国，不仅满足了当时中国社会的需求，也有利于中国改良马的品种。

朝鲜向中国输出耕牛。永乐二年（1404），朝鲜一次就赠送中国耕牛一万头之多。③

（二）日本

日本国曾向中国进献马。《明史》记载明洪武三年（1370）日本国主良怀遣使僧祖来奉表贡马：

> 良怀气沮，下堂延秩，礼遇甚优。遣其僧祖来奉表称臣，贡马及方物，且送还明、台二郡被掠人口七十余，以四年十月至京。

《明史》又载明洪武七年（1374）日本权臣持明遣使僧宣闻溪贡马：

> 时良怀年少，有持明者，与之争立，国内乱。是年七月，其大臣遣僧宣闻溪等赍书上中书省，贡马及方物，而无表。帝命却之，仍赐其使者遣还。④

日本国王和日本权臣积极向中国明王朝进贡，有一些共同点：一，

① 《明史》卷三二〇《朝鲜传》。
② 《清史稿》卷五二六《朝鲜传》。
③ 陈梧桐：《中国文化通史·明代卷》，北京师范大学出版社 2009 年版，第 121 页。
④ 《明史》卷三二二《日本》。日本史籍将良怀写成怀良亲王。

都是派遣僧人作为外交使节。二，都是把马作为主要的贡物。三，他们的目的相同，都是为了争取明朝政府的册封，取得合法的政治地位，从而击败竞争者。当时明朝皇帝认为日本国主合法，而大臣持明非法，因而退回其贡品。

（三）琉球

从琉球输入中国的动物主要是马，其主要途径有两条：一是琉球进贡，如洪武十年（1347），琉球"遣使贺正旦，贡马十六匹、硫黄千斤。又明年复贡"①。另一是中琉贸易。明太祖曾经派人"以陶器七万、铁器千，就其国市马"。

康熙十八年（1679），琉球王遣使来贡马等物。《清史稿》云：

> 贞遣陪臣补进十七年正贡。旧例贡物有金银罐、金银粉匣、金缸酒海、泥金彩画围屏、泥金扇、泥银扇、画扇、蕉布、苧布、红花、胡椒、苏木、腰刀、火刀、枪、盔甲、马、鞍、丝、绵、螺盘，加贡之物无定额。十九年，陪臣来贡，帝俱令免进。嗣后常贡，惟马及熟硫磺、海螺壳、红铜等物。②

清朝确认马为琉球的常贡物品，这表明清朝非常重视马的输入。

（四）越南

古代越南动物输入中国，主要有驯犀、麒麟、驯象、马、牛等。

宋大中祥符二年（1009），交趾黎龙铤（宋帝赐名至忠）遣推官阮守疆献犀角等物，"并献驯犀一"③。宋嘉佑三年（1058）六月，交趾贡麒麟."诏止称异兽以答之。"④ 宋嘉佑八年（1063）正月，交趾贡驯象

---

① 《明史》卷三二三《琉球传》。
② 《清史稿》卷五二六《琉球传》。
③ 《宋史》卷四八八《交趾传》。
④ 《宋会要·蕃夷四》。

九头。① 绍兴十六年（1146）六月，安南献驯象十头。② 绍兴二十六年（1156）八月，安南遣使献良马、驯象等物。③

元世祖中统四年（1263），安南"贡方物及二驯象"④。明代，安南也多次贡献大象。明洪武四年（1341）春，安南国王陈日煃"遣使贡象，贺平沙漠，复遣使随以宁等来朝。其冬，日煃为伯父叔明逼死。叔明惧罪，贡象及方物"⑤。在永乐帝发动的讨伐安南战争中，明军大获全胜，在战利品中就有许多动物。《明史·安南传》云：

> 六年六月，辅等振旅还京，上交阯地图，东西一千七百六十里，南北二千八百里。安抚人民三百一十二万有奇，获蛮人二百八万七千五百有奇，象、马、牛二十三万五千九百有奇，米粟一千三百六十万石，船八千六百七十余艘，军器二百五十三万九千八百。于是大行封赏，辅进英国公，晟黔国公，余叙赉有差。⑥

（五）占婆

中国古代典籍多记载占婆（占城）动物众多。《宋史·占城传》云：占城国"鸟兽多孔雀、犀牛"。《明史·占城传》记载：占婆，"国不甚富，惟犀象最多"⑦。

占婆许多动物如大象等通过朝贡活动输入中国。

天监九年（510），林邑王范天凯奉献白猴一只，被梁武帝封为威南将军、林邑王。⑧

《旧唐书》云：

---

① 《宋会要·蕃夷四》。
② 《要录》卷一五五。
③ 《宋史》卷四八八《交阯传》。
④ 《元史》卷二〇九《安南传》。
⑤ 《明史》卷三二一《安南传》。
⑥ 同上。
⑦ 《明史》卷三二四《占城传》。
⑧ 《梁书》卷五四《林邑传》。

武德六年（623），其王范梵志遣使来朝。八年，又遣使献方物。……贞观初，遣使贡驯犀。……五年（631），又献五色鹦鹉。太宗异之，诏太子右庶子李百药为之赋。又献白鹦鹉，精识辩慧，善于应答。太宗悯之，并付其使，令放还于林。……①

《新唐书》云：

贞观时，王头黎献驯象、镠锁、五色带、朝霞布、火珠。②

《宋史·占城传》云：

建隆二年（961），其王释利因陀盘遣使莆诃散来朝。表章书于贝多叶，以香木函盛之。贡犀角、象牙、龙脑、香药、孔雀四、大食瓶二十。

明代，占婆所献动物以大象为主。据《明史》记载，明太祖洪武十九年（1356）占婆"遣子宝部领诗那日忽来朝，贺万寿节，献象五十四，皇太子亦有献。帝嘉其诚，赐赍优渥，命中官送还。明年复贡象五十一及伽南、犀角诸物，帝加宴赍。还至广东，复命中官宴饯，给道里费"③。明成祖永乐四年（1406），占婆"贡白象方物，复告安南之难"④。

有些动物则是通过战争途径作为战利品而输入中国的。唐以林邑"不朝献"为辞出兵林邑，打败林邑军队而获得战象等物。

---

① 《旧唐书》卷一九七《林邑传》。
② 《新唐书》卷二二二（下）《环王传》。
③ 《明史》卷三二四《占城传》。
④ 同上。

（六）老挝

老挝输入中国的动物主要是大象。

明代永乐六年（1408），"刀线歹遣人贡象马方物。七年复进金银器、犀象、方物谢罪"[1]。

明嘉靖四十四年（1565），"土舍怕雅兰章遣人进舞牌牙象二，母象三，犀角十，云南守臣以闻"[2]。

琅勃拉邦王国第一次遣使到清朝为雍正七年（1729）九月，英塔松王（即岛孙王）派出以叭猛花为首的一个90余人的大型使团，"备象两只，蒲编金字表文一道"[3]，从云南入境。

琅勃拉邦王国的使团一般是从云南入境，经贵州、湖南、湖北、河南、河北等省进入北京的。清朝十分重视对琅勃拉邦王国使团的来访，沿途每一站都有接待安排，仅在云南境内就设有5个接待站，当使者到时须按照规定礼制接待。使者往返途中，不仅受到地方官员的盛情接待，而且受到各地人民的热烈欢迎。大象是使团常携的贵重礼物，他们沿途进行驯象表演，备受欢迎，往往出现万人围观争看的动人情景。云贵总督阮元赋诗赞美道：

> 驯象高头跨锦蛮，碧鸡坊下万人看。
> 分明各有花名字，领队相呼报贡雀。[4]

清代中老"朝贡贸易"的规模和数量要大于明代。清朝规定，南掌国使者所贡仍以大象为主，此外有象牙、锦、犀角、土绸、檀香、雀

---

① 《明史》卷三一五《老挝传》。
② 同上。
③ 《清世宗实录》卷八六。
④ 阮元：《研经室续集》卷十。转引自景振国：《中国古籍中有关老挝资料汇编》，中州古籍出版社1985年版，第259页。

尾、藤席、树头酒等土特产品。①

南掌，老挝旧称。有学者将南掌国在嘉庆十二年（1807）、二十四年（1819）、道光十一年（1831）和咸丰三年（1853）的四次朝贡物品做过统计，共进献大象16只。②

（七）柬埔寨

中柬两国的最初联系，有信史可考的是在公元初的东汉年间。据记载，一是东汉"元和元年（84）春正月，中山王焉来朝。日南徼外蛮夷献生犀、白雉"③。日南即隶属东汉的交趾郡，"徼外蛮夷"即其境外国家。二是"元和元年，日南徼外蛮夷究不事人邑豪献生犀、白雉"④。一些学者考订，"究不事"即今柬埔寨的古代译名。邑豪为当地部落首领。⑤ 生犀、白雉是柬埔寨最早的贡品。

《晋书·四夷列传·南蛮》记载：

> 武帝泰始（265—274）初，扶南遣使贡献。太康（280—289）中，又频来。穆帝升平（357—361）初，复有竺旃檀称王，遣使贡驯象。帝以殊方异兽，恐为人患，诏还之。

柬埔寨动物众多。《隋书·真腊传》记载其国有怪异之鱼：

> 海中有鱼名建同，四足，无鳞，其鼻如象，吸水上喷，高五六十尺。有浮胡鱼，其形似〈鱼且〉，嘴如鹦鹉，有八足。多大鱼，半身出水，望之如山。每五六月中，毒气流行，即以白猪、白牛、白

---

① 梁志明：《源远而流长—中国与越南老挝柬埔寨的文化交流》，载何芳川：《中外文化交流史》，国际文化出版公司2008年版，第289页。
② 高伟浓：《走向近世的中国与朝贡国关系》，广东高等教育出版社1993年版，第53页。
③ 《后汉书》卷三《肃皇孝兴章帝纪》。
④ 《后汉书》卷八六《南蛮西南夷列传》。
⑤ 陈显泗等：《中国古籍中的柬埔寨史料》，河南人民出版社1985年版，第1页。

羊于城西门外祠之。不然者，五谷不登，六畜多死，人众疾疫。①

《新唐书》记载陆真腊（又名文单）曾贡献各种动物：

　　大历中，副王婆弥及妻来朝，献驯象十一；擢婆弥试殿中监，赐名宾汉。是时，德宗初即位，珍禽奇兽悉纵之，蛮夷所献驯象畜苑中，元会充廷者凡三十二，悉放荆山之阳。②

真腊国亦名占腊，其国在占城之南。《宋史·真腊传》记载"其国有战象几二十万，马多而小"。在宋庆元六年（1046），真腊国王遣使奉表贡方物及驯象二。③

宋元时期，中国与柬埔寨关系密切。苏利耶跋摩二世去世后，陀罗尼因陀罗跋摩二世继位，继续发展与中国的友好交往。南宋绍兴二十五年（1155），他向中国遣使进献驯象。④

《明史·真腊传》记载其王在每年的集会上罗列许多动物时的盛况：

　　其国城隍周七十余里，幅员广数千里。国中有金塔、金桥、殿宇三十余所。王岁时一会，罗列玉猿、孔雀、白象、犀牛于前，名曰百塔洲。⑤

明代中柬经济贸易规模扩大，空前发展。在朝贡贸易方面，贡品种类增多，数量巨大。《明史》记载：洪武十九年（1386）明太祖遣行人刘敏、唐敬偕中官赍磁器前往真腊（今柬埔寨）赏赐其国王，其王遣使贡象：

---

① 《隋书》卷八二《真腊》。
② 《新唐书》卷二二二（下）《真腊传》。
③ 《宋史》卷四八九《真腊传》。
④ 《宋会要辑稿》。
⑤ 《明史》卷三二四《真腊传》。

明年，敬等还，王遣使贡象五十九、香六万斤。寻遣使赐其王镀金银印，王及妃皆有赐。其王参烈实毗邪甘菩者遣使贡象及方物。明年复贡象二十八、象奴三十四人、番奴四十五人，谢赐印之恩。①

《明实录》亦有相同记载。进献大象数十头，且随带有驯象人，这是前所未有的。

在明代，大象是真腊向明王朝进贡的最为重要之方物。

（八）缅甸

缅甸动物特别是大象不断输入中国。《新唐书》云：缅甸"有巨白象，高百尺，讼者焚香跽象前，自思是非而退。"②缅甸人把白象作为神明来崇拜。仅从宋元时期来看，缅甸朝贡进献的动物主要是驯象、马。进献者主要是酋长、国主、国王。输入的方式主要是来华朝贡，驯象是其主要的贡品。白象是极其珍贵的动物，宋徽宗崇宁二年（1103）缅人进白象及香物。③在元大德四年（1300）四月，缅甸国王进献白象一只。④

元朝时期，虽然骠国早已灭亡了好几个世纪，但是有时候人们还仍然把骠人居住的地区称作"骠国"⑤。《元史》记载了缅甸进贡象马的情况：

丁未（1271），金齿、骠国三部酋常阿匿福勒丁、阿匿爪来内附，献驯象三、马十九匹。⑥

---

① 《明史》卷三二四《真腊传》。
② 《新唐书》卷二二二（下）《骠传》。
③ 杨慎：《南诏野史》上卷。引自余定邦、黄重言：《中国古籍中有关缅甸资料汇编》上册，中华书局 2002 年版，第 331 页。
④ 《元史》卷二〇《成宗本纪》。
⑤ 何平：《中南半岛民族的渊源与流变》，民族出版社 2006 年版，第 183 页。
⑥ 《元史》卷七《世祖四中》。

元朝在对缅战争中曾缴获许多大象。据记载，缅王集聚大象 2000 头，抵抗元军。元军大惊骇，后引弓发矢射象，象逃不敢再战。元军得大象 200 余头。"自此战后，大汗始有多象。"①

元军平定缅甸后，缅甸入贡，以大象为贡物：

> 大德元年（1297）二月，以缅王的立普哇拿阿迪提牙尝遣其子信合八的奉表入朝，请岁输银二千五百两、帛千匹、驯象二十、粮万石，诏封的立普哇拿阿迪提牙为缅王，赐银印，子信合八的为缅国世子，赐以虎符。三年（1298）三月，缅复遣其世子奉表入谢，自陈部民为金齿杀掠，率皆贫乏，以致上供金币不能如期输纳。帝悯之，止命间岁贡象，仍赐衣遣还。四年（1300）四月，遣使进白象。②

明代在缅甸设立宣慰使，缅甸入贡：

> 永乐元年（1403），缅酋那罗塔遣使入贡。因言缅虽退裔，而道经木邦、孟养，多阻碍。乞命以职，赐冠服、印章，庶免欺凌。诏设缅甸宣慰司，以那罗塔为宣慰使，遣内勤张勤往赐冠带、印章。于是缅有二宣慰使，皆入贡不绝。③

乾隆十六年（1751），缅甸东吁王朝曾进献大象 10 只。④ 乾隆五十五年（1790），缅甸王又进献大象 6 只，奇异花象 1 只。⑤ 嘉庆十六年（1811），缅甸派孟干入访中国，带来驯象等物。⑥ 道光二十三年（1843），缅甸使臣进献驯象 3 只。⑦

---

① ［英］戈·埃·哈威：《缅甸史》，商务印书馆 1973 年版，第 123 页。
② 《元史》卷二一〇《缅传》。
③ 《明史》卷三一五《缅甸传》。
④ 余定邦等：《近代中国与东南亚关系史》，中山大学出版社 1998 年版，第 73 页。
⑤ 同上书，第 134 页。
⑥ 余定邦等：《近代中国与东南亚关系史》，中山大学出版社 1998 年版，第 144 页。
⑦ 同上书，第 149 页。

清缅战争爆发，乾隆三十四年（1769）十一月，缅人大败，"以所进四象送京师"[①]。

孔雀作为贡品输入中国。《清史稿·缅甸传》云：

> （乾隆）六十年（1795），缅王遣使祝厘，进缅石长寿佛、贝叶缅字经、福字镫、金海螺、银海螺、金镶缅刀、金柄麈尾、黄缎伞、贴金象轿、洋枪、马鞍、象牙、犀角、孔雀、木化石、玄猴皮、各色呢、各色花布，都十有八种。[②]

（九）印度尼西亚

《新唐书》记载室内佛逝物产，云："有橐它，豹文而犀角，以乘且耕，名曰它牛豹。又有兽类野豕，角如山羊，名曰雩，肉味美，以馈膳。"[③] 这则史料说明古代印尼异兽种类繁多。

诃陵多次进献动物，《旧唐书·诃陵传》记载：

> 诃陵国，在南方海中洲上居，东与婆利、西与堕婆登、北与真腊接，南临大海。……贞观十四年，遣使来朝。大历三年、四年皆遣使朝贡。元和十年，遣使献僧祇僮五人、鹦鹉、频伽鸟并异种名宝。以其使李诃内为果教，诃内请回授其弟，诏褒而从之。十三年，遣使进僧祇女二人、鹦鹉、玳瑁及生犀等。[④]

《新唐书》亦记载诃陵贡献动物：唐宪宗元和八年（813），诃陵献僧只奴四、五色鹦鹉、频伽鸟等。[⑤]

《宋史》记载阇婆贡献：宋淳化三年（992），阇婆国王遣使献象

---

① 《清史稿》卷五二八《缅甸传》。
② 同上。
③ 《新唐书》卷二二二（下）《室利佛逝传》。
④ 《旧唐书》卷一九七《诃陵传》。
⑤ 《新唐书》卷二二二（下）《诃陵传》。

牙、白鹦鹉等物。①

《明史·三佛齐传》则多次记载洪武年间三佛齐国王进献各种珍贵动物。洪武三年（1370）三佛齐"入贡黑熊、火鸡、孔雀、五色鹦鹉、诸香、苾布、兜罗被诸物"。洪武九年（1376），"怛麻沙那阿者卒，子麻那者巫里嗣。明年遣使贡犀牛、黑熊、火鸡、白猴、红缘鹦鹉、龟筒及丁香、米脑诸物"②。

《明史·苏门答剌传》记载，苏门答剌国王在明代宣德八年（1433）贡麒麟。③须文达那亦进献动物。洪武十年（1377），国王殊旦麻勒兀达盼遣使俺八儿来朝，贡物中有贡马二匹。④

（十）文莱

我国唐代称文莱为婆利。《旧唐书》记载婆利王喜欢以象代步：

> 王姓刹利耶伽，名护路那婆，世有其位。王戴花形如皮弁，装以真珠璎珞，身坐金床。侍女有金花宝缕之饰，或持白拂孔雀扇。行则驾象，鸣金击鼓吹蠡为乐。⑤

《新唐书》谈到婆利有珍禽。"有舍利鸟，通人言。"⑥
明代时婆利曾来贡献鹤顶、孔雀等物。

（十一）泰国

在历史上，泰国的动物如驯象、黑熊、白猿等多次输入中国。
《新唐书》记载古国陀洹曾经贡献白鹦鹉：

---

① 《宋史》卷四八九《阇婆传》。
② 《明史》卷三二四《三佛齐传》。
③ 《明史》卷三二五《苏门答剌传》。
④ 《明史》卷三二五《须文达那》。
⑤ 《旧唐书》卷一九七《婆利传》。
⑥ 《新唐书》卷二二二（下）《婆利传》。

贞观时，并遣使者再入朝，又献婆律膏、白鹦鹉，首有十红毛，齐于翅。因丐马、铜钟，帝与之。①

据专家考证，陀洹是唐代泰境古国。②

泰国动物驯象、六足龟、黑熊、白猿等输入中国。《明史》记载：

洪武三年（1370），命使臣吕宗俊等赍诏谕其国。四年（1371），其王参烈昭毗牙遣使奉表，与宗俊等偕来，贡驯象、六足龟及方物，诏赐其王锦绮及使者币帛有差。已，复遣使贺明年正旦，诏赐《大统历》及彩币。五年（1372）贡黑熊、白猿及方物。③

泰国也曾奉命贡马。《明史·暹罗传》云：

永乐七年（1409），使来祭仁孝皇后，命中官告之几筵。时奸民何八观等逃入暹罗，帝命使者还告其主，毋纳逋逃。其王即奉命遣使贡马及方物，并送八观等还，命张原赍敕币奖之。④

康熙四十七年（1708），暹罗贡驯象二、金丝猴二。⑤

乾隆元年（1736）六月，暹罗来贡，"国王遣陪臣朗三立哇提等赍表及方物来贡，增驯象一只，金缎二疋、花幔一条"⑥。"十三年，入贡方物外，附黑熊一、斗鸡十二、太和鸡十六、金丝白肚猿一。"⑦

由于中泰两国路途遥远，有的动物死于中途。《清史稿》记载：嘉

① 《新唐书》卷二二二（下）《陀洹传》。
② 黎道纲：《陀洹县陵二国考——唐代泰境古国考》，《南洋问题研究》1999 年第 4 期。
③ 《明史》卷三二四《暹罗传》。
④ 同上。
⑤ 《清史稿》卷五二八《暹罗传》。
⑥ 同上。
⑦ 同上。

庆二十三年（1818）"遣使贡白象及方物，象死于途，使者以珠宝饰其牙，盛以金盘，并尾来献。帝嘉其意，厚遣之"①。

（十二）马来西亚

马来西亚的动物有许多是通过朝贡活动而输入中国的。

婆皇国，故地在今马来西亚的彭亨州一带。沈约《宋书》记载：

> 孝武帝大明三年（459）正月丙申，婆皇国献赤白鹦鹉各一。②

马来西亚先后向中国进献鹦鹉等方物。

《东西洋考》云："麻六甲，即满剌加也。唐永徽中，以五色鹦鹉来献。"③

明宣德八年（1433），满剌加王率妻子陪臣来朝。"及还，有司为治舟。王复遣其弟贡驼马方物。"④

明景泰六年（1455），"速鲁檀无答佛哪沙贡马及方物，请封为王"⑤。

据《明史》记载，在满剌加所贡方物中动物有黑熊、黑猿、白麂、火鸡、鹦鹉等。

马来西亚向中国进献火鸡。火鸡之奇特，时人多有记载。

黄衷《海语》卷二云：

> 火鸡出满剌加山谷，大如鹤，多紫赤色，能食火，吐气亦烟焰也。子如鹅胎，壳厚逾重钱，或班或白。岛夷采为饮盏，见者多奇之。

陆容在《菽园杂记》卷三中记载：

---

① 《清史稿》卷五二八《暹罗传》。
② 《宋书》卷二五。
③ 张燮：《东西洋考》卷四。
④ 《明史》卷三二五《满剌加传》。
⑤ 同上。

近日满刺加国贡火鸡，躯大于鹤，毛羽杂生，好食燃炭。①

（十三）中亚

古代中亚国家的动物，特别是千里马大量输入中国。

大宛马输入中国，是汉朝的一件大事。

《史记》卷一二三《大宛列传》记载：

> 初，天子发书《易》，云"神马当从西北来"。得乌孙马好，名曰"天马"。及得大宛汗血马，益壮，更名乌孙马曰"西极"，名大宛马曰"天马"云。

汉武帝对大宛马渴望之极，"使壮士车令等持千金及金马以请宛王贰师城善马"。宛王"不肯予汉使"。汉武帝因此"拜李广利为贰师将军，发属国六千骑，及郡国恶少数万人，以往伐宛"。大宛兵败，宛国贵族"共杀其王毋寡，持其头，遣贵人使贰师"。汉军获得上等马数十匹，中下等马三千多匹，凯旋回朝。

《史记》卷二四《乐书》云：

> 武帝后伐大宛，得千里马，马名蒲梢。次作以为歌。歌诗曰：
>
> 天马来兮从西极，
>
> 经万里兮归有德。
>
> 承灵威兮降外国，
>
> 涉流沙兮四夷服。

两晋时期，大宛与中国也有往来。

---

① 陆容：《菽园杂记》，中华书局 1985 年版，第 57—58 页。

"太康六年，武帝遣使杨颙拜其王蓝庾为大宛王。"可以说，汉朝立蓝庾为大宛王，有其政治目的。除了与匈奴争夺西域外，还为了获得千里马。"蓝庾卒，其子摩之立，遣使贡汗血马。"①

晋孝帝太元三年（378），"大宛献天马千里驹，皆汗血，朱鬣、五色、凤膺、麟身，及诸珍异五百余种"②。

康居亦献马。"泰始终，其王那鼻遣使上封事，并献善马。"③

北魏时期，中国与中亚也有较多的往来。《魏书》云：

> 洛那国，故大宛国也。都贵山城，在疏勒西北，去代万四千四百五十里。太和三年（479），遣使献汗血马。自此每使朝贡。④

据《新唐书》记载，唐代昭武九国是指康国、安国、曹国、石国、米国、何国、火寻、戊地、史国。"世谓九姓，皆氏昭武。"⑤

这些中亚国家与大唐关系密切。他们都向大唐遣使贡献动物。

安国，据张星烺先生考证，即布哈拉。⑥ 在开元十四年（726），安国王遣使来朝，纳马豹。

唐代的康国，即撒马尔罕。在开元十五年（727），康王遣使来朝，献胡旋女及豹。

米国，开元时期也遣使献狮子。

史国，在开元十五（727）年，国君忽必多遣使来朝，献舞女及文豹。⑦

唐代，吐火罗居葱岭西，乌浒河之南。在永徽元年（650）吐火罗也遣使献驼鸟。"高七尺，色黑，足类骆驼，翅而行，日三百里，能噉

---

① 《晋书》卷九七。
② 《晋书》卷一二三。
③ 《晋书》卷九七。
④ 《魏书》卷一〇《西域传》。
⑤ 《新唐书》卷二二一下《西域传》。
⑥ 张星烺：《中西交通史料汇编》，中华书局1977年版，第734页。
⑦ 《册府元龟》卷九七一。

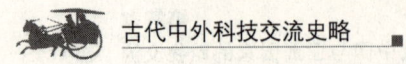

铁，俗谓驼鸟。"①

显庆二年（657）正月，吐火罗献狮子。

永隆二年（680）五月，吐火罗国遣使献马及方物。②

据《册府元龟》卷九六一记载，吐火罗也产汗血马：

> 颇梨山南崖穴中有神马，国人每牧牝马于其侧，时产名驹，皆汗血，多善马。

在正常的贡赐贸易外，动物输入中国的另一条途径是战争。通过战争，缴获敌国的动物。据《旧唐书》记载：天宝九年（750），高仙芝率兵讨伐石国，平定后，"获其国王以归"。高仙芝贪婪成性，"获石国大瑟瑟十余石，真金五六，骆驼、名马、宝石称是"③。由于高仙芝的贪婪，后来引起了中亚各国的反抗。

撒马尔罕的动物在明代多次输入中国。撒马儿罕，又称撒马尔罕，故地在今乌兹别克斯坦的中部，为撒马儿罕州的首府。

元末，元驸马帖木儿为撒马尔罕国王。

明朝初年，明朝曾经屡次派遣使者催促撒马尔罕进贡，但是帖木儿不予理睬。

洪武二十年（1387）四月，帖木儿在平定伊朗后，才首次遣使到南京贡献马 15 匹、骆驼 2 只。以后撒马尔罕常遣使贡驼马。张岱《夜航船》云："明洪武、永乐、正统间，俱遣使入贡。"④

洪武二十七年（1394）八月，帖木儿遣使贡献马 200 匹。

明正统四年（1439），撒马尔罕国王贡献良马，色玄，蹄额皆白。

景泰七年（1456），撒马尔罕国王贡献马、骆驼、玉石。

天顺年间，撒马尔罕酋长贡二狮。

---

① 《新唐书》卷二二一《西域传》。

② 《册府元龟》卷九六一。

③ 《旧唐书》卷一〇四《高仙芝传》。

④ ［明］张岱：《夜航船》卷十五《外国部·外译》。

弘治二年（1489），撒马尔罕遣使贡献狮子、鹦鹉诸物。①

（十四）印度

猫从印度传入中国。据《夜航船》卷十七《四灵部》云："猫，出西方天竺国"。唐三藏携带猫回国，目的是保护佛经，"以防鼠啮，始遗种于中国。"

《旧唐书》记载：唐玄宗开元八年（720），"南天竺国遣使献五色能言鹦鹉"②。

据《宋史》记载，周广顺三年（953），"西天竺僧萨满多等十六族来贡名马"③。

榜葛剌与中国明朝来往密切。《明史》记载："榜葛剌，即汉身毒国，东汉曰天竺。其后中天竺贡于梁，南天竺贡于魏。唐亦分五天竺，又名五印度。宋仍名天竺。榜葛剌则东印度也。"④ 榜葛剌，故地在今孟加拉国以及印度的西孟加拉邦一带。明永乐十二年（1414），榜葛剌遣使贡麒麟及名马方物。正统三年（1438）遣使又贡麒麟。⑤

（十五）尼泊尔

《新唐书·西域列传》云："泥婆罗，直吐蕃之西乐陵川。土多赤铜、牦牛。"

明洪武十七年（1384），僧智光出使尼八剌。"智光精释典，负才辨，宣扬天子德意。其王马达纳罗摩遣使随入朝，贡金塔，佛经及名马方物。"⑥

清乾隆五十三年（1788），廓尔喀人至藏贸易，以争新铸银钱，与唐古忒开衅构兵，进侵藏界。五十六年（1791），乾隆帝始议大举往征。

---

① 《明史》卷三三二《西域传》。
② 《旧唐书》卷一九八《天竺传》。
③ 脱脱：《宋史》卷四九〇《天竺传》。
④ 《明史》卷三二六《榜葛剌传》。
⑤ 同上。
⑥ 《明史》卷三三一《尼八剌传》。

十月，召两广总督福康安入京，授以方略，命为将军，督参赞海兰察等由青海赴藏，总领大军讨廓尔喀。

廓尔喀大败，向清廷进贡：

> 备乐工、驯象、番马、孔雀、甲噶尔所制番轿、珠佩、珊瑚串、金银丝缎、金花缎、毡呢、象牙、犀角、孔雀尾、枪刀、药材共二十九种，随表呈进。①

（十六）斯里兰卡

斯里兰卡被称为狮子国。

《新唐书》谈到了狮子国国名的由来：

> 师子，居西南海中，延绵二千余里，有稜伽山，多奇宝，以宝置洲上，商舶偿其值辄取去。后邻国人稍往居之。能驯养狮子，因以名国。②

《明史》称斯里兰卡为锡兰山，记载其所贡动物有驯象等。③

（十七）伊朗

驼鸟（又名鸵鸟）在汉代传入中国。"安息国遣使献师及条枝大爵"。这大爵即为驼鸟："大爵，颈及身膺蹄都似骆驼，举头高八九尺，张翅丈余，食大麦，其卵如瓮，即今之驼鸟也。"④

活褥蛇输入中国。

据《旧唐书》记载：隋大业二十年（600），"伊嗣候遣使献一兽，

---

① 《清史稿》卷五二九《廓尔喀传》。
② 《新唐书》卷二二一（下）《西域传》。
③ 《明史》卷三二六。
④ 《后汉书》卷四。

名活褥蛇，形类鼠而色青，身长八九寸，能入穴取鼠"①。《新唐书》记载："贞观十二年，遣使者没似半朝贡，又献活褥蛇，状类鼠，色正青，长九寸，能捕穴鼠。"②

明永乐十年（1412），忽鲁谟斯王派遣陪臣已即丁奉金叶表，贡马及方物。③

有明一代，忽鲁谟斯"所贡有狮子、麒麟、驼鸡、福禄、灵羊；常贡则大珠、宝石之类。"④

（十八）大食

据《旧唐书·大食传》记载，大食国"出驼马，大于诸国"。《新唐书·大食传》亦记载："有千里马，传为龙种"。杜佑《通典》在其《大食国传》云："出驼、马、驴、羖羊等"。杜环在《经行记》里说大食国："驼马驴骡，充于街巷"。

《旧唐书》记载大食多次献马：

> 永徽二年（651），始遣使朝贡。其王姓大食氏，名嗽密莫末腻，自云有国已三十四年，历三主矣。……长安中，遣使献良马。景云二年（711），又献方物。开元初，遣使来朝，进马及宝钿带等方物。其使谒见，唯平立不拜，宪司欲纠之，中书令张说奏曰："大食殊俗，慕义远来，不可置罪。"上特许之。寻又遣使朝献，自云在本国惟拜天神，虽见王亦无致拜之法，所司屡诘责之，其使遂请依汉法致拜。……⑤

《册府元龟》也谈到了大食国多次献马。⑥

---

① 《旧唐书》卷一九八《波斯传》。
② 《新唐书》卷二二一（下）《波斯传》。
③ 《明史》卷三二六《忽鲁谟斯传》。
④ 同上。
⑤ 《旧唐书》卷一九八《大食传》。
⑥ 《册府元龟》卷九七〇。

永隆二年（681）五月，大食国、吐火罗国各遣使献马及方物。

长安三年（703）三月，大食国遣使献良马。

开元十二年（724）三月，大食国遣使献马及龙脑香。

天宝三年（744）七月，大食国遣使献马及宝。

天宝十二年（753）十二月，黑衣大食国遣使献马 30 匹。

纵观《宋史·大食传》，赵宋全代，大食使者先后来华，共 26 次。其中商人冒托国家使者之名，不在少数。

《宋史·大食传》记载：

> 绍兴元年（1131），大食遣使贡文犀、象齿，朝廷亦厚加赐与，而不贪其利。故远人怀之，而贡赋不绝。

这说明了朝贡活动为何能经久不衰。因为巨大的利益所在，远在西亚的大食也乐于贡献。一些大食商人维利是图，为了巨大的经济利益，竟然招摇撞骗，冒充国家使者的名义而来华朝贡。

值得注意的是，中国古代帝王对从外国引进的吉祥动物非常重视。古代印度和伊朗都曾经向中国封建王朝进献过麒麟。永乐十年（1412）明成祖派遣少监杨敏出使榜葛剌国。杨敏一行在永乐十二年（1414）回国时，带来一个向明朝进献长颈鹿的榜葛剌使团。由于明朝人将长颈鹿当作传说中的吉祥动物——麒麟，所谓麒麟在当朝官员中引起了不小的轰动，一些人还写诗作赋绘画予以颂扬，如杨士奇曾经写一首《西夷贡麒麟早朝应制诗》，李时勉写有一篇《麒麟赋》，杨荣写下了一首《瑞应麒麟诗》，翰林学士沈度除写下一篇《瑞应麒麟颂并序》之外，还专门画了一幅《榜葛剌进麒麟图》。[①]

杨士奇诗云：

> 天香神引玉炉熏，日照龙墀彩仗分。

---

① 陈尚胜：《五千年中外文化交流史》（第 1 卷），世界知识出版社 2002 年版，第 526 页。

闾阖九重通御气，蓬莱五色护祥云。

班联文武齐鸥鹭，庆和华夷致凤麟。

对主临轩万年寿，敬陈明德赞尧勋。

明朝郑和下西洋曾经非常关注奇禽异兽。《明史》云：

宣德五年（1430），郑和下西洋，分遣其侪诣古里。闻古里遣
人往天方，因使人赍货物附其舟偕行。往返经岁，市奇珍异宝及麒
麟、狮子、驼鸡以归。[①]

《星槎胜览》卷四云：

天方国，其国自忽鲁谟斯四十昼夜可至，其国乃西海之尽
也。……其国王臣深感天朝使至，加额顶天，以方物、狮子、麒麟
贡于廷。[②]

在中外动物交流史中，不乏有奇禽怪兽的记载。其实，仁兽中的
麟，只是传说中的怪物异兽，未尝有此实物。秦汉下迄明代的麒麟，以
其形状颇如古籍中所写的麟，因此比附到长颈鹿，而把长颈鹿当作麒麟
了。[③] 在古代中国同西亚、南亚国家的关系史中，就有所谓的麒麟输入
中国的记载。

古代中国皇帝并非都迷恋珍禽异兽，有的皇帝能听取大臣意见，把
珍稀动物放回山里。据《资治通鉴》记载：

贞观五年（辛卯，631）十一月丁巳，林邑献五色鹦鹉，丁卯，
新罗献美女二人，魏征以为不宜受。上喜曰："林邑鹦鹉犹能自言寒

---

① 《明史》卷三三二《天方传》。
② 《星槎胜览》卷四。
③ 张孟闻：《四灵考》，《中国科技史探索》，上海古籍出版社 1982 年版，第 536 页。

苦，思归其国，况二女远别亲戚乎！"并鹦鹉，各付使者而归之。①

万岁通天元年三月，大食请献狮子。姚寿上《请却大石国（大食）献狮子疏》，云：

> 狮子猛兽，唯止食肉，远从碎叶，以至神都，肉既难得，极为劳费。陛下以百姓为心，虑一物之有失，鹰犬不畜，渔猎总停，运不杀以阐大慈，垂好生以敷至德。凡在翾飞蠢动，莫不感荷仁恩，岂容自菲薄于身，而厚资给于兽；求之至理，必不然乎！②

武则天也听从大臣意见，拒绝外国进献狮子。

又如唐德宗（780—805）即位后，将文单国所献舞象，全部放回"荆山之阳"的山林中。③ 据《宋史·交趾传》记载，宋真宗曾经拒绝驯犀：

> 大中祥符二年（1009），安南黎龙铤派遣推官阮守疆"以犀角、象齿、金银、纹缬等来贡，并献驯犀一。上以犀违土性，不可豢畜，却不纳。又以逆至忠意，使者既去，以令纵之海滋"。④

二、中国的动物输入亚洲各国

（一）日本

日本自古缺少动物。《三国志·魏书》记载其国"其地无牛马虎豹

---

① 《资治通鉴》卷一九三《唐纪九》。
② 《全唐文》卷一六九。
③ 《旧唐书》卷二二二《真腊传》。
④ 《宋史》卷四八八《交趾传》。

羊鹊"①。到宋代，"畜有水牛、驴、羊，多犀、象"②。日本动物从无到有，从少到多，明显是从国外引进的结果。

五代十国时期，吴越国积极发展与日本的关系，中日之间的船舶往来不断，一些动物输入日本。根据《日本纪略·醍醐延喜十九》记载，公元919年，日本交易唐物使当麻有业，将中国商人鲍置求所赠孔雀献给日本朝廷，并把所交易的唐物，呈送天皇御览。又据《日本纪略·朱雀承平五年九月》记载，公元953年，吴越人蒋承勋进献羊数头，日本朱雀天皇赐之以布。公元938年，蒋承勋又向日本天皇献羊2头。③

由于受到博物学的影响，外国的动物也不断地船载而入日本。输入新的动物物种，与日本政府的殖产兴业政策有关，也有益于民生。此外，输入的动物和消遣用宠物等等有关。珍奇的动物往往成为人们研究的对象，其结果，研究动物的学问发达起来。人们已注意到，江户后期博物学发展迅速，大概与此不无关系。

将军、大名和富有的商人嗜求珍禽异兽。当时长崎代官高木家藏有《唐兰船持渡鸟兽之图》，以备将军浏览。该图谱详细地把握了动物的特征，物种名称也极其准确。江户时代鸟兽的输入从未间断过。共计输入兽类十几种，鸟类约90种。德川光国、德川吉宗都是积极输入鸟兽的代表人物。德川光国购入了孔雀、青鸾、白鹇、鹦鹉、锦鸡等鸟类和驴、羊、猫、獐、豪猪等兽类，并加以饲养。吉宗曾几次从荷兰购入波斯马和猎犬，也曾购入中国马。④

吉宗的买象传为佳话。宽保十三年（1728）六月，广南船运来雄雌大象各一头，当年雌象死去。雄象于次年三月从长崎被护送江户，途经京都时，中御门天皇、灵云上皇得以亲眼目睹大象。五月二十日，大象被护送到江户。江户的百姓争相观看大象。后来，吉宗把大象交由中野

---

① 《三国志·魏书·乌丸鲜卑东夷传》。
② 《宋史》卷四九一《日本传》。
③ 王心喜：《钱氏吴越国与日本的交往及其在中日文化交流史上的地位》，《中国文化研究》2003年第3期。
④ 王晓秋：《中日文化交流史大系一》（历史卷），浙江人民出版社1996年版，第246页。

村农民源助照管。宽保二年（1742）十二月，雄象病死。①

除了珍禽异兽之外，中国船还运来了中国犬（唐犬）、小禽类等一般动物。饲料来自中国大陆的鹩、金丝雀、黄鸟（莺）、鸂鶒、画眉、孔雀等珍贵鸟类，成为人们的时尚。当时，日本还出版了饲养鸟类的书籍。

（二）朝鲜

元代末年，张士诚曾经多次遣使朝鲜，试图与朝鲜李朝建立良好的关系。在《朝鲜李朝实录中的中国史料》中，不乏有这方面的记载。如：

> 元顺帝至正二十一年（1361），秋七月壬子，张士诚遣千户傅德来聘。戊午，又遣赵伯渊、不花来聘。
>
> 元顺帝至正二十三年（1363），夏四月，张士诚遣使贺平红贼，献彩段及羊、孔雀。②

（三）占婆

中国马曾经输入占婆。

宋代淳熙二年（1175）九月，宋帝下诏，其中云："知吉杨（阳）军林宝慈令王三俊指引占城国人公然买马，规图厚利。"占城国王曾经遣人乘船到海南买马，官司严禁买马，占城人"怒回辄劫略人物"③。

（四）泰国

中国马曾经输入泰国。

在唐代贞观年间，古国陀恒遣使献婆律膏、白鹦鹉时，向唐王朝提

---

① ［日］大庭修：《江户时代的日中秘话》，东方书店1980年版。转引自王晓秋：《中日文化交流史大系一（历史卷）》，浙江人民出版社1996年版，第247页。
② 《朝鲜李朝实录中的中国史料》，前编卷上。
③ 《宋会要·蕃夷四》。

出要求，"因丐马、铜钟，帝与之"①。

元代，中国通过对外国赏赐的方式马将输入泰国。《元史》记载：

> 大德三年（1299），暹国主上言，其父在位时，朝廷尝赐鞍辔、白马及金缕衣，乞循旧例以赐。帝以丞相完泽答剌罕言"彼小国而赐以马，恐其邻忻都辈讥议朝廷"，仍赐金缕衣，不赐以马。②

（五）马来西亚

永乐九年（1411），满剌加国王率妻子陪臣 540 余人来朝。这是一个庞大的外交使团，受到明朝政府的热烈欢迎。《明史》云：

> 将归，赐王玉带、仪仗、鞍马，赐妃冠服。濒行，赐宴奉天门，再赐玉带、仪仗、鞍马，黄金百，白金五百，钞四十万贯，钱二千六百万贯，锦绮纱罗三百匹，帛千匹，浑金文绮二，金织通袖膝襕二；妃及子侄培臣以下，宴赐有差。③

永乐帝慷慨大方，对满剌加国王赏赐极多，两次赐给他鞍马，以示恩宠。

（六）老挝

据《清史稿·南掌传》，清朝多次赠送骆驼、马、骡等牲畜给南掌国。南掌国，今老挝。

---

① 《新唐书》卷二二二下《陀洹传》。
② 《元史》卷二一〇《暹传》。
③ 《明史》卷三二五《满剌加传》。

（七）尼泊尔

中国的金鱼曾经输入尼泊尔，尼泊尔人因此把金鱼称之为"中国金鱼"[①]。

（八）大食

巴士拉学者扎希兹（776－868）编纂的《商务的观察》，谈到从中国输入巴格达的货品，其中有动物孔雀。[②]

结　语

中外动物交流是中外科技交流的重要组成部分，交流的主要途径有：移民，朝贡活动和外交使节，商业往来，战争。

中外动物交流具有以下特点：

一、在朝贡活动中，亚洲各国大量的珍稀动物先后输入中国。如麒麟、大象等吉祥动物受到中国封建统治者的高度重视。名马输入，数量极多，满足了战备的需要，也有利于中国改良马的品种。

二、中外动物交流存在明显的双向流动，一方面中国的动物输出国外，另一方面，中国从国外引入了大量的动物。

三、华侨在中外动物交流中发挥了桥梁作用：如华侨商人把孔雀、羊等动物输入日本，是中外科技交流中的典型事例。

中外动物交流具有特别重大的意义：

其一，中外动物交流不仅丰富了中国的动物宝库，也丰富了亚洲其他国家的动物物种。日本是个缺少动物的国家，通过动物交流，日本的动物物种更为丰富。动物交流满足了人们的物质生活和精神生活的需

---

① 王宏伟：《尼泊尔》，社会科学文献出版社 2004 年版，第 401 页。
② 周一良：《中外文化交流史》，河南人民出版社 1987 年版，第 751 页。

要。动物交流是国际政治关系密切的表现，在交流中推动了中外政治关系的发展，加深了中国人民与亚洲各国人民之间的感情。

其二，外国动物输入中国，给中国人的生产生活带来了较大的便利。

果下马原产于朝鲜，是罕见的马匹。这种马，毛褐色，高约三尺，长三尺七寸，体重只有一百多斤，但可拉一千二百至一千五百斤重的货物。它性勤劳，不惜力、健行且善走滑坡，适合多雨的南方驾役，可称得上动物进化史上的罕见现象。据《罗定志》记载，"果下马，出德庆之泷水者"，"乘之可于果树下行"；"有种马中偶然产之，不可多得，故其价甚贵"。

《岭南代答·禽兽门·二○九·果下马》记载：

> 果下马，土产小驷也，以出德庆之泷水者为最。高不逾三尺，骏者有两脊骨，故又号双脊马。健而善行，又能卒苦，泷水人多孳牧。岁七月十五日，则尽出其所蓄，会江上驰骋角逐，买者悉来聚观。会毕，即议价交易。它日则难得矣。湖南邵阳、营道等处，亦出一种低马，短项如猪，驽钝，不及泷水，兼亦稀有双脊者。

其三，动物交流较多地体现了朝贡活动的政治意义。

在古代，中国封建统治者不是十分看重贡献的方物价值，而是更加看重朝贡的政治意义。例如《宋史·三佛齐传》记载：绍兴二十六年（1156），三佛齐国王遣使入贡。帝曰："远人向化，嘉其诚耳，非利乎方物也。"这集中反映了古代中国封建统治者的心态。封建君主希望"万国来朝"，以此炫耀其国力强大，满足其虚荣心，宣传其统治的合法性。外国向中国封建王朝进贡大量祥瑞动物，表明中国封建统治"政治清明"。明成祖朱棣也非常重视朝贡贸易，因此有郑和下西洋的壮举。从这个意义上说，包括动物交流在内的中外科技交流是中外政治交往的副产品。

第四章 古代中国与亚洲国家的
建筑技术交流

  中国古代建筑技术的进步经历了一个漫长的时期。从事农业的氏族大都过着定居的生活，房屋的建造成为一件大事。仰韶文化地区由于相对干旱，加上黄土疏松，大都建造半地穴式房屋。这种半地穴式房屋以所挖坑壁为墙壁，周围树立的木柱和屋内大木柱共同支撑屋顶，屋顶用草木搭成，涂以草筋泥，以避风雨。在居住面和墙上都涂抹草筋泥，做了简单的防潮处理。而在江南，为适应多雨潮湿的气候和地理条件，建筑很早就以木构地面建筑为主。河姆渡由早期打桩立柱架空的干栏式木构建筑，发展到后来的栽柱式木构地面建筑，木构件已普遍使用卯榫结构和企口板。在该遗址发现了成排卯榫结构的木桩、大量的横板和竖版，还有很多不同形式的带卯榫结构的构件。密接拼板和卯榫的运用是一种较高的工艺。卯榫结构的使用是河姆渡文化的三大发明之一，奠定了 7000 年以来我国木构建筑技术的基础。[1] 到父系氏族公社时期，人们的生活水平有了很大的提高，居住条件也有所改善。龙山文化半地穴式的房屋和平地起建的房屋较为常见，地面采取层层灰土铺平踏实，有的还用人工烧制的熟石灰作了防潮处理。已出现双室房屋，平面呈

---

①　朱绍侯：《中国古代史》，福建人民出版社 2001 年版，第 18－19 页。

"吕"字形，房屋内有储藏物品的袋状窖穴，这显然是为了适应一夫一妻个体家庭生活的需要而建造的。江苏邳县发现有陶屋模型，形式有方圆两种，都是攒尖顶，四周有檐，前有门，两侧有窗，后壁上有孔，基本上具备了后代房屋的雏形。[①]

鲁班是中国古代的建筑工程家，被建筑工匠尊为祖师。他姓公输名般，或者称为公输班、鲁般、公输盘、公输子、班输等。他是春秋时期鲁国人，故称鲁班。他发明了许多有用的新工具，如曲尺、墨斗、刨子、锯子等。王充在《论衡》中说他能造木人木马。我国建筑史上最早、最完备的建筑著作是《营造法式》，作者是北宋郑州管城人李诫。全书共 357 篇，3555 条。内容可分为四大部分，第一部分是关于建筑的一般名词解释，以及对营建的一些规定和数据的说明。第二部分是关于建筑工程的标准做法。第三部分是关于人工材料的定额。第四部分是关于各种工程的图解。这是我国古代建筑营造方面最详尽、最系统的辞典。

中国最早的石拱桥是赵州桥。它是于公元 605－617 年隋朝大业年间由著名石匠李春设计和建造的。它位于河北省赵县南边的交水河上，桥全长为 50.82 米，宽为 9.6 米，桥上有三股道，中间走车马，两旁走行人，桥面平坦，来往方便。桥上有一个净跨度 37.4 米，净矢度为 7.23 米的拱。其跨度之大，是当时中外首屈一指的。此桥跨度大使桥面坡度平缓，便利于交通和运输的往来，还起着施工快、用料省，减轻桥身重量，加强桥梁坚固性的作用。桥拱高，则便于船只往来，在洪水泛滥期间，水能够畅通。跨长于拱高的比例仅仅是 5∶1，这是桥梁史上一个突出的创举。[②]

唐代土木结构的建筑已经达到相当成熟的阶段。首都长安城就是一个规模宏大、世界仅有的建筑群。据考古工作者实测，长安城南北长 8651 米，东西宽 9721 米，周长 36.7 公里，面积达 84 平方公里。城内有太极宫、大明宫、兴庆宫三个宫殿区，建有雄伟的宫殿和秀丽的亭台楼阁，宗庙社稷、官衙廨署布列在皇城之内，街道宽阔坦直，里坊整齐

---

① 朱绍侯：《中国古代史》，福建人民出版社 2001 年版，第 27 页。
② 张明、于井尧：《中国科技史》，吉林文史出版社 2006 年版，第 80 页。

划一，宗教寺庙众多，官员府第林立，组成了壮丽和谐的大都城。长安城的建筑设计对国内外的城市建设产生了直接的影响。[1]

万里长城是世界古代伟大的建筑工程之一，也是世界上最长的城墙。长城的修筑起于战国时期，是为了防御北部游牧民族南侵和各诸侯国之间进行自卫而兴建的。秦始皇统一中国后，为了防范匈奴的突然袭击，把燕、赵、魏等国的长城连接起来，筑起了西起临洮东至辽东的万里长城。我们现在见到的长城，大多是明朝洪武至万历年间修建的，前后共修建18次，历时100多年。其中嘉峪关到山海关一段，工程质量较高，到现在大部分保持良好。[2] 万里长城充分显示了中华民族的磅礴气势和聪明才智，也真实反映了当时中国人民在测量、规划设计、建筑和工程管理等方面的高超水平。

一、在古代，亚洲各国有着比较发达的建筑技术，为中外建筑技术交流奠定了基础

高句丽是朝鲜半岛的一个古国，《三国志》记载："其俗节食，好治宫室，于所居之左右立大屋，祭鬼神，又祀灵星、社稷。"[3]《北史》卷九四《高丽传》记载："其王好修宫室，都平壤城，亦曰长安城，东西六里，随山屈曲，南临浿水。"百济也是朝鲜半岛的一个古国，百济的墓葬，可以公州宋山里墓群为代表。这里的四神冢在墓壁上有的取材于中原神话故事，用白粉绘成的四神图。武宁王陵出土的青铜器，均来自中国，甚至基砖形制与墓室结构，也与中国南朝的风格颇为近似。表明在这方面与汉文化也存在着密切的联系。[4]

契丹曾侵略朝鲜30年，高丽人民在战争中遭受了巨大损失。1019

---

① 朱绍侯：《中国古代史》，福建人民出版社2001年版，第648页。

② 张明、于井尧：《中国科技史》，吉林文史出版社2006年版，第81页。

③ 《三国志》卷三〇《魏书·乌丸鲜卑东夷传》。

④ 杨通方：《源远流长的中朝文化交流》，载周一良主编：《中外文化交流史》，河南人民出版社1987年版，第366页。

年，契丹提议恢复和平邦交后，朝鲜北方的形势较为稳定。1029 年 8 月，在首都开京周围，修筑长 29700 步、高 27 尺的高大外城，进一步加强了首都的防御。在北方则修筑了千里长城。1033 年，高丽政府令平章事柳韶率领军队建筑北方长城。长城起于鸭绿江口，经义州南部的金光山和天磨山，越过大宁江的分水岭，沿宁边东北方的山脊向东南伸展，直至定平都连浦。①

这座千里石筑长城高度和宽度各为 25 尺，自开工至修成历经 12 年之久。

康泰在《吴时外国传》中说："扶南国人最大居舍，雕文刻镂，……"这说明扶南人的建筑追求宏大，豪华。

古代缅甸亦有高超的建筑技术。《旧唐书》记载骠国都城的建筑情况："其罗城构以砖瓾，周一百六十里，濠岸亦构砖，相传本是舍利佛城。城内有居人数万家，佛寺百余区。其堂宇皆错以金银，涂以丹彩，地以紫矿，覆以锦罽。"② 缅甸是一个崇拜佛教的国家，佛寺较多。

在南亚，古代印度的建筑技术高度发达。《太平御览》卷七九二《四夷部·十三·天竺》引《异物志》曰："天竺，大国也。方三万里，佛道所在。其国王治，城郭宫殿皆雕文刻缕，钟鼓音乐，跳丸跃剑。"《明史》也曾经谈到了古代印度的建筑技术。古里，"国中半崇回教，建礼拜寺数十处。"③ "富家多植椰子树数千。……干可构屋，叶可代瓦……"④ 柯枝，"筑室，以椰子树为材，取叶为毡以覆屋，风雨皆可蔽"⑤。榜葛刺，"王宫高广，柱皆黄铜包饰，雕琢花兽"⑥。表明古代印度的建筑以椰子树为材料，王宫建筑注重装饰，追求华美。

《诸蕃志》详细介绍了注辇国的城市建设情况。

---

① 《高丽史·地理志》。
② 《旧唐书》卷一九七《骠国传》。
③ 《明史》卷三二六《古里传》。
④ 同上。
⑤ 《明史》卷三二六《柯枝传》。
⑥ 《明史》卷三二六《榜葛刺传》。

其国有城七重，高七尺，南北十二里，东西七里，每城相去百步。四城用砖，二城用土，最中城以木为之，皆植花果杂木。第一、二城皆民居，环以小濠；第三、四城侍郎居之；第五城王之四子居之；第六城为佛寺，百僧居之；第七城即王之所居。[①]

忽鲁谟斯，是古代伊朗人建立的大国。

《明史》记载了忽鲁谟斯的建筑情况：

　　垒石为屋，有三四层者，寝处庖厕及待客之所，咸在其上。[②]

二、古代中国建筑技术的外传

（一）古代中国建筑技术传入亚洲各国

1. 朝鲜

在建筑技术方面，古代朝鲜积极向中国学习。隋唐长安城的建设规模和布局，为朝鲜人在都市建设中所仿效。寺院建筑技术也传入朝鲜，现存南朝鲜的一些砖塔，式样是仿照唐代砖塔建造的，都是方形，楼阁式，叠涩出檐。[③]

新罗对盛唐的灿烂艺术大力吸收。庆州佛国寺的旧址还多少可以看出它所保留的盛唐艺术的宏伟壮丽。庆州西南吐含山东侧的石窟庵，是朝鲜唯一的人工石窟。后人推断它建于景德五十年（751），显然是受了中国营造石窟风气的影响。但石窟的开凿，不是平凿进去成为石窟，而是直凿，再加上覆盖。覆盖窟顶的工程是一项精构杰作。石窟由圆形的

---

① 《诸蕃志·注辇国》。
② 《明史》卷三二六《忽鲁谟斯传》。
③ 杜石然、范楚玉等：《中国科学技术史稿》，科学出版社 1982 年版，第 359 页。

主室和长方形的前室组成，其间有过道相连。主室中有高达 326 米的释迦坐像，周壁有十一面观音、十大弟子的浮雕。这些神像的姿态，既生动秀丽又健硕丰满，饶有唐风。①

新罗时期遗存的一些石塔、砖塔、石灯、城郭建筑、王陵、碑碣，大体都是根据唐代的规制建造的。王都的规划，以宫城月城为中心，采取纵横交错如棋盘状的条坊制。有的地方还残存着里坊的围墙，这种整齐的规划制度与中国唐代的长安城相同。新罗太宗武烈王碑，碑头螭首是标准的唐代六龙左右蟠绕纠结，离首额内是排成两行的八个篆字（"太宗武烈大王之碑"）。碑身虽已遗失，但雄伟的螭首和精丽的龟趺，仍然显示出这是新罗时期石刻艺术的杰作。庆州邑南墓群里有一个传说的王陵，坟丘周围多用石块砌成高达一米的石壁。其中七座坟丘的护石有十二生肖兽人身的浮雕。一座叫做圣德王陵的十二生肖像为圆雕的立像。这些陵墓前还往往配有文武石人、石兽和华表等，也都是模仿中国唐代的制度。②

高丽建筑和雕刻方面受中国影响。高丽初期建筑的寺院，以兴王寺为代表。兴王寺于 1055 年动工，由国家投入巨大的财力，经 12 年的漫长岁月，于 1067 年落成，总面积为 2800 间，可住僧侣 1000 人。1078 年在兴王寺建立金塔，耗银 427 斤，金 144 斤。高丽初期的雕刻品规模最大的是高达 21.45 米的恩津灌烛寺大弥勒石像。从 968 年动工，经 38 年才完成。据前人研究成果，这些建筑和雕刻作品可能借鉴了中国的经验。

2. 日本

593 年，圣德太子摄政。圣德太子在提倡佛教、大量营建寺院的过程中，曾不断从朝鲜半岛招聘僧侣和技术工人。僧侣和技术工人，加上"渡来人"及其后裔，成为营建寺院的技术骨干。古倭国（中国对日本国的旧称）与朝鲜、中国往来频繁，迁移到倭国的海外大陆移民随之增

---

① 杨通方：《源远流长的中朝文化交流》，载周一良：《中外文化交流史》，河南人民出版社 1987 年版，第 371—372 页。
② 同上书，第 372 页。

加，这些从外地迁移到日本的人口，被考古学者称作"渡来人"。日本由于高句丽、百济与中国北朝、南朝交通、在文化上分别受到北朝（北魏、东西魏）、南朝的影响，并有一定的混融。在他们与日本交往过程中，渡来人也把南北朝的文化色彩带到日本来。诸如在佛像雕刻、寺院布局、佛殿建造技术上及其他工业品的风格上，都有这些特点。例如：渡来人的后裔司马鞍首止利营造的法兴寺丈六铜像等主要是受到北魏末、东西魏佛像样式的影响。渡来人倭汉氏一族的山口大口费所作的法隆寺金堂四天王像等则有南朝梁的风格。但总的来看，还是受北朝（主要是北魏）的影响较大。遣隋使去中国，受到隋的一些影响。通过这些过程，使得日本原来简单而原始的艺术制品，迅速地有了大幅度的提高。①

618 年唐代隋兴。701 年，日本的大化新政府成立，锐意改革，完全以学习唐的文物制度为目的。第 6 次遣唐使船队的规模扩大，由初期的 200 多人扩大到 550 人。这些留学生（包括学问僧）一般在唐停留时间为 20—30 年，对中国文化濡染甚深。学问僧把唐代佛教各宗派介绍到日本。②《新唐书》记载：日本"尚浮屠法"③。

鉴真，著名律宗僧人（688—763），曾 6 次东渡日本，把东大寺戒坛院和新建的唐招提寺做为传戒弘律的道场，正式把律宗传到日本。同时，又把唐代的建筑、雕塑、绘画、书法、医药等知识带到日本，对中日文化交流做出了很大的贡献。④ 由于日本朝廷的推崇，各地僧侣纷纷慕名来唐禅院学律求戒。为了供养各地来的僧侣，在鉴真的呼吁下，天平宝字符年（757）11 月 23 日，天皇把备前国（今日本冈山县）的水田一百町（一町相当于中国 14.88 亩）赐给唐禅院。接着，鉴真又在天皇于 755 年 11 月所赐的新田部亲王旧宅上，修建了一所新的佛寺。759

① 夏应元：《相互影响两千年的中日文化交流》，载周一良：《中外文化交流史》，河南人民出版社 1987 年版，第 313 页。

② 同上书，第 315 页。

③ 《新唐书》卷二二〇《日本传》。

④ 夏应元：《相互影响两千年的中日文化交流》，载周一良：《中外文化交流史》，河南人民出版社 1987 年版，第 324 页。

年 8 月落成，天皇赐额"唐招提寺"。该寺占地四町，有金堂、讲堂、东塔、开山堂、观音堂、经楼、钟楼、弥陀堂、僧房等建筑，其中金堂至今犹在，是唐代建筑艺术的宝贵遗产，被视为日本的国宝。①

日本都市建筑受到唐朝的巨大影响。7 世纪以前，日本没有固定的都城。过去日本因国家机器简单，往往一代一迁，大化革新后建成中央集权的律令国家，并在唐朝的影响下，正式营建永久性首都。仿照长安的一整套布局（宫殿和宫城在城的北部，南部为官衙及东市、西市，沿南北中轴线左右对称布置建筑、棋盘形街道等），建造了平城京（今奈良）及其后规模更大的平安京（今京都），成为奈良、平安时代的首都。公元 709 年，日本迁都平城京（今奈良），都城的建设规模完全模仿长安，甚至街道的宽度与排列方法也几乎一样，也有"朱雀街"、"东市"、"西市"等名称。8 世纪后期，日本迁都平安京（今京都），仍仿长安建都城。这些城市的设计、布局均模仿唐都长安城，筑城所用砖瓦的纹饰也与唐代略同。②

在佛教建筑方面，日本过去主要受北魏样式的影响，而这一时期的日本建筑，如东大寺三月堂和鉴真及其弟子营建的唐招提寺金堂，与保存至今的唐代佛殿的木构殿堂有许多相似之处。这些建筑样式，成为以后日本寺院建筑的基本形式。③

日本寺院是仿效唐代寺院形式而建成的，例如奈良法隆寺，从平面布局到细部构造都是仿照唐代建筑式样建造的。平面以塔和金堂并列，成为殿塔并列的布局，与唐代的寺院布局一致，台基、殿身、梁架、斗拱、屋顶以及装饰等都与唐代建筑式样一致。④ 唐招提寺亦是依据唐代寺院而建成的。

在宋代，中国建筑影响于日本建筑的，主要是输入了两种建筑样式，即天竺式和禅宗式。

① 李利安等：《中国高僧正传》，三秦出版社 2005 年版，第 480 页。
② 朱绍侯：《中国古代史》，福建人民出版社 2001 年版，第 662 页。
③ 夏应元：《相互影响两千年的中日文化交流》，载周一良：《中外文化交流史》，河南人民出版社 1987 年版，第 325 页。
④ 杜石然、范楚玉等：《中国科学技术史稿》，科学出版社 1982 年版，第 361 页。

在 12 世纪末到 13 世纪初，当日本重修东大寺时，主持其事的僧重源在中国工人陈和卿的协助下，学习南宋浙江一带的建筑式样所形成的"天竺式"（又称为"大佛式"），手法简朴、豪放，给人以强有力的感觉。代表作如东大寺南大门。另一个是学习南宋禅寺的样式而兴建起来的一些日本禅寺，称为"禅宗式"或"唐式"。它与过去的"和式"大异其趣，把大门、山门、佛殿、法堂，都置于一条直线上，左右通过回廊把僧堂、宿舍、厕所、浴室连接在一起。它是由日僧荣西开始，后由中国来日禅僧兰溪道隆、无学祖元等修建建长寺、圆觉寺所形成的样式。这可以以镰仓圆觉寺舍利殿为代表。它随禅宗之兴盛而普及于全国，对日本建筑发生重大的影响。

到中世纪后期，"禅宗式"与"和式"相混融，产生了二者的混合样式，到 17 世纪 20 年代（明末），在长崎由华侨兴建的唐三寺以及隐元赴日后兴建的黄壁山万福寺，都采用了明朝寺院建筑的样式。即不像日本原有的那样，以金堂、讲堂为主要建筑物，而是前面有四天王殿，里面有大雄宝殿，再往后有法堂，到处悬挂对联和匾额，显出明清建筑的风格。①

3. 越南

11 世纪初，越南李太祖以故都华闾湫隘，下诏迁都，以大罗城为基础另建新都。他的《迁都诏》是一篇雄浑的书诰体骈文，强调风水、地势，其口吻和笔调与中国封建帝王相仿佛。传说迁都之时，有飞龙之瑞，乃改大罗城为升龙城（今越南河内）。李、陈、后黎等朝所营建的宫殿城池都很讲究，惜已圮毁。他们十分注意吸收中国建筑技术，参照中国城市布局。如河内城，在李太祖顺天元年（1010），即下诏迁都之年，东、西两市并存。后来逐渐扩展为三十六坊。（按：坊，一般作为帝街村里的通称。此处主要指专业性的手工作坊和商业区）据《大越史记全书·本纪·陈纪》记载：陈朝太宗建中六年（1230），"定系城左右伴坊，仿前代为六十一坊，置评泊司"。

---

① 夏应元：《相互影响两千年的中日文化交流》，载周一良：《中外文化交流史》，河南人民出版社 1987 年版，第 331—332 页。

越南李朝常遣使至北宋东京（今河南开封）索取佛教经典和佛教寺院建筑技术。1011 年，京都升龙建太清宫、万寿寺、镇福藏，在升龙都城外建四天王寺、衣锦寺、龙具天寿寺。在宋仁宗天圣九年（1031），李朝在全国重镇造寺观 150 座。李公蕴要求越南建筑仿中国寺院建筑风格。

黎裕宗永盛十年（1714），安南在佛教寺院建筑上极力仿中国建筑风格：

> 重修天佬寺，命掌奇宋德大等董其役。其制由山门而天王殿、玉皇殿、大雄宝殿、说法堂、藏经楼，两傍则钟鼓楼、十王殿、云水堂、知味堂、禅堂、大悲殿、药师殿，僧寮禅舍不下数十所。皆金碧辉煌，一年完工。上亲制碑文记之。[1]

宋德大来自中国，因长于建筑技术，奉安南国王命负责建筑工程。

安南对元大都宫廷建筑风格向往。陈英宗英隆七年（1299），安南使臣邓汝霖奉命到北京密画宫苑图本等，作为参考。[2]《元史》记载了这一史实：

> 大德五年（1301）二月，太傅完泽等奏安南来使邓汝霖窃画宫苑图本，私买舆地图及禁书等物，又抄写陈言征收交趾文书，及私记北边军情及山陵等事宜，遣使持诏责以大义。三月，（元成宗）遣礼部尚书马合马、礼部侍郎乔宗亮持诏谕日燇，大意以"汝霖等所为不法，所宜穷治，朕以天下为度，敕有司放还。自今使价必须选择；有所陈请，必尽情悃。向以虚文见绐，曾何益于事哉，勿惮改图以贻后悔"。中书省复移牒取万户张荣实等二人，与去使偕还。[3]

---

① 《大南实录》前编卷八。
② 陈玉龙：《中国和越南柬埔寨老挝文化交流》，载周一良：《中外文化交流史》，河南人民出版社 1987 年版，第 694 页。
③ 《元史》卷二〇九《安南传》。

如果我们拿唐代长安城，日本平城就（奈良），平安京（京都）和越南河内城乃至旧阮首都顺化城作一番比较的话，就不难看出古代中国、日本和越南在建筑艺术和城市布局方面的共同渊源，而根源就来自中国。

4．占婆

据《晋书》记载，奴隶出身的范文曾经随商贾往来，"见上国（中国）制度"，到林邑国后，"遂教范逸作宫室、城邑及器械"①。

5．柬埔寨

《真腊风土记》以生动逼真的笔墨描绘了吴哥王城、宫殿和寺庙。这些建筑和雕刻艺术无疑是柬埔寨人民天才创造的成果，它既深受印度文化的影响，同时学者们也从王城吴哥通的建筑布局和寺庙回廊的浮雕和绘画中看到了中国文化影响的印记。《真腊风土记》在"城廓"一节中描述：吴哥通"州城周围可二十里，有五门，门各两重。惟东向开二门，余向皆一门，城之外皆巨濠，濠之上皆通衢大桥"②。据学者研究，吴哥通王城东墙开有两门，中心为王家寺庙巴容寺，其建设布局完全是中国式的。③ 可见，周达观的著作为我们研究中柬文化艺术的相互影响与融合提供了有价值的资料。

6．印度印西亚

几乎在印尼所有城市，或在华人聚落，都有中国寺庙和中国式建筑物。甚至三宝垄、淡目、巨港等地的一些清真寺，都仿造淡目大清寺，但上端为宝塔型，类似佛塔塔尖。这种建筑风格不同于常见的两角攒尖的中国南方寺庙，而已经是中国建筑术和爪哇佛塔建筑术的混合。

建于 1761 年的雅加达红溪真寺（Mesjid Angke），则同时显示荷兰、爪哇和中国的建筑风格。正门口的五级台阶、柱子和屋顶顶石为荷兰式，两角攒尖为中国式，屋顶和带木格子窗则为爪哇式。④

---

① 《晋书》卷九七《林邑传》。
② 周达观著、夏鼐校注：《真腊风土记校注》，中华书局 1981 年版，第 43 页。
③ 杨保筠：《中国文化在东南亚》，大象出版社 1997 年版，第 61 页。
④ 周南京：《历史上中国和印度尼西亚的文化交流》，载周一良：《中外文化交流史》，河南人民出版社 1987 年版，第 217 页。

巨港有一座建于 18 世纪的清真寺，完全是仿照中国式样建造的。1786 年，华侨穆斯林在巴达维亚建筑了一座清真寺，邻近还立有华侨建筑师之妻的坟墓。墓上饰以中国式图案，并题有中文。爪哇文化古城梭罗著名的曼谷尼格兰王宫内有一座神楼，四周雕有三条飞龙和云彩，刻工精细，据说是"中国的龙"①。

7. 菲律宾

菲律宾与建筑关系极为密切的雕刻术（石雕、木雕），也深受中国的影响。在马尼拉华人区人们依然可以看到饰以精美木雕的门楼和木制窗花格。在内湖的卡兰巴和八打雁的利帕，也可以看到装饰拱门。②

8. 缅甸

宋代《诸蕃志》一书说："蒲甘国有诸葛武侯庙。"此庙当为华人所建。后人认为，缅甸能有如此宗教建筑，又有人侍奉香火，可见当时缅甸的华侨人数一定不少，其财力也有一定的基础。③

蒲甘是缅甸的故都，政治经济文化的中心，又是古代的佛教圣地。至今蒲甘还遗存着举世闻名的数千座佛塔。这些宏伟建筑继承了缅甸古代的传统，具有宗教形式和民族形式相结合的特征，充分表现出缅甸人民的智慧和创造才能。在这些佛塔中，我们不但可以看到缅甸各民族特有的艺术形式和风格以及印度形式的建筑和雕塑，而且还可以看到中国形式的佛塔和从中国传入的佛像。据缅甸考古学家杜生诰的考证，从 11 世纪建造的佛塔和佛像来判断，蒲甘的文化曾经受到中国佛教的影响。例如在悉塔那佛塔和瑞珊陶佛塔中，都有从中国传入的弥勒佛像。他还在一所佛寺中发现一座无首佛像，缅甸人民认为是中国佛教徒喜欢供奉的阿弥陀佛像。著名的瑞喜拱佛塔和瑞陶辛佛塔遗迹，就其建筑的结构和形状的特点来看，颇似北京的白塔寺。至于守卫在塔寺门前的一对对巨大的石狮子和他们颈上的悬铃装饰物，可以看出是受到中国文化

① 华嘉：《千岛之国》，广东人民出版社 1958 年版，第 95 页。
② 周南京：《中国和菲律宾文化交流的历史》，载周一良：《中外文化交流史》，河南人民出版社 1987 年版，第 457 页。
③ 杨万秀：《中华文化与海外华侨华人》，广州出版社 1998 年版，第 14 页。

的影响。在蒲甘的佛塔寺庙中，还可以看到从中国传入的辐射拱门和形如北京故宫的多层飞檐楼阁。宏伟壮丽的阿烂陀寺还珍藏着 1500 幅壁画，可与我国佛教文化瑰宝敦煌壁画相媲美，并与敦煌壁画有许多相同之处。如优波离戒坛中的壁画，其风格和笔调酷似我国唐宋人的作品。缅甸学者认为蒲甘后期的缅甸绘画艺术，曾经受到中国的影响。①

缅甸曼德勒都城和宫廷建筑，曾由中国工匠参加设计建筑，与北京故宫建筑有许多相似之处。宫廷花园则被称为"德由午阴"，意为"中国式花园"。王芝在《海客日谭》中写道："德由午阴，缅王花园也。制自汉人工匠，在殿之南，屋宇花杪，不及杳午阴。"②曼德勒皇城的设计与督造者是一位旅缅滇侨，名叫尹蓉。他还在缅京建造了一座完全按中国建筑形式，仿和顺乡中天寺宫殿兴建的腾越会馆（后改称为云南会馆）。门前有联曰："苍山东峙，回首多情；黑水南来，同舟共济。"使人有旅居他国如见故乡之感。在缅甸的民间住宅中，也可以看到由中国木匠传入的百叶窗，张可以通风透光，闭可以防雨遮日，适合缅甸气候，深受缅甸人民欢迎，称为"德由格"（意为中国传入的百叶窗）。③

9. 印度

南印度却提希山，"东七十里有鸽寺，西北五十里有支那西寺，古汉寺也"。这古汉寺，可能是印度人所建，也可能是华侨所建。④

10. 土耳其

公元 1453 年，土耳其人灭亡东罗马帝国而据有君士坦丁堡，改其城名为伊斯坦布尔，即于其地大兴宫室建筑。公元 1478 年，苏丹穆罕谟德二世兴修了富丽堂皇的托普卡帕宫（Top Kapl），前后共有 25 位苏丹在此居住过。从托普卡帕宫殿的绘画中，我们看出中国文化对土耳其建筑艺术有极深刻的影响。托普卡帕宫第二道门——吉祥门的檐下，有

---

① 陈炎：《中缅文化交流两千年》，载周一良：《中外文化交流史》，河南人民出版社 1987 年版，第 16 页。

② 王芝：《海客日谭》卷一，光绪丙子石城刊本，第 4 页。

③ 陈炎：《中缅文化交流两千年》，周一良：《中外文化交流史》，河南人民出版社 1987 年版，第 32 页。

④ 杨万秀等：《中华文化与海外华侨华人》，广州出版社 1998 年版，第 14 页。

一组彩画。无论是构图或是着色，都类似北京故宫或颐和园中的山水彩画。从彩画中我们认识到中国艺术的影响对土耳其人民是如何久远。①

（二）华侨在中国建筑技术对外传播中发挥了重大作用

鉴真东渡，把中国的建筑技术传到日本。鉴真及其弟子依据唐代寺院建成了"唐招提寺"，整个建筑结构气势宏伟，布局和谐，体现了中国唐代建筑的最高成就。它是日本奈良时代遗留下来的最宏伟的建筑物。②

僧人隐元把中国的建筑技术等传到日本。隐元隆琦（1592—1673），福建福清县人，俗姓林氏。明泰昌元年（1620）在黄檗山出家，崇祯十年（1637），他担任黄檗山万福寺主持，大扬宗风，声名远播。日本和尚逸然闻知，便向幕府推荐，先后四次招请东渡。1654年，隐元率弟子到达长崎。隐元在日本四处传教，并创建日本黄檗山万福寺，开创黄檗宗。他把中国的宗教、建筑、医学等传到日本，对日本文化的影响十分深远。③

越南建国后，中国移民直接参与了越南的建筑工程，把先进的建筑技术带到了越南。1679年，明广东镇守龙门水陆等处地方总兵杨彦迪和镇守高、雷、廉等处地方总兵陈尚川率部下及军眷3000多人，战船50余艘从海路到达越南南部。越南封建统治者将中国这些移民安排在湄公河三角洲（南圻）。他们奉命率军开发嘉定地区。杨彦迪部驻在美荻、定祥，陈尚川部驻在嘉定、边和。杨、陈带来的几千中国移民在这片沃土立足生根，"起房舍，集华夷，结成廛里"，在异国他乡建设起了新的家园。④ 这批中国移民辛勤劳动，垦荒种地，兴建城镇，发展商业，把一片草莽丛生的荒芜地带变为繁荣发达的地区，并吸引了西洋、

① 周一良：《中外文化交流史》，河南人民出版社1987年版，第536页。
② 王晓秋、[日]大庭修：《中日文化交流史大系》（历史卷），浙江人民出版社1996年版，第113页。
③ 林延青、李梦芝等：《五千年中外文化交流史》（第2卷），世界知识出版社2002年版，第496页。
④ 贺圣达：《东南亚文化发展史》，云南人民出版社1996年版，第192页。

日本、马来亚等国商船前来贸易。后来这一地区为越南占有。

移居并开发南圻的另一支中国移民队伍是莫玖率领的。莫玖是广东海康人，明亡后不服清朝统治，大约在 17 世纪 70 年代率领一批仁人志士从广东南逃柬埔寨，建立了"七社村"。居民相传有仙人出没于河上，这个地方被当地人叫作"河仙"。莫玖以河仙为中心，组织领导着东至金瓯角，西至磅逊湾口广大地区的开发。由于莫玖开发有功，他被柬埔寨国王委任为这个地区的地方长官。莫玖创建河仙城，除了一大批华侨参加外，还召集有一批越南贫民。① 1735 年莫玖死，其长子莫天赐继位，子承父业，继续开发河仙，河仙后来成为越南南部的一个重要港口。② 风物繁华，商船辏集，有"小广州"之称。③ 莫氏父子建城筑垒，开市场，筑道路，屯积货物，与海上通贸易。其城以木为之，宫室与中国无异。自王居以下，皆用瓦砖，服物制度，仿效明朝。④ 建孔庙，祀圣人，大力传播儒家文化。莫玖当年所建的七社村，后来遭到越南的蚕食，除四村（柴末、富国、迪石、哥毛）被越南侵吞外，其余三地仍在今柬埔寨境内。

华侨建立的柴棍铺是胡志明市的雏形。1717 年，越南爆发了西山农民战争，许多华侨被迫迁往越南藩安镇新平江畔居住，在这里逐渐兴起了新市镇——柴棍铺。柴棍铺内，笔直的大街与横街各相贯穿，成田字型布局。街内各式各样的商店林立，关帝庙、天后庙及福州、广东、潮州、漳州等同乡会馆分峙各街区，还有水井、小溪上架大板桥……完全是一个典型的中国城市。柴棍铺后来称柴郡，法国殖民主义入侵后将柴郡东面一带辟为政治中心，并以柴郡谐音拼作 Sai Gon，华侨再转译为西贡。今日越南南部地区的政治、经济、文化中心胡志明市（旧称西贡）正是在 200 多年前华侨营建的柴棍铺的基础上逐渐发展起来的。⑤

---

① 巫乐华：《南洋华侨史话》，商务印书馆 1997 年版，第 54 页。
② 朱绍侯：《中国古代史》，福建人民出版社 2001 年版，第 471 页。
③ 巫乐华：《南洋华侨史话》，第 55 页。
④ 陈玉龙：《中国和越南、柬埔寨、老挝文化交流》，载周一良：《中外文化交流史》，河南人民出版社 1987 年版，第 718 页。
⑤ 巫乐华：《南洋华侨史话》，商务印书馆 1997 年版，第 57—58 页。

华侨把建筑技术传入印度尼西亚。

印尼三宝垄的华侨盛传这样一个故事：郑和的船队下西洋时到了爪哇北岸，郑和的副手王景弘得了重病，郑和下令船队在一个海湾下碇，此地就是今天的三宝港。然后他的指挥船驶入加隆河。离岸不远，他们发现山边有一个岩洞，可以权作栖身之处，随处人员便筑起小屋给病人疗养。王景弘病情好转以后，郑和为他留下一艘船、10 名随员和足够的生活用品，而继续航行。王景弘指挥随员开发土地，种植庄稼，建筑房屋，与当地妇女结婚，使当地的经济繁荣起来。[①]

中国建筑技术输入菲律宾的中介主要是华侨。

在历代移居菲律宾的中国移民中间，有许多石匠、泥瓦匠、木匠及各种建筑工匠，他们把中国南方的建筑技术也带到了菲律宾。特别是在 16 世纪西班牙侵占菲律宾并在马尼拉大兴土木以后，涌入菲律宾的中国建筑工匠人数激增。他们首先介绍了制造砖瓦和制造石灰，以及用石块建筑房屋的办法。他们建筑的房屋，速度快，造价低，受到当地居民的欢迎。[②]

此外，华侨建筑工匠还在菲律宾各地修建了许多具有独特的中国风格的建筑物，例如碧瑶的中国式庙宇、著名的马尼拉王彬街和内湖帕桑汉旅游胜地入口处的牌楼，屋顶上的双龙戏珠等。[③]

中国建筑艺术与石雕品广传于泰国，与华侨有着密切的联系。1771年，郑昭王（郑信）在曼谷隔河对岸建造新都吞武里，有许多华侨参加。曼谷王朝拉玛一世的皇宫和城墙，也是由中国工匠负责建造的。围绕皇宫的是龙城，龙城之外还有城围，似是仿效北京的内城与外城的建筑。

泰国受中国建筑技术影响最大的应是大城府挽巴茵御苑，拉玛五世从中国聘请精于建筑艺术的构建者，完全按中国宫殿式样建造。御苑内的主体建筑是一座红墙绿瓦的中国式王宫，宫内的门窗屏风、园柱、画栋都

---

① 杨万秀等：《中华文化与海外华侨华人》，广州出版社 1998 年版，第 23 页。

② 周南京：《中国和菲律宾文化交流的历史》，载周一良：《中外文化交流史》，河南人民出版社 1987 年版，第 456 页。

③ 林延青、李梦芝：《五千年中外文化交流史》（第 2 卷），世界知识出版社 2002 年版，第 575 页。

显示出中国建筑的风貌。泰国中部各个佛寺可看到中国固有神祇的石像。

泰国其他各地的城墙和各省省会的大建筑物，都在不同程度上受到中国的影响。①

华人建筑师、砖工和木工，把中国的建筑技术引进马来西亚。马六甲早先的建筑形式是"房屋如楼阁之制，上不铺板。但高四尺许之际，以椰子树劈成片条，稀布于上，用藤绑定，如羊棚样。自有层次，连床就榻，盘膝而坐，饮卧厨灶皆在上也"②。后来中国工匠把中国的砖瓦建筑形式传入马来西亚，丰富了马来西亚的建筑形式。③ 据黄衷《海语》记载："王居前屋用瓦，乃永乐中太监郑和所遗者。"可见，明代以后中国的建筑技术在马六甲颇有影响。

新加坡的早期社会是建立在会党结集的帮的基础之上。许多庙宇是以帮为轴心创建。粤海清庙，是潮州帮最早兴建的，是当地最古老的庙宇，坐落在新加坡披立街。粤指广东，海清即海水清平之意。庙中左祠供奉天后圣母（妈祖），右祠供奉玄天上帝。建庙的目的是祭祀神明，祈求风平浪静。粤海清庙是一座中国式的庙宇，雕饰瑰丽。屋顶堆砌泥塑的花鸟走兽及人物，飞龙翔凤，工艺精巧。庙内楹屏雕花刻鸟，金漆绘画，富丽别致。龙虎井旁及门上嵌有陶塑贴碗瓷片的故事人物多幅，塑工精细，惟妙惟肖，是潮州高超的泥塑艺术作品。④

（三）古代中国建筑学专著传入亚洲各国

中国建筑学专著传入日本等国。宋神宗熙宁年间，李诫奉命编修《营造法式》，至哲宗六年（1091）完成。李诫集中了群众智慧，再加上自己的亲身体会和艰苦努力，编成了《营造法式》一书。⑤ 之后，宋哲

① 林延青、李梦芝：《五千年中外文化交流史》（第2卷），世界知识出版社2002年版，第574页。

② 马欢：《瀛涯胜览·满剌加》。

③ 周南京：《回顾中国和马来西亚文莱文化交流的历史》，载周一良：《中外文化交流史》，河南人民出版社1987年版，第414页。马欢：《瀛涯胜览·满剌加》。

④ 潮汕历史文化研究中心、汕头特区晚报社编：《潮汕文化百期选》，1997，第495—496页。

⑤ 张明、于井尧：《中国科技史》，吉林文史出版社2006年版，第78页。

宗又命李诚根据当时要求重新编修，3 年后成书，又过 3 年进行刊樱全书共 36 卷，357 篇，3555 条，分释名、各作制度、功限、料例和图样 5 部分。内容来自当时熟练工匠的实际操作经验，扎实可靠，成为当时宫式建筑的规范。① 可以说，《营造法式》是我国古代劳动人民在建筑方面宝贵经验的科学总结。该书漂洋过海传到国外后，不仅对日本、东南亚一带的建筑有所影响，直至今日，世界上许多建筑设计师都从中获取了不少中国建筑文化的精粹。

三、亚洲各国先进的建筑技术输入中国

（一）越南

在历史上，越南建筑风格也曾影响过中国。越南民族是十分勤劳、富有智慧的民族，在长期习染中国建筑术的基础上，越南也产生了杰出的建筑家，阮安是最有代表性的一个。明朝永乐年间，张辅曾先后三次网罗交趾的人才一万六千多人，其中就有杰出的建筑师阮安。《明史》记载："范弘，交趾人，初名安。永乐中，英国公张辅以交童之美秀者还，选为阉，弘及王瑾、阮安、阮浪等与焉。"② 明永乐四年（1406），明成祖开始营建北京城，阮安被委任负责总设计。据明郎瑛（仁宝）撰的《七修类稾》卷十三国事类"本朝内官总能条"载："阮安，交趾人，清介善谋，尤长于工作之事。北京城市九门两宫三殿五府六部及塞杨村驿诸河凡诸役一受成（算）而已。"此外《明实录》等书亦有同样记载，在这里不一一具录。明初大北京的建筑无论是在草创时期或是完成时期，阮安始终是一个负责全部工程的主要人物。当时的重点工程是兴建紫禁城（即宫城）和皇城。由阮安设计的紫禁城南北长 960 米，东西宽 740 米。其中有前三殿（皇极殿、中极殿、极殿）和后三殿（干清宫、

① 朱绍侯：《中国古代史》，福建人民出版社 2001 年版，第 136 页。
② 《明史》卷三〇四《范弘传》。

交泰殿、坤宁宫）。他于短短的四年当中初步完成了这项繁重的工程。经过修建的北京的建筑群，布局匀称，庄严雄伟。明正统五年（1440），明英宗下令重建北京宫殿中的奉天、华盖、谨身三殿，也是由阮安设计的，重建后的三大殿，都比原来的建筑壮观。阮安是建筑史上不可多得的奇才，书上说他"手自指画，形见势立"①，"目量意营，悉中规制"②。巧思神算，令人叹服。越南建筑师在明初参与北京城的建筑，一方面表现了越南具有高超的建筑术，另一方面说明了中越建筑术交流密切。

（二）缅甸

云南傣族地区的小乘佛教是从缅甸传入的。它开始于何时，因无确凿材料，尚难断定，但是到 1569 年时，已经很流行了。因为是年西双版纳最高封建主召片领，曾娶缅甸东吁王朝的公主为妻，当时随同公主前来的一批缅甸高僧，就在西双版纳传播小乘佛教，并在景洪建立了第一座寺院。这是我国西南兄弟民族从缅甸传入的宗教建筑，即所谓"缅寺"。③

近人李根源有咏缅寺诗：

遮岛城西缅寺开，齐云楼殿势崔嵬。
铸金佛像成千百，都是边民血汗来。

（三）印度

中国外来的建筑式样都和宗教有关，佛教传入后石窟的开凿，舍利塔的兴建，全都传自印度。太原天龙山，洛阳龙门石窟都是唐初艺术的

① 朱绍侯：《中国古代史》，福建人民出版社 2001 年版，第 471 页。
② 陈玉龙：《中国和越南、柬埔寨、老挝文化交流》，载周一良：《中外文化交流史》，河南人民出版社 1987 年版，第 696 页。
③ 陈炎：《中缅文化交流两千年》，载周一良：《中外文化交流史》，河南人民出版社 1987 年版，第 8 页。

杰作。特别是石窟的兴建，式样繁富，将印度座基或半圆形的窣堵婆[①]加以创造性的演变，形成中国特有的造型美观，千姿百态的佛塔。流行的式样有楼阁式，密檐式和窣堵婆式塔。塔初入中国，汉译窣堵婆、窣堵坡、浮图，晋宋时才改译为塔。关于窣堵坡的形式，许多佛经都有记载，其中律部《根本说一切有部毗奈耶杂事》中云：

> 我今欲于显敞之处以尊者（指舍利弗）骨起窣堵波，得使众人随情供养。佛言：长者随意当作。长者便念：云何而作？佛言：应可用砖两重作基，次安塔身，上安覆钵，随意高下，上置平头，高一二尺，方二三尺。准量大小，中竖轮竿，次着相轮。其相轮重数，或一二三四 乃至十三。次安宝瓶。长者自念：唯舍利子得作如此窣堵波耶？为余亦得。即往白佛。佛告长者：若为如来造窣堵波者，应可如前具足而作。若为独觉，勿安宝瓶。若阿罗汉相轮四重。不还至三。一来应二。预流应一。凡夫善人，但可平头，无有轮盖……

东汉洛阳白马寺塔是第一座楼阁式木塔。《魏书·释老志》云：

> 自洛中构白马寺，盛饰佛图，画迹甚妙，为四方式。凡宫塔制度，犹依天竺旧状而中构之，从一级至三、五、七、九。世人相承，谓之"浮图"，或云"佛图"。晋世，洛中佛图有四十二所矣。

北魏时恒安（大同）北台永宁寺七级浮图（467）、洛阳阊阖门永宁寺九级浮图（516）是南北朝木结构寺塔中最富丽堂皇的代表作，都属于楼阁式。永宁寺九层塔，高 90 丈，顶上有刹高 10 丈，总高度为 1000

---

① 窣堵坡，又称窣堵波，音译自梵文的 stûpa，是源于印度的塔的一种形式，在印度、巴基斯坦、尼泊尔等南亚、东南亚国家比较普遍。印度的窣堵坡原是埋葬佛祖释迦牟尼火化后留下的舍利的一种佛教建筑，窣堵坡就是坟冢的意思。开始为纪念佛祖释迦牟尼，在佛出生、涅槃的地方都要建塔。随着佛教在各地的发展，在佛教盛行的地方也建起很多塔，争相供奉佛舍利。后来塔也成为高僧圆寂后埋藏舍利的建筑。

尺。刹上有金宝塔，塔有四面，角角悬铎，百里之外，已可遥见，金铎和鸣，声闻十里。现存 524 年建造的嵩狱寺塔，是一座外观呈抛物线形的十二角十五层砖塔，也是现存最古的一座密檐式砖塔。塔层各面都饰有六角形的伞盖，入口上部有莲花拱，各层高处往上渐次减低。全体妙如石笋，挺拔秀美，是中国化的窣堵婆典型。据道宣《释迦方志》卷二记载，北魏太武末年（451）出发到北印度的道药（道荣）已将犍陀罗雀离浮图的形制、大小、容积等加以仿录。522 年返国的惠生，也请工匠用鍮摹制雀离浮图和北印度四塔。这些图样便是北魏巧匠建造佛塔的监本。①

　　唐代楼阁式佛塔多是模仿初期木塔形式，平面四方形，每面有砖砌的柱和横梁、斗拱，遗迹有西安大慈恩寺的大雁塔，兴教寺的玄奘塔、香积寺塔。10 世纪起，八角形的塔才开始流行起来。福建泉州开元寺双塔、河北琢县辽代双塔都是兴建于 10—11 世纪的八角形飞檐砖塔。唐代密檐式砖塔有西安荐福寺小雁塔、大理崇圣寺千寻塔。中印度高僧善无畏有绝技，在长安菩提院铸铜塔，"手成模范"，"众皆称叹"，乃是一座印度式的窣堵婆。甘肃酒泉出土北凉石雕经塔，是这种塔形的早期遗物，山西五台佛光寺后山唐代墓塔是现存最早的窣堵婆式塔。介于中国化窣堵婆和模仿木结构的砖塔之间的佛塔，有 10 世纪中叶吴越时期杭州的保俶塔和苏州的云岩寺塔（虎丘塔）。

　　南京摄山栖霞寺舍利塔，原是隋文帝时八十三州各建舍利塔中的其中一座，初建于 601 年，五代南唐时期再度修建，是现存舍利塔中最精美的大理石八角五级石塔。山东泰安高里山和冥福寺的经幢，建于五代后晋。高里山经幢立于 950 年，呈八角形，幢八面都刻陀罗尼经咒，顶上亦有八角柱形浮雕，高大约 6 米。冥福寺经幢共有二对，形制和高里山相仿，雕刻更为精致。②

　　婆罗门教建筑也在唐代传入广州。751 年鉴真到广州，见当地有婆罗门寺三所，梵僧居住其中。印度婆罗门式建筑已经在广州得到发展。

---

①　沈福伟：《中西文化交流史》，上海人民出版社 2006 年版，第 177 页。
②　同上，第 178 页。

至于泉州婆罗门寺的出现，大约已经到了 13 世纪了。①

我国的佛教建筑，汇融了中印建筑的精华，成为建筑史上的一个奇观。

（四）尼泊尔

《旧唐书》记载了尼泊尔当时的建筑情况：

> 泥婆罗国，在吐蕃西。……以板为屋，壁皆雕画。……宫中有七层之楼，覆以铜瓦，栏槛楹栿皆饰珠宝。楼之四角，各悬铜槽，下有金龙，激水上楼，注于槽中，从龙口而出，状若飞泉。②

这里充分说明了古代尼泊尔具有高超的建筑技术。

泥婆罗是著名的佛教国家，樨尊公主信仰佛教。她与松赞干布结婚，从祖国带了佛像、佛经、法物等到吐蕃，同时也带来了泥婆罗的建筑风格。樨尊公主在吐蕃建立了大昭寺，松赞干布崇信佛教建立了 12 座佛寺。

元世祖中统元年（1260），许多尼泊尔艺匠包括著名的建筑家和工艺师阿尼哥来到中国。③

阿尼哥于公元 1243 年生于加德满都谷地，据说是释迦族的后裔，尼泊尔人称他为巴勒布·阿尼哥。他自幼聪颖，"入学诵习梵书，未久已通，兼善其字，尊宿自以为弗及"。"尺寸经者，艺书也，一闻读之，即默识之"。④ 所以未及成年，即精通"绘，嗦，铸，镂"等各种工艺，并善造佛塔和寺庙。公元 1260 年，元世祖忽必烈命总管西藏事务的国师八思巴在西藏建造一座金色佛塔。当时考虑到尼泊尔在建筑和工艺方面人才荟萃，便向尼方"法诏征之"。尼泊尔国王贾亚比姆·德瓦·马

---

① 沈福伟：《中西文化交流史》，上海人民出版社 2006 年版，第 178 页。
② 《旧唐书》卷一九八《尼婆罗传》。
③ 王宏纬：《尼泊尔》，社会科学文献出版社 2004 年版，第 392 页。
④ 见《雪楼集》卷七《凉国慧敏公神道碑》。转引自王宏纬：《尼泊尔》，社会科学文献出版社 2004 年版，第 397 页。

拉"搜罗得八十人,令自推一人为行长,众莫敢当。有少年独出当之"①。这个少年便是阿尼哥,当时年仅 17 岁。八思巴见到阿尼哥后心中惊异,让他督造佛塔。第二年佛塔竣工。八思巴奇其才,带他到京都。至元十年(1273),元廷授阿尼哥"人匠总管,银章虎符"。其时,"凡两京寺观之像,多出其手"②。公元 1276 年,忽必烈命人赴尼将阿尼哥之妻宰叶答腊奇美氏迎来中国,让他们一家团圆。由于阿尼哥在建筑和绘素铸镂等各种工艺方面成绩卓著,公元 1278 年元廷授他"光禄大夫,大司徒兼领将作院。印秩皆视丞相",地位极为显赫。阿尼哥 1306 年逝世,享年 63 岁。至大四年(1311)"加赠公开府仪同三司,太师、凉国公、上柱国,赐谥敏惠至是又蒙恩建碑焉"。

阿尼哥在中国工作了 40 余年,对中尼文化交流做出了不朽的贡献。"最其平生所成,凡塔三,大寺九,祠祀二,道宫一;若内外朝之文物,礼殿之神位,官宇之仪器、组织、熔范、搏埴、丹粉之繁缛者,不与焉。"由此可见,他在建筑方面的贡献很突出。

这里所说的"塔三"可能是指 1260 年在西藏所建的一座;成于 1279 年的北京妙应寺(今阜成门内)白塔一座;另一座是 1310 年建成的五台山白塔。阿尼哥所建的寺庙计有:护国仁王寺、干元寺、圣寿万安寺、城南寺、兴教寺、万圣佑国寺、东花园寺和圣寿万宁寺等。但是这些建筑大都不复存在,仅存的白塔寺和万宁寺也几经翻修改建,已非本来面目,难以看到当初阿尼哥设计的原样。不过可以肯定,阿尼哥将尼泊尔建筑上的一些特点带给了中国。表现最明显的是佛塔,因为阿尼哥带来的塔制为尼泊尔所特有,今天耸立在阜成门内的白塔和北海的白塔,就是这种影响的例证,另外,寺庙和殿宇的多层檐结构也是来自尼泊尔。③

---

① 见《雪楼集》卷七《凉国慧敏公神道碑》。转引自王宏纬:《尼泊尔》,社会科学文献出版社 2004 年版,第 397 页。

② 见《雪楼集》卷七《凉国慧敏公神道碑》。

③ 王宏纬:《尼泊尔》,社会科学文献出版社 2004 年版,第 398—399 页。

（五）伊朗

随着佛教在中国的传播，伊朗的建筑、雕刻、塑像、绘画等佛教艺术传入中国。一般认为，凿窟来自伊朗的影响，如波斯帝国大流士一世及其以后的贝希斯敦（位于伊朗克尔曼沙赫附近）摩崖。此后，石窟艺术传入印度。作为一种佛教寺院的建筑形式，在 3 世纪就出现在我国新疆地区，最早为拜城县克孜尔石窟。此后沿着丝绸之路。于 4 世纪中期传入河西，在甘肃敦煌开凿石窟。到 5 世纪又由河西传入内地，天水麦积山、大同云冈、洛阳龙门等石窟，最初也开凿于这一时期。它们与莫高窟一起，构成中国的四大石窟。[1]

古代伊朗的建筑技术及建筑材料如发券的砖石结构，拱顶建筑形式以及色彩鲜艳的琉璃砖瓦等，均曾对中国的建筑技术产生了影响。[2]

（六）阿拉伯

阿拉伯式样的建筑由于阿拉伯建筑师来华，各地清真寺的创建，在元代颇为兴盛。

元初阿拉伯人也黑迭儿和他的儿子马合马沙都相继主持工程部门。忽必烈登位后，任命也黑迭儿个管理茶迭儿局，官至正三品。茶迭儿就是庐帐，根据阿拉伯式样加以修饰，使之趋于华贵。1266 年定都燕京，8 月，便任命也黑迭儿领茶迭儿局诸色人匠总管府达鲁花赤，兼领监宫殿，12 月，同光禄大夫张公柔，工部尚书、大都留守司段天佑同时主持工程，负责修造宫城，在辽金故城东北扩建新城，东西南各辟三门，北面则开二门。也黑迭儿是个深受华化的阿拉伯建筑师，对宫城的布局、建筑、苑囿进行了全面的规划，"崇楼阿阁，缦庑飞檐"都由他亲自擘划。他的儿子马哈马沙又继承父业，掌管工部，为大都的建设作出

---

① 陈尚胜：《五千年中外文化交流史》（第 1 卷），世界知识出版社 2002 年版，第 171 页。

② 周一良：《中外文化交流史》，河南人民出版社 1987 年版，第 252 页。

了贡献，阿拉伯的工程技术也同时在中国的建筑工地上付之实现。①

阿拉伯式的建筑大都集中在各地的清真寺和穆斯林墓葬的附属建筑物上，其中尤以伊斯兰教石刻最富。来华大食人的人数既多，每遇伊斯兰节日则需要有会场或代用的建筑物。12世纪以来，广州、泉州、扬州等地所建清真寺不下六、七座。②

泉州是各种伊斯兰教古迹留存最多的地方，现在最早的伊斯兰教寺是创建于1009年的清净寺，该寺在泉州城东南，南临通淮街，北依北宋时的护城河，14世纪时经过整修，现在尚存有门楼和礼拜殿遗址。门楼甬道后墙二行阿拉伯文石刻记述该寺的修建过程："本地人士的第一座礼拜寺，便是这座公认最古老、悠久、吉祥的礼拜寺，建于伊斯兰历400年（1009—1010）的圣友寺（埃苏哈卜大寺）。三百年后，艾哈曼德·伊本·穆罕默德·贾德斯即设拉子著名的鲁克伯哈只，重修此寺，扩建了高悬的穹顶、宽裕的甬道、崇高的寺门和崭新的窗牖，在伊斯兰历711年（1310—1311）竣工。此举为博取至高无上的真主的喜悦。愿真主宽恕他，宽恕阿里派教徒，宽恕穆罕默德和他的家属。"门楼建筑式样是11—16世纪波斯、叙利亚寺院建筑。外形和蜘网状尖拱小宝盖石刻的连缀，都和12世纪以后阿勒颇、开罗、毕斯坦的寺院和陵殿相似。1299年建成于开罗的宰因丁·尤素甫玛德拉萨陵，14世纪开罗哈桑苏丹的玛德拉萨寺、巴尔古克苏丹陵的法拉杰苏丹修道院和清净寺同属一种式样。③

结　语

古代中国与亚洲国家的建筑技术交流是卓有成效的，建筑技术交流

---

① 沈福伟：《中西文化交流史》，上海人民出版社2006年版，第253页。

② 张广达：《海舶来天方，丝路通大食——中国与阿拉伯世界的历史联系的回顾》，载周一良：《中外文化交流史》，河南人民出版社1987年版，第757页。

③ 沈福伟：《中西文化交流史》，上海人民出版社2006年版，第253页。

呈现明显的双向性。中国的建筑技术和著作传入亚洲各国，而亚洲各国特别是西亚、南亚的建筑技术也传入中国。古代华侨在中国建筑技术对外传播方面做出了巨大贡献。中国的建筑技术对东亚和东南亚影响很大。唐都长安城的建设对朝鲜、日本、越南的都城建设发生了较大的影响。印度的建筑技术对中国影响深远，印度佛教寺庙的建筑风格和技巧在中国随处可见。同样，阿拉伯的建筑技术对中国影响也较大，在今天的泉州、广州、北京等地仍然可以看到古老的清真寺。

在中外建筑技术交流史上，外国的建筑大师先后来华，元代阿拉伯人也黑迭儿曾经主管大元的宫廷建设。他对宫廷的布局、建筑、苑囿进行了全面地规划，为元大都的建设做出了重大的贡献。明代永乐期间，交趾人阮安被委任负责北京城的总设计，为明北京城的建设也贡献甚伟。北京的城池、九门、两宫、五府、六部和百官衙署的营建都曾经出于阮安的擘划。此外，尼泊尔艺匠阿尼哥在元代来到中国，在建筑方面也取得了很大的成就。上述大师把外国的建筑风格与中国的建筑技术有机地结合起来，从而创造出建筑史上的奇迹。

第五章　古代中国与亚洲国家的
丝织技术交流

　　中国是世界上最早养蚕缫丝的国家，也是丝织工艺发展历史最为悠久的国家。至少在新石器时代，中国就已经开始养蚕缫丝，并用家养蚕丝来纺织。殷商时期，蚕桑丝织业已经相当普遍。西周时期，丝织工业进一步发展，并出现刺绣。秦汉时代，丝织工业日臻成熟，产量剧增，花色丰富，品种繁多，现代丝织品的主要品类在汉代已经基本齐备。到了唐代，纺织是主要的手工业部门，丝织业的中心仍在河南河北地区，那里人民向政府缴纳地庸调，一般都是绫、绢、絁。宋州（今河南商丘）和亳州（今安徽亳州）民间织的绢，质量居全国之首。定州每年常贡的细绫、瑞绫和特种花纹的绫，达到 1500 多匹，比其他的州高出百倍左右，是重要的丝织工艺品产地。剑南诸州，普遍出产丝织品。益州的锦，尤负盛名。山南、淮南和江南的一些州县，丝织业也比较发达。[1]

　　明清时期，蚕桑主产区嘉湖地区，在熟蚕上蔟结茧时，蔟下用炭火加温，以使"成茧速而缫丝易"。蔟下加温，丝从蚕口中吐出即干，即所谓"出口干"，这样的丝品质亦较好，深受当时人们的好评。[2]

---

①　翦伯赞：《中国史纲要》，北京大学出版社 2006 年版，第 295 页。
②　张明、于井尧：《中国科技史》，吉林文史出版社 2006 年版，第 35 页。

随着中国与亚洲各国交往的增加，丝绸成为向这些国家出口的大宗商品，历代封建王朝在馈赠礼物时，也把丝绸作为主要礼品送给各国的统治者和使者。丝织技术也先后传入亚洲各国。

一、古代中国养蚕缫丝技术在亚洲的传播

中国自古被称为"丝国"，丝织技术闻名中外。中国的养蚕缫丝技术最早传入周边国家朝鲜、越南、日本等国，然后向四周扩散开来。

（一）朝鲜

据《后汉书》记载，汉代朝鲜半岛南部三韩部落中的辰韩，已经"知蚕桑，作缣布"[①]。而辰韩是由秦朝逃民组成的部落，可知朝鲜半岛南部的丝织技术是由他们带入的。[②]

此后，中国的丝织品大量输入朝鲜。《新唐书》记载：唐玄宗开元中，新罗王多次遣使入朝。"帝间赐兴光瑞文锦、五色罗、紫绣纹袍、金银精器……"[③]《宋史》记载：元丰八年（1085），"哲宗立，（高丽）遣使金上琦奉慰，林暨致贺"，宋廷赐以锦绮、金帛。[④]

明清时期，中朝关系密切，经济文化交流都比其他国家频繁。当时中国向朝鲜输出绢、布、药材等物。

（二）日本

学者认为：中国纺织技术从乐浪传到日本。[⑤]

在 3 世纪的上半叶，曹魏王朝与当时控制 20 余个小国的邪马台国，

---

① 《后汉书》卷一一五《东夷传》。
② 陈尚胜：《五千年中外文化交流史》（第 1 卷），世界知识出版社 2002 年版，第 86 页。
③ 《新唐书》卷二二〇《新罗传》。
④ 《宋史》卷四八七《高丽传》。
⑤ 夏应元：《相互影响两千年的中日文化交流》，载周一良：《中外文化交流史》，河南人民出版社 1987 年版，第 30 页。

不断有使节来往，共达 6 次之多，魏封该国女王卑弥呼为"亲魏倭王"，双方还互有馈赠。景初二年（238），曹魏王朝赐给卑弥呼女王绛地交龙锦 5 匹，绀地句文锦 3 匹，白绢 50 匹及其他物品。①

据日本史籍记载，在 4、5 世纪，倭王曾三次遣使去南朝（宋、齐、梁）；由南朝带回所赠的汉织、吴织及衣缝兄媛、弟媛等长于纺织、缝纫的技术工人，促进了纺织、缝纫技术的发展，改变了《魏志·倭人传》中所说的"用布一幅，中穿一洞，贯头其中"的简陋衣着方式。②

4 世纪时，不少中国的纺织工、养蚕和缫丝能手、裁缝师、陶工、厨师以及所谓"归化人"等移居日本，几乎带去全部的中国先进工艺技术。

在 4、5 世纪之交，秦的遗民弓月君（自称秦始皇后裔）率 120 县人民去日本，被称为"秦人"。秦氏到日本后，主要从事养蚕、制丝，改变了过去口含抽丝的方法，使丝织业大为发展，所织的绢帛，质地柔软。③

《隋书》云：

> 故时衣横幅，结束相连而无缝。头亦无冠，但垂发于两耳上。至隋，其王开始制冠，以锦綵为之，以金银镂花为饰。④

《新唐书》云：

> 其俗椎髻，无冠带，跣以行，幅巾蔽后，贵者冒锦；妇人衣纯色裙，长腰襦，结发于后。至炀帝，赐其民锦线冠，饰以金玉，文布为衣，左右佩银蘤，长八寸，以多少明贵贱。

---

① 《三国志》卷三〇《魏书·乌丸鲜卑东夷传》。
② 夏应元：《相互影响两千年的中日文化交流》，载周一良：《中外文化交流史》，河南人民出版社 1987 年版，第 310 页。
③ 同上书，第 310—311 页。
④ 《隋书》卷八〇《倭国传》。

综合上面史料，我们知道中国的丝织技术传入日本后，对日本影响较大，引起了日本服装上的革命，到隋代终于改变了日本人"衣横幅"的习惯，并且使得日本人重视服饰，以服饰来分别各人身份。

宋代时，日本丝织匠弥三右卫门曾随僧人辨圆入宋，在学习了纺织广东绸和缎子的技术后回国，在博多创制了"博多织"，随后又在京都等地推广，从而使日本的丝织技术有了显著的提高。[①]

明代，中国的丝织品除了通过民间贸易方式输入日本之外，还通过朝廷赏赐的方式大量输入日本。

> 永乐三年（1405），以日本国王源道义捕倭寇献俘，赐九章冕服，……织金文绮罗绢三百七十八匹。明年又赐……王妃……，锦纻丝纱罗绢八十四匹。[②]

（三）琉球

明代封建统治者多次将丝织品赏赐给琉球。《明史》卷三二三云：

> 成祖承大统，诏谕如前。永乐元年（1403）春，三王并来贡。山北王请赐冠带，诏给赐如中山。命行人边信、刘亢赍敕使三国，赐以绒锦、文绮、纱罗。[③]

此后中国丝织品频频输入琉球。

> 仁宗嗣位，命行人方彝诏告其国。洪熙元年（1425）命中官赍敕封巴志为中山王。宣德元年（1426），其王以冠服未给，遣使来

---

① 陈尚胜：《五千年中外文化交流史》（第1卷），世界知识出版社2002年版，第362页。

② ［明］王士贞：《弇山堂别集》，中华书局2006年版，第261页。

③ 《明史》卷三二三《琉球传》。

请，命制皮弁服赐之。三年（1428）八月，帝以中山王朝贡弥谨，遣官赍敕往劳，赐罗锦诸物。①

清顺治十年（1653），琉球遣使来贡。清廷"赐王印一、缎币三十匹，妃缎币二十匹，并颁定贡期……"②

（四）越南

蚕丝由中国南传安南，到唐朝安南民间已普遍养蚕种桑。中国的织造业，在北宋时代，有高度的发展。著名的丝锦传到安南，李朝的宫女很快就掌握了织锦技术。公元968年安南脱离宋朝独立后，为了在丝绸衣料上自给，李太宗曾积极组织宫女学习中国的织锦技术。据越南史书记载，交趾李太宗曾在宫中亲自培训宫女织锦，让她们根据中国锦缎来研究中国的织锦技术。宫女在安南学得织锦技术之后，李太宗即于1040年下诏："尽发内府所藏宋锦为衣服，颁赐群臣，五品以上锦袍，九品以上绮袍，以示不御中国锦绮也。"③李太宗此举，不仅使交趾宫女很快吸收了宋朝的织锦技术，而且解决了交趾官僚阶层的服装衣料问题。

到19世纪，越南工匠仍然向中国学习制造织锦技术。越南史书《皇越地舆志》卷一记载了越南人向中国人学习织锦技术的情况：

> 香茶县有操芒坊，居富春江东柑之后间，山西、宜春、万春三社地分为三邑，每邑十家，织工十五人，学织于北客，世传古花彩缎锦绣诸花样，皆巧妙。抉宅社织锦为席，俗名蕈席，亦以作帆，其席亦如京北广览席。④

该书还谈到广南府的织造，高度评价其技巧，说："人工精巧，所

---

① 《明史》卷三二三《琉球传》。
② 《清史稿》卷五二六《琉球传》。
③ 《大越史记全书》本纪卷二《李太宗纪》。
④ 《皇越地舆志》卷一《顺化》。

织绢布绫罗，华彩巧丽，不减广东。"①

清帝常将丝绸赐给安南国王。《清史稿》卷五二七《安南传》记载：清顺治十七年（1660）安南国王黎维祺奉表贡方物，"帝嘉之，赐文绮、白金"。文绮，指华丽的丝织物。

（五）老挝

《新唐书》记载："道明者，亦属国，无衣服，见衣服者共笑之。无盐铁，以竹弩射鸟兽自给。"② 道明是古代老挝国名，当时隶属真腊，社会经济非常落后，处于原始社会阶段，人们赤身裸体，国民尚未开化。

明朝与老挝在经济上开展朝贡贸易。明朝回赠的物品有锦缎、棉纱、丝罗、布匹、靴袜等，还有钞币、象服、文绮和金织等物。③《明史》记载：永乐七年（1409），明成祖遣中官杨琳到老挝"往赐文绮"④。

侨居老挝的华人和老挝人民互通婚姻，和睦相处，亲如一家。他们还教当地人民"制酒醴、养蚕丝"之法，⑤ 因此，老挝人民也能织"绵"、"绢"、"绸"，出现了丝绸业。

清代中国丝织品亦输入老挝。《清史稿》记载：雍正八年（1730），南掌王遣使表贡，清帝"赐之敕谕并文绮等物"。乾隆元年（1736），清帝"赐国王岛孙彩缎、文绮"。⑥

（六）柬埔寨

唐代巨型帆船开到真腊去，带去了大批中国货，深受当地人民的欢

---

① 陈玉龙：《中国和越南柬埔寨老挝文化交流》，载周一良：《中外文化交流史》，河南人民出版社 1987 年版，第 698 页。
② 《新唐书》卷二二二下《真腊传》。
③ 梁志明：《源远而流长—中国与越南老挝柬埔寨的文化交流》，载何芳川主编：《中外文化交流史》，国际文化出版公司 2008 年版，第 288 页。
④ 《明史》卷三一五《老挝传》。
⑤ 《清史稿》卷五二八《南掌传》。
⑥ 同上。

迎。营销于柬埔寨的中国货品种很多，其中就有缣帛。^① 宋元时期，中国与柬埔寨的贸易频繁。中方运往柬埔寨的货物中就有绫罗杂缯。真腊的统治者对中国的绯红罗绢、瓦器等等十分喜爱。在朝贡贸易中，宋朝则常以数量更大的礼物回报。如政和六年（1116），赠给真腊的礼品有绯红罗绢达 1000 匹、绯缬绢 200 匹，还有瓦器，令庆元府"收买回赐"。^② 明代，中国丝织品继续流入柬埔寨。洪武十六年（1383）"遣使赍勘合文册赐其王。凡国中使至，勘合不符者，即属矫伪，许縶缚以闻。复遣使赐织金文绮三十二、磁器万九千"^③。

古代中柬两国朝贡贸易，实乃官方贸易，或称"朝贡互市"。柬方的贡品为珍禽异兽（生犀、白雉、大象）、琉璃宝玩、香料、佛像等，中方回赐品多为绸绫诸品。^④

（七）缅甸

秦汉时期，东西方文化交流有两条管道，一是蜀—身毒道，它是我国西南地区古时候对外交通途径缅甸到印度的商道，起自盛产蜀锦的四川成都，经云南西部的大理、永昌，通往缅甸、印度等国。哈威《缅甸史》记载：公元前 2 世纪以来，中国以缅甸为商业通道，循伊洛瓦底江为一道，循萨尔温江为一道；尚有一道循弥诺江经曼尼普尔乘马需三月乃至阿富汗。商人在其地以中国丝绸等名产，换取缅甸的宝石、翡翠、木棉；印度的犀角、象牙和欧洲的黄金等珍品。^⑤ 这条丝路最初以传布丝绸为开端的商道，现在称之为西南"丝绸之路"。这条丝路起自我国西南，途径缅甸、印度，然后一直西行，至阿富汗与西域"丝绸之路"在木鹿相汇合后，两者合为一道，直通欧洲的地中海。这是一条横贯欧

---

① 朱绍侯等：《中国古代史》，福建人民出版社 2001 年版，第 663 页。
② 梁志明：《源远流长——中国与越南老挝柬埔寨的文化交流》，载何芳川主编：《中外文化交流史》，国际文化出版公司 2008 年版，第 299 页。
③ 《明史》卷三二四《真腊传》。
④ 陈玉龙：《中国和越南柬埔寨老挝文化交流》，载周一良：《中外文化交流史》，河南人民出版社 1987 年版，第 719 页。
⑤ ［英］哈威：《缅甸史》，姚楠译，陈炎校订，商务印书馆 1957 年版，第 51 页。

亚两洲，沟通中西交通的大动脉。二是南海道。根据《汉书地理志》下粤地的记载，从我国雷州半岛（今广东徐闻，广西合浦）航海到印度的黄支国（今康契普拉姆）要经过都元国、邑卢没国、谌离国和夫甘都卢国。其中除了都元国和邑卢没国之外，据中外学者考证，上述几个国家都在今缅甸境内沿海一带。[①] 中国海船带去大量黄金和丝绸去交换这些国家的特产：明珠，璧琉璃和奇石异物。这条途径南海传播丝绸的海路就被后人称之为南海"丝绸之路"。

这就是说，在公元前 2 世纪左右，我国的丝绸已经通过陆路和海路，先运到缅甸，然后再从缅甸转运到其他国家。

元代，中国同缅甸的海上贸易有新的发展。汪大渊《岛夷志略》记载：中国海船到下缅甸的沿海城市贸易，以丝绸、瓷器、乐器、金银、铜铁等去换取缅甸的特产象牙、胡椒、稻米等等。

中国丝绸纺织技术很早就传入缅甸，在我国史籍中有"骠国妇女悉披罗缎"的记载。直到近代，缅甸丝织工业区阿摩罗补罗产最名贵的"仑德耶"丝绸，其纺织技术就是从中国传过去的。[②]

乾隆五十五年（1790），孟云派遣使节请封和"叩祝万寿"，清高宗回赠礼物，给孟云内库缎 20 匹，给缅甸使节绫、罗、绸、缎等物。[③]

（八）暹罗

中国丝织品深受古代泰国人的欢迎。

在物质文化交流方面，中国经由海道最早输向泰国地区的货品是誉满全球的丝绸。《汉书·地理志》卷二八"奥地"条记载"……又船行可四月，有邑卢没国……贵黄金、杂缯（丝织品）……"据暨南大学朱杰勤教授考证，邑卢没国即今日泰国暹罗湾内的叻丕。宋代赵汝适《诸藩志》也提到凌牙斯加（即今日泰国的北大年）输入中国的绫绢。到了

---

① 陈炎：《中缅文化交流两千年》，载周一良：《中外文化交流史》，河南人民出版社1987年版，第 4—5 页。

② 同上书，第 33 页。

③ 余定邦等：《近代中国与东南亚关系史》，中山大学出版社 1998 年版，第 136 页。

元代，泉州（国外称刺桐城）成为世界著名商港，出口货物以丝、缎为主，如苏杭五色缎、绢、布（花布、青布）、丝，其中以泉州的刺铜缎（泉缎）最受国外欢迎和赞许。汪大渊《岛夷志略》则记载了今日泰国中北部的暹国从中国输入青布。位于华富里的罗叻则是印花布，叻丕地区的罗卫乃是狗迹绢（"狗迹"是外语的对音，是一种有金花之丝织物）。这些丝绸棉布输入泰国，不仅具有很大的经济价值，成为人民常用衣着，而且使元代丝绸外销之外还增加了布类出口的记载。

以华贵绚丽为世瞩目的中国丝绸，不仅作为商品，而且还是皇帝的外交礼品。元代皇帝给贡使的回赐礼品不是丝织品，而是现成的衣服。《元史》记载元贞二年（1296）"赐金齿、罗斛来朝人衣"。明朝皇帝对暹罗使节的赏赐既有衣服，也有丝织物。《明史》记载了洪武四年（1371）"赐暹罗国王参烈昭昆牙织金、纱、罗、文绮和使者衣一袭"。《星槎胜览》里记录了中国的色绢、花绢、色缎、锦缎、缎匹等丝织品输入暹罗的情况。

在朝贡贸易中，中国封建统治者多次把丝绸织品赏赐给暹罗王。如《明史》记载："永乐元年又遣副使闻良辅、行人甯善，赐其王绒、绵、织金文绮、纱罗。"① 《清史稿》记载：康熙四年（1665），暹罗国王遣使入贡，"帝锡国王缎、纱、罗各六，金缎、纱、罗各四，王妃各减二"。②

清代顺治年间，郑成功每年同暹罗贸易，有生丝和熟丝、糖及瓷器。③

（九）马来西亚

中国的丝织品曾经多次通过赏赐等形式输入马来西亚。据《明史》记载，永乐九年（1411），满剌加国王率妻子陪臣等来贡，明成祖给予他们大量赏赐，"赐王金肃龙衣二袭、麒麟衣一袭、金银器、帷幔衾裯

---

① 《明史》卷三二四《暹罗传》。
② 《清史稿》卷五二八《暹罗传》。
③ 葛治伦：《1949 年以前的中泰文化交流》，载周一良：《中外文化交流史》，河南人民出版社 1987 年版，第 501 页。

悉具，妃以下皆有赐"。在他们回国时，又"赐妃冠服"。① 对急兰丹国王来贡，也赐以丝织品。《明史》云："急兰丹，永乐九年，王麻哈刺查苦马尔遣使朝贡。十年命郑和赍敕奖其王，赍以锦绮、纱罗、彩帛。"②

（十）文莱

《宋史》记载：宋太平兴国二年（977），勃泥国王向打遣使入贡，"诏馆其使于礼宾院，优赐以遣之"。③ 列传虽未列出所赐物，但可推断有文绮之类丝织品。

明代中国的丝织品多次输入渤尼（今文莱），其主要途径就是明代皇帝的赏赐。下面一则《明史》史料4次提到明帝赏赐丝织品：

> 永乐三年（1405）冬，其王麻那惹加那遣使入贡，乃遣官封为国王，赐印诰、敕符、勘合、锦绮、彩币。王大悦，率妃及弟妹子女陪臣泛海来朝。次福建，守臣以闻。遣中官往宴赍，所过州县皆宴。六年（1408）八月入都朝见，帝奖劳之。……帝慰劳再三，命王妃所进中宫笺及方物，陈之文华殿。王诣殿进献毕，自王及妃以下悉赐冠带、袭衣。帝乃飨王于奉天门，妃以下飨于他所，礼讫送归会同馆。礼官请王见亲王仪，帝令准公侯礼。寻赐王仪仗、交倚、银器、伞扇、销金鞍马、金织文绮、纱罗、绫绢衣十袭，余赐赍有差。十月，王卒于馆。帝哀悼，辍朝三日，遣官致祭，赙以缯帛。……王辞归，赐玉带一、金百两、银三千两及钱钞、锦绮、纱罗、衾褥、帐幔、器物，余皆有赐。④

永乐八年（1410）渤尼王再次遣使入贡，得到大批赏赐："赐其王锦绮、纱罗、彩绢凡百二十匹，其下皆有赐。"十年（1412）九月，渤

① 《明史》卷三二五《满刺加传》。
② 《明史》卷三二六《急兰丹传》。
③ 《宋史》卷四八九《勃泥传》。
④ 《明史》卷三二三《浡泥传》。

泥王遐旺偕其母来朝。"赐王冠带、袭衣，王母、王叔父以下，分赐有差。"永乐十一年（1413）渤泥王二月辞归，"赐金百，银五百，钞三千锭，钱千五百缗，锦四，绮帛纱罗八十，金织文绣、文绮衣各一，衾褥、帏幔、器物咸具。"①

（十一）印度

印度的《政事论》一书谈到印度的丝来自中国。《新唐书》卷二二一（上）《天竺传》记载：唐玄宗以锦袍赐给南天竺。《宋史》卷四九〇《天竺传》记载：天圣二年（1024）九月，西印度僧爱贤、智信护等来献梵经，各赐紫方袍、束帛。五年（1027）二月，僧法吉祥等五人以梵书来献，赐紫方袍。

《明史》中谈到中国与印度各国的交往，中国的丝织品输入其国。明代，印度境内出现了许多国家。《明史》记载了尹庆奉命出使古里的情况：

> 永乐元年（1403）命中官尹庆奉诏抚谕其国，赉以彩币。其酋沙米的喜遣使从庆入朝，贡方物。三年（1405）达南京，封为国王，赐印诰及文绮诸物，遂比年入贡。郑和亦数使其国。②

古里，即今印度西海岸的科泽科德。

明朝郑和七下西洋，多次经过南印度半岛的柯支国。柯支国就是现在的科钦。《明史》卷三二六记载明使尹庆奉命出使柯支国并将丝织品赏赐国王的史实：

> 永乐元年（1403），遣中官尹庆赍诏抚谕其国，赐以销金帐幔、织金文绮、彩帛及华盖。六年（1408）复命郑和使其国。九年（1411），王可亦里遣使入贡。十年（1412），郑和再使其国，连二

---

① 《明史》卷三二三《浡泥传》。
② 《明史》卷三二六《古里传》。

岁入贡。①

南渤利也是古代印度的一个国家，曾遣使中国，受到明朝成祖皇帝的赏赐：

> 永乐十年（1412），其王马哈麻沙，遣使附苏门答剌使入贡。赐其使袭衣，赐王印诰、锦绮、罗纱、彩币。②

南巫里亦是古代印度的一个国家。永乐九年（1411），南巫里遣使贡方物，明成祖"赐其王金织文绮、金肃龙衣、销金帏幔及伞盖诸物，命礼官宴赐遣之"③。

"沙里湾尼，永乐十四年遣使来献方物，命郑和赍币帛还赐之。"④

在长期的交往中，中国的丝织品大量输入其地。

（十二）尼泊尔

唐代，中国与泥婆罗（今尼泊尔）有交往。《新唐书》卷二二一上记载：贞观年间，唐太宗遣李义表出使天竺，经过其国。泥婆罗人"一幅布蔽身，日数盥浴"。⑤唐史上未见中国丝织品输入泥婆罗的记载。

明代，中国的丝织品通过赏赐的方式输入尼泊尔。洪武二十三年（1390），尼八剌王遣使来贡，明太祖赐予红罗伞。永乐十六年（1418），尼八剌遣使来贡，明成祖"命中官邓诚赍玺书、锦绮、纱罗往报之"⑥。

清尼战争后，廓尔喀向清王朝进贡，清朝给予赏赐，"复赏锦缎各四疋，廓尔喀益感服，受约束"⑦。

---

① 《明史》卷三二六《柯枝传》。
② 《明史》卷三二六《南渤利传》。
③ 《明史》卷三二六《南巫里传》。
④ 《明史》卷三二六《沙里湾尼传》。
⑤ 《新唐书》卷二二一上《尼婆罗传》。
⑥ 《明史》卷三三一《尼八剌传》。
⑦ 《清史稿》卷五二九《廓尔喀传》。

（十三）土耳其

在历史上，一条沟通东西方文明交往的丝绸之路把中土两国紧紧相连，不仅沟通了两国人民的文化交流，而且促进了中土两国人民的经贸往来。丝绸是最早的国际贸易商品，而中国则是蚕桑丝绸的发源地，正是通过丝绸之路，丝绸远销到了土耳其等地。由于中国的丝绸精致典雅，再加上路途遥远，险阻重重，所以成功运抵的丝绸自然身价不菲，珍同珙璧。因此土耳其人非常喜爱中国的丝绸和瓷器，视他们为世界之宝。①

（十四）伊朗

中国丝绸是最受古代伊朗人民欢迎的商品。当时由于海路交通不发达，东西方交通必须经过伊朗的厄尔布土山脉与苏莱曼山脉之间的地带。这样，波斯人便逐渐掌握了中国与西方（罗马帝国等）之间的贸易情况，包括丝绸业。传说中国丝绸的西传得力于波斯人。公元550年，东罗马皇帝尤斯提尼阿奴斯决意在东罗马创建缫丝业。当时有两名曾经到过中国的波斯僧侣向东罗马皇帝讲述了他们在中国见到的养蚕和缫丝的过程。东罗马皇帝令他们设法把中国蚕茧带至东罗马。两位波斯僧侣不负重托，后来果以通心竹杖藏蚕卵，悄然把蚕卵运到东罗马献给皇帝。这样，蚕丝业便传入欧洲。②

明代郑和下西洋，多次到达忽鲁谟斯。永乐十年（1412），明成祖命郑和出访其地，"赐其王锦绮、彩帛、纱罗，妃及大臣皆有赐。"③

中国的丝绸大量输入到西亚，中国的纺织技术，甚至纹饰也传入西亚。如15、16世纪的伊朗丝织、毛纺织业中，凤凰、龙、麒麟等中国吉祥如意的图案都一再出现，凤凰图像的豪放已经足以与中国同行媲美。在克尔曼等地的织物中，云纹已经发展成设计巧妙的纹饰。同一时

① 黄维民：《土耳其人》，三秦出版社2004年版，第222—223页。
② 周一良：《中外文化交流史》，河南人民出版社1987年版，第250页。
③ 《明史》卷三二六《忽鲁谟斯传》。

期，中国的牡丹、芍药等植物也成为伊朗莲花、忍冬纹和团花纹饰吸收的图案。[1]

由于引进中国技术人员，中国独特的丝织技术在美索不达米亚开花结果，广为流传。[2]

（十五）撒马尔罕

古代中国的丝织技术还传入中亚地区。撒马尔罕是西辽统治下十分富庶的河中府首府，繁华列居中亚之首。1221 年到达撒马尔罕的常春真人邱处机，看到"汉人工匠杂处城中"。手工业特别是丝织业、造纸业、陶瓷业，大多依靠汉人工匠，所以相当发达。汉族的手工业在中亚各城市中占有重要的地位，人数十分可观。[3]

明代，中国与撒马尔罕有着密切的往来。《明史》卷三三二《撒马尔罕传》记载："宣德五年秋、冬，头目兀鲁伯米儿咱等遣使再入贡。七年遣中官李贵等赉文绮、罗锦赐其国。"明廷还采取"绢马贸易"、"绢石贸易"方法与撒马尔罕进行贸易，各取所需。《明史·撒马尔罕传》云："景泰七年贡马驼、玉石。礼官言：'旧制给赏太重。今正、副使应给一等、二等赏物者，如旧时。三等人给彩缎四表里，绢三匹，织金纻丝衣一袭。其随行镇抚、舍人以下，递减有差。所进阿鲁骨马每匹彩缎四表里、绢八匹，驼三表里、绢十匹，达达马不分等第，每匹纻丝一匹、绢八匹、折纱绢一匹，中等马如之，下等者亦递减有差。'制可。对所贡玉石，'每五斤赐绢一匹'。"

（十六）大食

怛罗斯战争之后，中国唐代有不少士兵被大食军队俘虏，杜环也在被俘者之列。他游历大食各地，亲眼看到了许多华人工匠。在《经行

---

① 林延青、李梦芝：《五千年中外文化交流史》（第 2 卷），世界知识出版社 2002 年版，第 584—585 页。

② 沈福伟：《中西文化交流史》，上海人民出版社 2006 年版，第 123 页。

③ 张星烺：《中西交通史料汇编》，中华书局 1977 年版，第 201 页。

记》中他写道:"绫绢机杼,金银匠,画匠,汉匠起作画者,京兆人樊淑、刘泚,织络者,河东人乐澴、吕礼。"①

巴士拉学者扎希兹编纂的《商务的观察》开列了从世界各地输入巴格达的货品,其中从中国输入的货物有丝绸、瓷器、纸等等。伊本·忽尔达兹比赫在《道里郡国志》的《入中国道里续志》一节中,也列举了中国输往阿拉伯世界的商品名目,计有白绸、彩缯、金花锦、瓷器、麻醉药物、麝香、沉香木、马鞍、貂皮、肉桂、姜。② 丝绸成为中国向大食出口的主要商品。

二、丝织品"反馈"到中国

亚洲各国在学习中国缫丝技术的基础上,在丝织业方面取得明显进步,有的国家丝织品享有盛誉,甚至还把丝织品"反馈"到中国。

(一)朝鲜

新罗与大唐关系密切,新罗的织锦曾经输入中国。《旧唐书》云:

> 大历二年(767),宪英卒,国人立其子干运为王……八年(773),遣使来朝,并献金、银、牛黄、鱼牙绸、朝霞绸等。九年至十二年,比岁遣使来朝,或一岁再至。③

朝鲜人养蚕织锦也很出色,徐兢在《宣和奉使高丽图经》卷三"贸易"条云"凡漆缯帛,皆多华好",即是很好的证明。朝鲜人在唐宋时期多次把织锦输入中国,表明朝鲜的织锦技术已经达到很高的水平。

《新唐书》记载新罗献织锦:

---

① 《通典》卷一九三。
② 周一良:《中外文化交流史》,河南人民出版社 1987 年版,第 751 页。
③ 《旧唐书》卷一九九《新罗传》。

　　高宗永徽元年（650），攻百济，破之，遣春秋子法敏入朝。真德织锦为颂以献，曰："巨唐开洪业，巍巍皇猷昌。止戈成大定，兴文继百王。统天崇雨施，治物体含章。深仁谐日月，抚运迈时康。幡旗既赫赫，钲鼓何锽锽。外夷违命者，翦覆被天殃。淳风凝幽显，遐迩竞呈祥。四时和玉烛，七耀巡万方。维岳降宰辅，维帝任忠良。三五成一德，昭我唐家唐。"帝美其意，擢法敏太府卿。①

　　青出于蓝而胜于蓝。朝鲜人在学习中国织锦技术的基础上，造出了高级丝绸，吸引了各国商人前来朝鲜贸易，以龙齿、占城香、没药等来换取朝鲜高级丝绸。②

　　1644年4月，后金改国号"清"。清以朝鲜败盟，出兵朝鲜，再次攻占朝鲜后，敕令朝鲜"每年进贡一次，其方物黄金百两、白金千两、水牛角二百对、貂皮百张、鹿皮百张、茶千包、水獭皮四百张、青黍皮三百张、胡椒十斗、腰刀二十六口、顺刀二十口、苏木二百斤、大纸千卷、小纸千五百卷、五爪龙席四领、花席四十领、白苎布二百疋、绵绸二千疋、细麻布四百疋、细布万疋、布四千疋、米万包"③。朝鲜的绵绸，被清廷指定为贡品，说明朝鲜丝织技术成熟，品质优良。

（二）越南

　　古代越南丝织品曾经"反馈"到中国，是在宋元时期。

　　《岭外代答》卷六《安南绢》记载："安南使者至钦，太守用妓乐宴之，亦有赠于诸妓，人以绢一匹，绢粗如细网，而蒙之以棉。交人所自着衣裳，皆密绢也，不知安南如网之绢何所用也。余闻蛮人得中国红纻子，皆拆取色丝，而自以织衫。此绢正宜拆以其丝耳。"

　　《元史》记载：世祖中统三年（1262）九月，世祖遣南谕使出使安

---

① 《新唐书》卷二二〇《新罗传》。
② 陈玉龙：《汉文化论纲》，北京大学出版社1993年版，第50页。
③ 《清史稿》卷五二六《朝鲜传》。

南，"持诏往谕之"，下诏曰："卿既委质为臣，其自中统四年为始，每三年一贡，可选儒士、医人及通阴阳卜筮、诸色人匠各三人，及苏合油、光香、金、银、朱砂、沉香、檀香、犀角、玳瑁、珍珠、象牙、绵、白磁盏等物同至。"① 元廷指定安南把"绵"作为贡品之一。

（三）日本

日本丝织品"反馈"中国，是在明代。

日本天正年间（1573—1592），明织匠至日本堺市，传入纺造纹纱、绉纱类的技术，一时产品大受欢迎。不久，这些技术又传到京都，从此奠定了日本西阵机织业兴盛的基础。②

在纺织品方面，日本的倭缎和兜罗绒，是日本对明贸易中的贡品。江户时代日本染色工艺很精，不褪色。中国商人多把白布运到长崎染色，然后运销各地。这些说明，日本从平安时代后期直到江户时代，在生产力、科学技术、工艺的发展水平上有长足的进步。至明代有些领域可与中国媲美，甚至超过，才使过去从中国学去的东西又对中国进行反馈。③

（四）印度尼西亚

中国种植桑树和养蚕织绸的方法传入印尼，并成为当地的家庭手工业。15 世纪初期，在苏门答腊北部亚齐，种植桑树、养蚕，但是人们不会缲丝，只会做棉。到 16 世纪末 17 世纪初，亚齐已能够出口自制的丝绸了。苏门答腊还有一种闻名于世的金钱花裙，它不同于爪哇的印染花裙。它首先用丝线先织成丝布，再用金钱纹形编织上绚丽多彩的印尼民族图案。据说，巨港妇女的这些手工织锦技术，在开始时受到中国的

---

① 《元史》卷二〇八《安南传》。

② 朱云影：《中国文化对日韩越的影响》，台湾黎明文化事业有限公司 1981 年版，第 481 页。

③ 夏应元：《相互影响两千年的中日文化交流》，载周一良：《中外文化交流史》，河南人民出版社 1987 年版，第 339 页。

影响。①

结　语

在古代，中国的丝织品大量输入到亚洲各国，主要途经有二，一是民间贸易，二是在朝贡贸易中中国封建王朝对外国统治者和使者的赏赐。这些丝织品的输出，在一定程度上满足了各国社会的需要。

亚洲有一些国家掌握了中国先进的丝织技术，他们把精美的丝织品"反馈"到中国。如安南绢、日本的倭缎、兜罗绒和朝鲜的织锦、绵绸。印度尼西亚的金钱花裙，具有浓郁的民族特色，其手工织锦技术受到中国的影响。

在中国丝织技术对外传播方面，华侨起了重大作用。华侨在侨居国积极传播丝织技术。有的人在历史上留下了姓名，如在大食的"河东人乐澴、吕礼"，但是更多的人默默无闻。正是在许多无名织工在异国他乡辛勤劳动的基础上，中国丝织技术在外国才得到传承，并结出了朵朵绚丽的奇葩。

---

① 林延青、李梦芝：《五千年中外文化交流史》（第2卷），世界知识出版社2002年版，第576页。

第六章 古代中国与亚洲国家的 制瓷技术交流

　　中国的手工业生产历史悠久，技术高超，在世界上享有盛名。陶器是伴随着农业生产的发明和定居生活的需要而出现的，是新石器时代最具特色的手工业门类。相传我国古代神农氏"耕而作陶"，正是这一史实的反映。母系氏族公社时期，仰韶文化的典型器形有钵、碗、盆、罐等，此外还有陶纺轮、陶网坠、陶刀等生产工具。仰韶文化的彩陶是陶器中的艺术精品。[①] 到父系氏族公社时期，制陶技术有明显的进步。山东龙山文化的黑陶，以造型美观、纹饰精细、器形多样而著称。良渚文化陶器以黑皮陶和夹砂灰黑陶居多，制作以轮制为主，同样具有器形浑圆、规整、胎薄等特点。这些技术成就，为后来陶瓷业的发展奠定了基础。[②] 商代在制陶的基础上发明了青瓷器，这是中国瓷器的起源。随着瓷器工艺的改进和质量的提高，逐步赶上并取代了陶器。

　　早在西周时期，周王室和诸侯公室都拥有各种手工业作坊，有众多的具有专门技艺的工匠，号称为"百工"。这些作坊和工匠，都由官府管理。陶瓷器的制作取得了巨大的进步。瓷器的制作技术在唐代有很大的进步。越州的青瓷类玉类冰，邢州的白瓷类银类雪。洪州的名瓷酒器

---

　　① 朱绍侯：《中国古代史》，福建人民出版社 2001 年版，第 17 页。
　　② 同上书，第 25、26 页。

和茶具,深受人们的喜爱。饶州浮梁昌南镇(今景德镇)的瓷器从唐初以来,相传有"假玉器"之称。[1] 长沙铜官镇的瓦渣坪窑,能在青釉下烧出褐绿色彩的花纹,还可以在白釉或青黄釉下画绿彩。这证明釉下彩的技法在唐代已经应用起来。彩瓷发明于唐代,最有名的是"唐三彩"。唐三彩的发明,标志着唐代制瓷业者对化学特性的认识,对釉色的精细调配,烧炼时火候的掌握和控制都已发展到较高的水平。[2]

陶瓷器很早就出口到国外。从唐以后,我国的瓷器已销往东西方国家,并将其制作技术传到东南亚、日本和阿拉伯等国家。在东南亚、中亚和西亚的古代遗址以及在印尼海域发现的唐代沉船中,都发现了长沙窑生产的瓷器。[3] 宋明时期,中国陶瓷更是远销海外诸国。

一、古代中国瓷器大量输入亚洲各国

古代中国陶瓷器大量输入朝鲜、日本等地。朝鲜出土中国陶瓷主要在 20 世纪 30 年代以后。在江原道原城郡法泉里三、四世纪的墓葬里出土了越窑青瓷羊形器。百济第二代首都忠靖南道公州发现的武宁王陵(公元 523 年卒,525 年葬),出土了越窑青瓷灯、碗、四耳壶、六角壶等器。[4] 同样,许多日本古墓出土了公元 4 世纪时期与中国同样质地、造型、纹饰的瓷器、陶器等。经考证,这里面陶瓷器既有从中国直接输入的,也有东渡的中国工匠在日本本土上所造的。[5]

瓷器大量输入越南。唐代工艺发达,以越州窑及汝窑的瓷器成品为最佳。近代在越南的广安、北宁、清化等地发现了不少古陶器,其中很多是越州窑、汝窑等地之出品。[6]

---

① 蒹伯赞:《中国史大纲》,北京大学出版社 2006 年版,第 296 页。
② 张明、于井尧:《中国科技史》,吉林文史出版社 2006 年版,第 65 页。
③ 蒹伯赞:《中国史大纲》,北京大学出版社 2006 年版,第 319—320 页。
④ 《古中国与朝鲜瓷器的渊源》,中华陶瓷网,2010—08—19。
⑤ 朱绍侯:《中国古代史》,福建人民出版社 2001 年版,第 499 页。
⑥ 陈玉龙:《中国和越南柬埔寨老挝文化交流》,载周一良:《中外文化交流史》,河南人民出版社 1987 年版,第 678 页。

瓷器输入占城。

宋与占城民间贸易的规模更大，"占城、大食之民，岁航海而来，贾于中国者多矣"①。占城商人经常往返于两国港口之间，运来各种香药，换回所需要的中国货物。宋代商人也络绎不绝地前往占城贸易，运去绢扇、漆器、瓷器等，丰富了占城人民的物质生活，促进了当地社会经济的发展。②

元朝与占城的贸易往来频繁。《安南志略》云："占城国。立国于海滨，中国商舟泛海往来外藩者，皆聚于此，以积薪水，为南方第一马头。"③

郑和下西洋，与占城等东南亚国家进行经贸往来。随同郑和船队出访的马欢著《瀛涯胜览》，谈到了占城国以及商品交换：

> 其国……国之东北百里，有一海口，名新州港……去西南百里，到王居之城，番名日占城。……其买卖交易使用七成淡金或银。中国青瓷盘碗等品、宁丝、绫绢、烧珠等物，甚爱之，则将淡金换易。常将犀角、象牙、伽蓝香等物进贡中国。④

中国陶瓷输入老挝。

老挝在帕昭塞耶谢答第王朝在万象营建都城时开始制陶，受到中国的影响。古代的陶窑区即位于万象市郊，离市区大约 3 公里的塔德—万象公路旁。陶窑遗址四处散布着大量烧制过程中损坏的陶器残片，其中且混杂着中国瓷器残片。例如：用兰靛花纹和用橙黄色及红色描绘的器皿，还有明清两代的瓷器。有些瓷器形态近似中国式样。史家分析，可能在陶器生产过程中有中国工匠前来协助或给予技术指导。⑤

---

① 《小畜集》卷十四《记孝》。
② 王介南：《中外文化交流史》，书海出版社 2004 年版，第 210 页。
③ 《安南志略》卷一《边境服役》。
④ 《瀛涯胜览·占城》。
⑤ 陈玉龙：《中国和越南柬埔寨老挝文化交流》，载周一良《中外文化交流》，河南人民出版社 1987 年版，第 727 页。

陶瓷输入柬埔寨。

唐代，中国与柬埔寨通商，中国许多货品营销于柬埔寨，特别是泉州的青瓷器和明州的草席，更受柬埔寨人的欢迎。[①] 宋元时期，中国陶瓷大量输入柬埔寨。《真腊风土记》在"贸易"、"欲得唐货"等节中，记载了华商在当地贸易和唐货（中国商品）在柬交易的情况，内容颇为丰富、翔实。他写道：当地"不出金银，以唐人金银为第一，五色轻缣帛次之，其次如真州（今江苏仪征）之锡镴、温州之漆盘、泉处之青瓷器、及水银、银球、纸箚、硫黄"。[②]

明洪武十六年（1383），明朝使团给吴哥国王带去织金文绮 32 匹，瓷器 19 万件。[③] 明初，严格实施朝贡制度，限制私商贸易，甚至实行"海禁"政策，但对外民间贸易虽受影响却没有停止。中柬民间贸易往来仍较频繁。中国商船运往柬埔寨的货物主要有金银、烧珠、绫罗杂缯、瓷器、糖果等。[④]

陶瓷器输入菲律宾。

宋元以来中国和菲律宾之间的瓷器贸易已很发达。20 世纪 50 年代末以来，考古学家拜耶尔、福克斯等在吕宋岛的卡拉塔干发掘了 1300 多个墓葬。出土的陶瓷器达 1135 件，其中 80％来自中国。品种有瓷碗、碟、盘、瓶、长颈水瓶、壶、瓮、罐、碗盖等。

中国陶瓷器畅销菲律宾原因主要有三，菲律宾有瓮葬风俗，需要大量陶瓷器，这是最重要原因。其次，菲律宾内地各部落以拥有多少中国瓷器（多为宋、明瓷器）作为衡量财富的标准，并以中国瓷器作为世代相传的传家宝。第三是菲律宾人在日常生活中需要陶器作为餐具饮具和家庭摆设品。各种宗教仪式，也需要瓷器。[⑤]

---

① 朱绍侯：《中国古代史》，福建人民出版社 2001 年版，第 663 页。

② 参见夏鼐：《真腊风土记校注》，中华书局 1981 年版，第 146－148 页。

③ 《明史》卷三二四《真腊传》。

④ 梁志明：《源远流长—中国与越南老挝柬埔寨的文化交流》，载何芳川：《中外文化交流史》，国际文化出版公司 2008 年版，第 304 页。

⑤ 周南京：《中国和菲律宾文化交流的历史》，载周一良：《中外文化交流史》，河南人民出版社 1987 年版，第 450 页。

《明史》记载：在永乐十五年（1417），苏禄东王和西王等人组成340 余人的大型使团来华朝贡。永乐帝"赐引诰，袭衣冠带及鞍马，仪仗器物，其从者亦赐冠带有差"[①]。这里提到的"器物"，笔者以为其中应有陶瓷器。

元明清时期，中国陶瓷器大量输入泰国。

汪大渊《岛夷志略》记载了中国瓷器输出有 50 多个地区。罗卫（今叻丕）"贸易之货……青白碗"，罗叻（今华里富）"货用青瓷"，这两个地区分别位于今日泰国沿海一带。所谓青器，乃是指浙江省各窑包括处州府龙泉县窑在内的产品，或简称处器。出口泰国的这些青瓷器，后来都产自江西、广东、福建，已不限于处州所产的青白瓷器了。元代的青白瓷器在质量方面上不及宋，下不及明，但很受泰国人民的欢迎，原因是元瓷一般体重质坚，有益于实用。据《明实录》记载，公元1383 年明朝一次运往占城、暹罗、真腊等地的瓷器共有 19000 件。1983 年，在泰国湾锡昌岛附近海底，发现距今 500 年之久的中国商船，船上装有大量中国瓷器及其他物品。[②]

明代郑和下西洋，把中国的青通和青花瓷器与当地人民交换价值相当的土产品。据《敕封天后志》记载，太监郑和于永乐元年（1403）曾到达暹罗国。《明史》记载永乐六年（1408）郑和出使暹罗。第二次下西洋到达泰国海湾后，郑和除了将一部分丝绸、瓷器、铁器作为礼物赠给暹罗的王公大臣外，大部分货物"用小船去做买卖"。同时收购当地的胡椒、谷米、香料等土特产品。

中国的陶器输入琉球。

在明清时期，中琉两国关系密切，科技交流频繁。

洪武七年（1375），琉球来贡，得到明廷的赏赐，赏赐品中就有陶器：

七年（1377）冬泰期复来贡，并上皇太子笺。命刑部侍郎李浩

---

① 《明史》卷三二五《苏禄传》。

② 傅增有：《中泰文化交流的特点研究》，载北京大学东南亚研究所：《东南亚文化研究论文集》，经济日报出版社 2004 年版，第 137 页。

赉赐文绮、陶铁器，且以陶器七万、铁器千，就其国市马。九年（1379）夏，泰期随浩入贡，得马四十匹。浩言其国不贵纨绮，惟贵磁器、铁釜，自是赏赉多用诸物。①

中国的陶瓷输入马来西亚。

在明代，大泥（吉兰丹）居民"盛食无器，并以竹编贝多叶贮之。食毕辄弃捐"②。但是在同中国贸易关系密切的柔佛，"王用金银器盛食，民家瓷器，都无匕筋，以手占之而已"③。宋元以来中国金银器和青白花瓷器等已经大量输往马来半岛各国，这些瓷器当为中国所制造者。1954 年在柔佛发掘了一批中国古代文物，计有铜器 25 件，瓷器 33 件，这些瓷器多为明代宣德隆庆万历和嘉靖年间江西景德镇的产品，它们可以作为上述历史文献的佐证。④

中国瓷器输入新加坡。

根据马来纪年的记述，僧伽补罗大约建于 13 世纪后半期，是个封建制的国家，国王具有至高无上的权力，并拥有一支武装船队，管理着过往的船只，控制着国内外商业贸易。当时僧伽补罗的商业繁荣，来自各方的商人和货物不可胜数。其中有阿拉伯商人和印度商人运来的纺织品和珍贵物品，也有来自中国的赤金、青缎、花布、瓷器，以及东南亚地区汇集来的香料、胡椒和玳瑁等。⑤

中国的瓷器还输入到南亚各国。

斯里兰卡国家博物馆里现在还珍藏许多中国宋代青瓷器皿、钱币等。⑥斯里兰卡与中国的古代贸易往来可以追溯到公元 1 世纪。7 世纪以后，贸易关系更加密切，这种局面一直持续到 15 世纪。斯里兰卡向

① 《明史》卷三二三《琉球传》。
② 《东西洋考·大泥》。
③ 《东西洋考·柔佛》。
④ 周南京：《回顾中国和马来西亚文莱文化交流的历史》，载周一良：《中外文化交流史》，河南人民出版社 1987 年版，第 415 页。
⑤ 王民同等：《东南亚史纲》，云南大学出版社 1994 年版，第 170 页。
⑥ 王兰：《斯里兰卡》，社会科学文献出版社 2004 年版，第 359 页。

中国出口珍珠、宝石、象牙、瓢嵌工艺品和草药，中国向斯里兰卡出口或通过斯里兰卡转口丝绸、青瓷盆碗等。16 世纪以后，欧洲帝国主义者入侵斯里兰卡，使中斯贸易中断。①

中国瓷器通过丝绸之路，远销到了土耳其等地。

由于中国的丝绸和瓷器精致典雅，再加上路途遥远，险阻重重，所以成功运抵的丝绸和瓷器自然身价不菲，珍同珙璧。因此土耳其人非常喜爱中国的丝绸和瓷器，视他们为世界之宝，亲切地称瓷器为"绥尼"，意思为"中国的"。②

现在土耳其托普卡帕皇宫博物院中藏有来自中国的名贵瓷器 1 万多件，分别为宋、元、明、清各朝代的产品。陈列馆内有一只明朝烧制的白底蓝花的瓷碗，其上有苏东坡的《赤壁赋》全文及苏东坡游赤壁的图画。据云，自从中国瓷器传道土耳其后，宫廷里就用瓷器餐具招待尊贵的外国客人，而在这之前，都是用金质餐具。托普卡帕宫里最为精彩的储藏，是中国的瓷器，人们称为"中国陶瓷的宝库"。陈列室摆满了中国的陶瓷，有色彩醒目的造型美观的元末明初的大碟、大钵，有元朝时代出产的各种类型的青瓷。据云，完整的中国元代青花瓷在世界上约有200 件，这里就有 80 件。③

中国瓷器以精美雅致而著称于世。在伊朗各地几乎都有中国历代瓷器出土，这表明在古代中国瓷器经由海陆丝绸之路源源不断地运到伊朗。伊朗人民珍视这些来自中国的珍品。伊朗历代帝王都大宗地订购中国瓷器，其中尤以萨法维王朝（1502—1735）更为突出。至今在伊朗各博物馆保存的中国明代生产的瓷器，其数量之巨，品种之多以及内容之丰富，实属罕见。④

瓷器输入阿拉伯。

在唐和五代，中国制瓷工艺有长足的进步，瓷窑有大幅度的增长，

---

① 王兰：《斯里兰卡》，社会科学文献出版社 2004 年版，第 360 页。
② 黄维民：《土耳其人》，三秦出版社 2004 年版，第 222—223 页。
③ 周一良：《中外文化交流史》，河南人民出版社 1987 年版，第 537 页。
④ 同上书，第 250 页。

陶瓷制作处于一个大发展时期。瓷器从唐代中晚期开始已列入外销的大宗货物中，分别从西北陆道和东南沿海的国际贸易港扬州、明州和广州运往西亚和波斯湾、亚丁湾、红海各地。

瓷器生产在唐代，通常是"南青北白"，南方出青瓷，北方产白瓷。从海道外销的以青瓷为主，由陆路外销的多半是白瓷。伊斯兰世界见到精美的中国瓷器是在阿拔斯朝。阿布·法德尔·贝哈基在1059年写成的著作中，提到早期中国瓷器运往巴格达的情景，在哈里发哈仑·拉希德执政时，"呼罗珊总督阿里·伊本·伊萨向哈里发哈仑·拉希德进献过20件精美的中国御用的瓷器，以及数量达2000件的中国民用的陶瓷。这在哈里发宫廷中是从未见到过的"。这些瓷器中有碗、杯、盏、瓶、壶，是由骆驼队商运去的。①

9世纪以来，华瓷的输出已见诸阿拉伯著作。伊本·郭大贝在846年左右完成的《省道志》中历数中国沿海著名港口，在出口货中提到北景出瓷器、米和镔铁。博学多产的阿拉伯学者查希兹曾在巴士拉活动，所撰《生财之道》一书也提到一份换货的协议，其中一款是从中国进口瓷器。瓷器成了中国出口货中不可缺少的项目。地理学家伊本·法基在《地理志》（903）中将中国丝、中国瓷器和中国灯并列为三大名牌货。②

一些阿拉伯商人从事贩运瓷器，因此致富。在一本流行于西亚的《印度珍异记》的散文集中，记述一个犹太商人凭着极少的资金，在883—884年期间到东方经商，913年回到阿曼后，顿成巨富。他献给阿曼城（苏哈尔）的统治者"一件顶端镶金的深色瓷壶"，这是一件精致的青瓷壶，产地应属越窑。这位犹太商人因拥有大批中国丝绸和华瓷而致富。③

中国瓷器在阿拉伯是极受尊重的贵重物品。9世纪坦纳基非常赞赏30多件中国瓷罐，由于它们储存香料，香气历久不衰，其中尤以哈里发瓦蒂克时代的一件遗物品类绝佳，最大的一件竟要好几个人才能搬

---

① 沈福伟：《中西文化交流史》，上海人民出版社2006年版，第186页。
② 同上书，第187页。
③ 同上。

动。伊斯兰诗人以珍藏华瓷为荣，哈里发穆台瓦基（846－861 年在位）之际，一位诗人由于喂养的公羊撞碎了中国瓷器，表示极度惋惜那些"纹饰中凝结着非凡才智的中国瓷碗"。[①]

五代、两宋时期，中国和阿拉伯的友好关系有了进一步的发展。当时阿拉伯帝国的首都巴格达是一个国际贸易的中心，中国贩运到这里的货物，主要是丝织品、瓷器等。中国的广州、泉州、扬州则是阿拉伯商人频繁往来和长期居住的地方，他们一般是贩运香料、药材等到中国来，再购买丝织品、瓷器等回到阿拉伯。[②]

阿拉伯半岛的巴林，发现过越窑青瓷碎片。

叙利亚的哈马遗址，在 1931 年和 1938 年经大马士革国立博物馆调查发掘，在 950－1400 年代地层中，出土青瓷、白瓷和青花瓷碎片。[③]

近代考古工作者曾经在伊拉克底格里斯河西岸的沙玛拉城遗址发掘出大批中国陶瓷，其中有唐三彩、白瓷和青瓷三种；在北非的福斯特（即开罗古城）遗址中，曾发掘出唐朝的青瓷器。[④]

瓷器如何从中国运至遥远的地方？《万历野获编》作者沈德符为我们介绍了他的耳闻目睹。"贡使回国，即瓷器一项，多至数十车"。其包装的具体过程是："则初买时，每一器内纳少土，及豆麦少许。垒数十个，辄牢缚成一片，置之湿地，频洒以水，久之则豆麦生芽，缠绕胶固。试投之荦确之地，不损破者，始以登车。临装驾时，又从车上掷下数番，其坚韧如故者，始载以往。"[⑤]

二、中国的制瓷技术传播到周边国家，许多国家仿制陶瓷器

古代中国制瓷技术传播到朝鲜，对朝鲜影响很大。

---

① 沈福伟：《中西文化交流史》，上海人民出版社 2006 年版，第 187 页。
② 朱绍侯：《中国古代史》，福建人民出版社 2000 年版，第 151 页。
③ 同上书，第 191 页。
④ 同上书，第 669 页。
⑤ 《万历野获编》卷三十《夷人市瓷器》。

　　中国定州窑的制瓷技术曾传入高丽。中国定窑制瓷技术东传高丽，是通过辽朝途径传播的。据徐兢记载，"闻契丹降虏数万人，其工技十有一择其精巧者，留于王府，比年器服益工"①，高丽通过契丹人吸收了定州窑的制瓷技术。据1123年出使高丽的北宋官员徐兢在其回国后所著的《宣和奉使高丽图经》一书中所记载："陶器色之青者，丽人谓之翡色。高丽青瓷，近年以来，制作工巧，色泽尤佳。酒尊之状如瓜，上有小盖，面为荷花伏鸭之形。复能作碗、碟、杯、瓯、花瓶、汤盏，皆窃仿定器制度。"② 这里所说的定器，是指中国北方的定州窑（窑址在今河北省曲阳县涧磁村、燕山村等地）瓷器。定窑瓷器釉色洁白，多装饰有精美的印花刻花和划花，在北宋时期是最负盛名的瓷器之一。

　　据《高丽国经》描述，高丽青瓷系"翡色"，"制作工巧，色泽尤佳"。

　　高丽青瓷受宋越州窑等的影响，按还原焰的窑法进行生产。汉城梨花女子大学博物馆收藏的（宋太宗）淳化四年铭壶，仍然带有唐代瓷器的灰绿色，还不能算是真正的青瓷。据《高丽图经》推算，高丽青瓷生产大约开始于11世纪中叶。约在12世纪初，可能是受到镶嵌漆器的启发，出现了镶嵌青瓷。除纯青瓷、镶嵌青瓷外，还有堆花纹青瓷、画青瓷、辰砂青瓷、画金青瓷等。高丽朝后期，受元朝的影响，采用酸化焰的秘法，给青瓷技法带来了混乱，终至造成衰退和绝迹。③

　　高丽青瓷最重要的窑址在全罗南道的康津郡和全罗北道的扶安郡。在这两地曾发现成百的从初创期到末期的各种青瓷破片的堆积层。

　　高丽陶瓷工艺部门的工匠，早就努力探索朝鲜固有的色彩，终于成功地创造了一种被称为"翡色"的阴凉而又深彻的色彩。这是继承新罗传统并学习中国的陶瓷工艺技术，经过顽强的富有创造性的研究而独自摸索出来的。翡色似乎象征着高丽晴朗深邃的蓝天，除高丽陶工以外，

---

　　① 徐兢：《宣和奉使高丽图经》，陈尚胜：《五千年中外文化交流史》（第1卷），世界知识出版社，第361页。
　　② 同上。
　　③ 杨通方：《源远流长的中朝文化交流》，载周一良：《中外文化交流史》，河南人民出版社1987年版，第379页。

世人不知其中奥妙，故又称为"秘色"。这种颜色代代相传，朝鲜诗人曾骄傲地讴歌它的美丽。

高丽陶工以独特的手法，成功地装饰器皿的表面，象嵌瓷器的创造就是最典型的一例。

所谓象嵌手法，就是先在器皿的表面阴刻纹样，而后精巧地填上白土或黑土，最后上釉。以美丽的翡色为底色，再用白色和黑色嵌出适合器皿形状的优雅花纹，使瓷器更为清新可爱。这种象嵌手法是从新罗早已出现的白土象嵌陶瓷发展而来的。

高丽瓷工用象嵌手法刻画的纹样图案，种类繁多，花样奇特，如柳树、鸿雁、云彩和仙鹤、花朵和蝴蝶等等。

高丽瓷器形状美观，器皿整体匀称，线条生动，和谐美观。

明朝常将江西景德镇御窑烧制的青花瓷器作为珍贵的礼品，赠送给朝鲜李氏王朝。朝鲜君臣对这些制作极其精美的青花瓷器惊叹不已。宣德三年（1428）明朝使臣尹凤献给李朝世宗青花瓷器时，世宗就下旨命李朝官窑进行仿制，"制细烧造"青花瓷器。这些仿制品，大都具有浓厚的中国文化色彩。例如仿制的供朝鲜文人使用的八角水洗，竟然绘有中国湖南省洞庭湖和潇江、湘江的所谓八景：远浦归帆、洞庭秋月、平沙落雁、烟寺晚钟、山寺晴岚、渔村落照、江天暮雪、潇湘夜雨。这也从一个侧面反映了中国文化对朝鲜的影响。①

日本从石器时代起就开始制造原始的陶器。但到奈良时代才开始制作上釉的陶器，其中在正仓院收藏的一种是有绿、茶、白三色的"正仓院三彩"陶器。平安时代开始衰落，专门依靠输入中国陶瓷器。②

中国制瓷技术对日本影响很大。宋代，中国陶瓷器的烧制技术达到空前的高峰。日本加藤四郎左卫门世以制陶为主，1224年随日僧道元入宋，到天目山学习制陶。六年后归国，在尾张的濑户开窑。他烧制的陶器，在茶褐色的地上施黄釉，创造具有中国宋代风格的"濑户烧"。

---

① 陈梧桐：《中国文化通史·明代卷》，北京师范大学出版社2009年版，第124页。

② 夏应元：《相互影响两千年的中日文化交流》，载周一良：《中外文化交流史》，河南人民出版社1987年版，第334页。

进入 16 世纪，随着饮茶的日益普及，中国式的陶瓷器日益为日本人所喜爱，需要量大增。一方面日本从中国大量输入，另一方面一些茶人开始试制新陶器。丰臣秀吉时期，京都的田中长次郎向渡来人阿米夜学制陶。伊势陶工五郎大夫祥瑞，于 1510 年随明使了庵桂梧入明，学到制陶之法，在明从事瓷器烧制。1513 年，他携带大批高岭土回国，在肥前伊万里开窑，烧制釉面平滑的白瓷，销往全国，这是日本今天流行的瓷器的起源。[①] 在千利休的指导下，烧制了窑温低而质软的"乐烧茶碗"。明末，随着茶道的各种不同需要（煎茶或抹茶等）出现了多种瓷器。佐贺藩主从朝鲜带回陶工多人，在有田从事烧制瓷器，颇为兴盛。到江户初期的宽永（1624—1643）末年，在中国陶工的指导下，有田的柿右卫门烧制成红、黄、绿三色花纹的瓷器。由于从有田北面伊万里港运出，故通称为"伊万里烧"。江户中期之后，有田瓷器色彩更加华丽，成为日本瓷器的代表作。[②]

1619 年，陈元赟附商舶到日本长崎，后成为尾张德川侯幕宾。在日本，他与诸名士结交，传授中国文学艺术和制陶技术等，对中日文化交流作出了不小的贡献。[③] 陈元赟在日本传授新的制陶方法。当时，尾张藩主委托他主持"御庭烧"。他选用濑户土，输入中国黄釉，自为书画，施青白色透明水彩，或仿越南作风，被称为"元赟烧"，为时人所称道。[④]

公元前 2 世纪时中国制陶技术南传到交趾。赵佗建立南越国后，中原人黄广兴到交趾海阳头溪乡居住，教当地人民制作陶模、瓷缸，从此，头溪乡逐渐成为制陶的中心，而黄广兴则被越南人尊为陶瓷业的鼻祖。[⑤]

---

① 林延青、李梦芝等：《五千年中外文化交流史》（第 2 卷），世界知识出版社 2002 年版，第 534—535 页。
② 夏应元：《相互影响两千年的中日文化交流》，载周一良：《中外文化交流史》，河南人民出版社 1987 年版，第 334 页。
③ 林延青、李梦芝等：《五千年中外文化交流史》（第 2 卷），第 496 页。
④ 同上书，第 535 页。
⑤ 陈玉龙：《中国和越南柬埔寨老挝文化交流》，载周一良：《中外文化交流史》，河南人民出版社 1987 年版，第 677 页。

越南最早的陶器，是从河内附近大量古墓中出土的，它与中国汉代的硬灰陶十分相似，另外还有施透明灰釉的灰釉陶。这些都表明了越南陶瓷和中国南方地区早期陶瓷相类并有明显的传承关系。事实上，中国历代陶瓷的演变一直在影响着越南陶瓷艺术的发展。

公元4—9世纪，越南本地所生产的陶瓷或模仿越州青瓷，或似广东白瓷。在河内附近出土大量宋代风格的青瓷、白瓷一般认为是12—13世纪的作品，烧制地点不明。这些瓷器是在白地上描绘简单的草花纹，施透明釉，与广东同类瓷器几乎没有分别。此外还有泛黄绿釉彩的钵类陶器，从其器形、釉彩和风格上看，基本上是模仿宋瓷。

中国的青花瓷为世界之冠。青花瓷鲜艳夺目，永不褪色。青花瓷之创作，乃是中国制瓷技术的伟大成就，受世界各国人民的青睐。中国青花瓷的制作技术在元代期间输入越南，尔后安南陈、胡、黎、郑、莫朝多次派人至江西景德镇学习烧制青花瓷的技术。[①]

13世纪时越南对元朝的贡品中，瓷器是其一，且与沉香、玳瑁、珠玑、象牙并列，可见它已经达到当高的水平。黎朝时期，东京北江烧制的白瓷和青瓷，均为模仿景德镇窑的制品。

越南烧造瓷器，在后黎朝有了进一步的发展。这个时期的越南古瓷窑，大多集中在北部。北宁是著名的陶瓷产地，据说该地主要的陶窑是从老街迁移来的中国陶工在1465年创建的。北宁烧造的瓷器，受到江西瓷窑的明显影响，15世纪中叶起已经转销国外。越南出产的瓷器，品种丰富，有青瓷和各种单色瓷，还有乳色和棕色的二色瓷，以及钴蓝器、珐琅蓝瓷等。釉下蓝彩瓷器产品众多，使用的钴料，过去学术界一般认为大约来自于中东，但可能也有的来自于中国的云南、江西。[②]

15—16世纪，越南陶瓷逐渐脱离中国窠臼，更显示自己的风格，出现了用红、绿色画"唐草纹"、花鸟纹的赤绘彩陶瓷，图案素朴，笔致细腻优雅。17世纪以后的染色陶瓷出现釉色流淌的特殊效果，这种风格主要见于茶碗、水罐、花瓶等。它们可能是在越南北部烧制的。河

---

① 郭振铎、张笑梅：《越南通史》，中国人民大学出版社2001年版，第360页。

② 陈梧桐：《中国文化通史·明代卷》，北京师范大学出版社2009年版，第126页。

内南部的巴羌窑是当时最大的制窑地，直到近代仍然盛行烧制染色陶瓷。在 12 世纪至 17 世纪漫长的数百年间，越南陶瓷一直有着相当高的产量，远销印尼、印度及西亚各国。在土耳其托普加普宫流传的一件瓷器有太和八年的染色铭文，这是唯一有明确纪年的越南彩色陶瓷。像越南陶瓷这样流传有序、成果卓著的工艺艺术门类，在东南亚地区只有印度及西亚的织染方可与之相媲美。①

安南阮朝时期中国陶瓷烧造技术进一步向越南传播。清嘉庆十五年（1810），即安南阮朝嘉隆九年，越南人到广东学习烧制琉璃瓦和陶制品，回国后得到阮王厚赏。②1810 年阮世祖令华侨何达延请 3 个广东人到龙寿（属承天），"制造一种和琉离瓦相似的彩色瓦"。大约在 1880 年，"龙寿的陶器业迅猛发展起来，有将近一千名陶器手工工匠和士兵在这里从事生产"。③

中国的陶工入柬，向当地人传授制陶技术。在柬埔寨荔枝山遗址，出土一个小口窄颈反唇罐，与（广西）西村窑中的同类罐非常相似。④

中国制瓷技术输入泰国，促使其陶瓷业兴起。

宋末，蒙元军队南下，此时，大量宋朝遗臣和百姓逃难走东南亚，有匠人移民暹罗，正是这些匠人始创了泰瓷生产。⑤

公元 1294 年素可泰王朝兰甘亨国王邀请 500 名中国陶瓷工匠在素可泰开窑烧制陶器，烧制出驰名东南亚的宋加洛陶瓷，将中国陶瓷工艺传入泰国。至今，在泰北素可泰县仍留有烧窑遗址 50 座，通称素可泰窑群。⑥

① 郎天咏：《东南亚艺术》，河北教育出版社 2003 年版，第 136—137 页。
② 郭振铎、张笑梅：《越南通史》，中国人民大学出版社 2001 年版，第 577 页。
③ 陈尚胜：《五千年中外文化交流史》（第 1 卷），世界知识出版社 2002 年版，第 556 页。
④ 陈玉龙：《中国和越南柬埔寨老挝文化交流》，载周一良：《中外文化交流史》，河南人民出版社 1987 年版，第 721 页。
⑤ ［泰］黎道纲：《泰境古国的演变与室利佛逝的兴起》，中华书局 2007 年版，第 23 页。
⑥ 泰国国家文化中心：《泰国文化》，1986，第 67 页，转引自傅增有：《中泰文化交流的特点研究》，载北京大学东南亚研究所：《东南亚文化研究论文集》，经济日报出版社 2004 年版，第 137 页。

　　素可泰的瓷窑在中国工人的通力合作下，仿造了磁州瓷器，生产出一种厚硬的缸瓷器。14 世纪中期，宋加洛发现了优美的瓷土，宋加洛窑烧制出别具一格的瓷器，类似浙江龙泉窑的青花瓷器。

　　15 世纪以后，宋加洛瓷窑衰落。

　　有些国家还雇佣中国工匠帮助烧造陶瓷器。如，16 世纪末 17 世纪初，伊朗沙法维王朝阿拔斯（1588－1629）大力发展陶瓷业，把几百名中国陶瓷工匠及其家眷迁到伊朗，定居于伊斯法罕，将中国制造陶瓷技术传给伊朗同业工人。阿拔斯又专门开辟中国瓷器陈列室，供国人参观和研究。在较长时期，伊朗已经能够制造优良的青白瓷器，只是色调稍带紫色，而且过于肥润。其后，伊朗陶瓷工匠逐渐制造出具有伊朗民族风格、艺术特点并适应人民需要的瓷器。至今，伊朗语中仍把瓷器称为"支尼"，意为中国货。伊朗的烧瓷技术不久传到叙利亚，使那里的瓷业有了新的发展。[①]

结　语

　　古代中国的陶瓷器先后输送到亚洲很多国家，主要有下面几条途径：一是商贸往来。通过丝瓷之路，中国的陶瓷器源源不断运到亚洲各国。除民间商人把瓷器运销海外，国家也经营海外贸易，明初郑和下西洋将大量瓷器销往东南亚、南亚、北非地区。二是外交往来。由于中国封建帝王的赏赐，陶瓷器作为礼品输送到国外。如洪武十六年（1383）明朝遣使赏赐吴哥国王大量瓷器。永乐十五年（1417）永乐帝赐给苏禄东王和西王大量瓷器。

　　制瓷技术传播主要有两条途经，一是华侨在侨居国如日本、安南、老挝、真腊、朝鲜、暹罗等地传授制陶技术，从而使中国先进的陶瓷制造技术传播开来，二是外国派遣陶工来华学习制瓷技术，如日本、越

---

① 林延青、李梦芝：《五千年中外文化交流史》（第 2 卷），世界知识出版社 2002 年版，第 584 页。

南、泰国。

陶瓷器及陶瓷制造技术的传播，使亚州各国人民学会了先进的制陶工艺，提高了人民的生活水平，也培养了人们的鉴赏能力，同时给人们带来了美的享受。有一些国家如泰国、越南、日本等创办了瓷厂，制造了一些精美的瓷器，享誉世界。华侨在中国陶瓷制造技术的传播方面，做出了巨大的贡献，其典型代表有在日本的陈元贇、在越南的黄广兴等人。

中国人在陶瓷制造方面，并不是固步自封，而是不断总结经验，努力借鉴他人的经验。有些专家认为，中国陶瓷制造工艺在某些方面也受伊朗的影响，例如，在釉里加珐琅质的技术，据说中国是从伊朗那里学来的。[①] 这一史实证明了中外科技交流的过程是科技传播、融合、创新的过程，是中国科技不断汲取外国先进科技成果的过程。

① 周一良：《中外文化交流史》，河南人民出版社 1987 年版，第 251 页。

第七章　古代中国与亚洲国家的造纸术交流

造纸技术是中国古代四大发明之一。中国早在公元前就发明了纸，在公元 1 世纪初就用于书写，在公元 2 世纪初起造出了一种新的纤维纸。据《汉书·孝成赵皇后传》记载："箧中有裹药二枚，赫蹏书。"应邵注释曰："赫蹏，薄小纸也。"这是西汉有纸的最早文字记载。①

造纸术的改良者为东汉和帝时中常侍蔡伦（62—121）。蔡伦是桂阳（今湖南彬州）人，曾任主管御用器物的尚方令。他利用树皮、麻头、破布、鱼网，经过挫、捣、抄、烘等一系列工艺加工，造出了纸，于永元十七年（105）献给汉和帝。他造的纸被称为"蔡侯纸"。但在东汉、三国时期，纸并未普遍使用，人们的书写材料仍以简牍和缣帛为主。到了晋朝，造纸术传到长江流域，那里有丰富的造纸原料，也产生了较好的纸张，才得以普遍推广。晋人盛行抄书、藏书就是得益于用纸的普及。翦伯赞先生认为：造纸技术经过 200 多年的发展，渐趋完善，到东晋末年完全代替了简帛，成为最通常的书写材料。②

美国学者哈特认为："公元 2 世纪纸在中国就有了广泛的作用，不到几百年时间中国人就向亚洲其他一些地区出口纸。在很长的时期里，

---

① 朱绍侯：《中国古代史》，福建人民出版社 2001 年版，第 309 页。
② 翦伯赞：《中国史大纲》，北京大学出版社 2006 年版，第 157 页。

他们对造纸技术保密。"①

一、造纸术传播到亚洲各国

造纸术首先在境内传播，唐代起传入印度和大食等地。

造纸术南传以后，交趾人亦有新的创造。先是以谷树皮造纸，后来发展到用香树皮造纸。公元 3 世纪时，"交趾有蜜香纸，以蜜香树皮造成，微带褐色，有纹如鱼子，极香而坚韧，水浸不烂"②。可见蜜香纸质量甚佳。

唐代之前，印度一直没有纸，到了唐代，纸在印度还没有流行。义净在《大唐西域求法高僧传》卷下讲到他在佛逝向广州求纸和笔，以写佛经。他在其所著《南海寄归内法传》卷四中说："咸悉口相传授，而不书之于纸叶"。中国的造纸技术是由尼泊尔传入印度的。

中国的造纸术还传入南亚的尼泊尔。

648 年尼泊尔以七千骑兵支援王玄策攻下曲女城，奏凯而归，中尼邦交亲密无间臻于极峰。随着中尼关系的发展，中国的造纸术也在这时传入尼泊尔。③《旧唐书·吐蕃传》记载松赞干布于公元 650 年向唐高宗"请蚕种及造酒、碾硙、纸墨之匠，并许之"。这说明西藏此时可以借助内地的造纸工匠生产纸张。有学者认为，尼泊尔人先从西藏（即当时的吐蕃）学会了造纸术，后把中国纸和造纸术传入印度。④

怛逻斯之战使中国造纸技术传入阿拉伯。

唐玄宗天宝十年（751）八月，回元 133 年 12 月，刚刚建国的阿拔斯王朝的呼罗珊总督阿卜·穆斯林（A）和唐朝的安西四镇节度使高仙芝分别应中亚地方王公的请求而出兵怛逻斯城（今苏联哈萨克斯坦的江

---

① ［美］迈克尔·H. 哈特：《历史上最有影响的 100 人》，苏世军、周宇译，湖北教育出版社 1991 年版，第 29 页。

② ［晋］嵇含：《南方草木状》。

③ 朱绍侯：《中国古代史》，福建人民出版社 2001 年版，第 665 页。

④ 王宏纬：《尼泊尔》，社会科学文献出版社 2004 年版，第 400 页。

布尔城)。中阿双方在怛罗斯附近进行了决战,唐军被阿特拉赫统率的阿拉伯军所击溃。

关于怛逻斯战役,《资治通鉴》曾有记载:

> 高仙芝之虏石国王也,石国王子逃诣诸胡,具告仙芝欺诱贪暴之状。诸胡皆怒,潜引大食欲共攻四镇。仙芝闻之,将蕃、汉三万众击大食,深入七百余里,至怛逻斯城,与大食遇。相持五日,葛多禄部众叛,与大食夹攻唐军,仙芝大败,士卒死亡略尽,所余才数千人。[①]

关于这次战役,学界往往赋予它的结局以重要的意义,即认为战役的结局决定了穆斯林在中亚的优势地位。实际上,穆斯林之在中亚取得优势有很多的原因;就这次战争本身而言,它的重大意义在于促进了中外文化交流,大批汉地士兵被俘往阿拉伯地区,其中有不少技术工匠。杜环曾亲见:被俘工匠中有"绫绢机杼,金银匠,画匠,汉匠起作画者,京兆人樊淑、刘泚,织络者,河东人乐环、吕礼"[②]。另据阿拉伯文献记载,被俘者之中还有造纸工匠,他们把中国的造纸技术传到了西方。[③]

唐朝和阿拉伯关系的改善,使得751年怛罗斯战役的中国战俘受到特殊的优待。中国造纸工匠协助阿拉伯人在撒马尔罕开办了造纸厂,将造纸法初次传入穆斯林世界。

1464年,朝鲜政府利用明朝使节来访的机会,向他们询问造纸法,并依此法进行试造;1475年,朝鲜专门派遣纸匠朴非随谢恩使团来明朝学习造纸法。朴非先后在北京、辽阳两地的三家造纸作坊向中国造纸工匠学得麻纸、册纸、奏本纸的制造技术。[④]

15世纪初,许多东南亚国家还没有像样的纸和笔。《万历野获编》

[①] 《资治通鉴》卷二一六《唐纪三十二》。高仙芝,原籍高丽人,时为大唐安西节度使。
[②] 《通典》卷一九三《边防,大食》,引《经行记》。
[③] 周一良:《中外文化交流史》,河南人民出版社1987年版,第749—750页。
[④] 吴晗:《朝鲜李朝实录中的中国史料》(第1册),中华书局1980年版。

谈到缅甸的书写情况："其文字进上者用金叶书之，次用贝叶。谓之缅书。"①《瀛涯胜览》记载：占城"其书写无纸笔，用羊皮槌薄，或树皮熏黑，折成经摺，以白粉载字为记"。《星槎胜览》也记载：占城"其国无纸笔之具，但羊皮槌薄熏黑，削细竹为笔，蘸白灰书写，若蚯蚓委曲之状"。郑和出使西洋到达占城时，传去明朝制造的纸、笔、墨和造纸、制笔、制墨的技术。这些制造品和制造技术的传入，对于当时占城文化教育事业的发展无疑起了积极的作用。②

15 世纪初期，印尼人书写仍然使用贝叶而无纸。16 世纪，中国纸作为商品输入印尼。17 世纪 80 年代，华侨在雅加达创办造纸厂，从事造纸业，把中国造纸术输入印尼。③

二、亚洲各国造出的纸"反馈"中国

日本人造出的纸传入中国。《新唐书》云："建中元年，使者真人兴能献方物。真人，盖因官而氏者也。兴能善书，其纸似茧而泽，人莫识。"④ 建中是唐德宗李适的年号，建中元年即 780 年，日本纸进入中国，中国竟然无人识别，可见古代日本人造纸技术之高超。

在宋代，勃泥国使臣带来的纸令中国人耳目一新。据《宋史·勃泥传》记载，太平兴国二年（977），勃泥王向打遣使赍表，贡大片龙脑、米龙脑、苍龙脑、玳瑁壳、檀香、象牙等物：

其表以数重小囊缄封之，非中国纸，类木皮而薄，莹滑，色微绿，长数尺，阔寸余，横卷之仅可盈握。

① 《万历野获编》补遗卷四《土司·缅甸盛衰始末》。
② 王介南：《中外文化交流史》，书海出版社 2004 年版，第 275 页。
③ 林延青、李梦芝：《五千年中外文化交流史》（第 2 卷），世界知识出版社 2002 年版，第 577－578 页。
④ 《新唐书》卷二二〇《日本传》。

朝鲜的高丽纸（又名韩纸、高丽贡纸）素负盛名。明永乐十八年（1420）春正月，朝鲜国王遣礼曹参判河演与光禄少卿韩确到北京，"献厚纸三万五千张"①。清人谷应泰在《博喜要览》中说："高丽纸发墨可爱，此中国所无，亦奇品也。"《清史稿》卷五二六《朝鲜传》记载：清崇德二年（1637），朝鲜"奉大清国正朔"，定"每年进贡一次"，献方物黄金、白金、水牛角、貂皮、鹿皮、茶、水獭皮等，"大纸千卷，小纸千五百卷"。高丽纸输入中国，受到中国人民的普遍欢迎。乾隆时中国民间有仿制高丽纸者。②

三、中国造纸技术由阿拉伯先后传入非洲和欧洲，走向世界

据阿拉伯方面记载，怛逻斯战役中的许多中国战俘中有造纸工匠，这些工匠在撒马尔罕（即撒麻耳干）建立了穆斯林世界的第一座纸坊。关于这一情节，以下几条阿拉伯方面的记载补充了汉籍之不足。

9世纪上半期，有一位阿拉伯作家名叫塔米姆·本·巴赫尔，留下了一篇《回鹘行纪》，其中引述了一位阿拉伯作家阿卜勒·法德勒·瓦斯吉尔迪的话："穆斯林虏获甚丰，掳来的一些人的孩子们就是现在在撒麻耳干制造上好纸张、各种武器、各种工具的人。"③据英籍伊朗学家米诺尔斯基考证，这批俘虏的孩子们，当是751年与大食交战的唐军俘虏们的子弟。这段史料当是迄今为止人们知道的最早提及中国工匠在撒麻尔干造纸、造武器、造工具的文字。

自然科学领域最渊博的学者比鲁尼也说："初次制纸在中国"，"中国的战俘把造纸术传入撒麻耳干，从那以后，许多地方建立起来纸坊，

---

① 《朝鲜李朝实录中的中国史料》上编卷四《世宗庄宪大王实录一》。
② 陈玉龙：《汉文化论纲》，北京大学出版社1993年版，第33页。
③ 米诺尔斯基：《塔米姆·伊本·巴赫尔回鹘行纪》，《东方与非洲研究院院刊》1948年第2期，第285页。转引自周一良：《中外文化交流史》，河南人民出版社1987年版，第763页。

以满足当时的需要"。①

撒马尔罕的造纸业在 751 年建立后的好几个世纪中，一直是阿拉伯世界最重要的纸张供应中心。

撒马尔罕的造纸业一经建立，因为有技术熟练中国工匠操作，所造纸张自然精良，销路迅速扩大，引起了呼罗珊总督巴勒马基家族的法德尔·伊本·叶海亚德注意。在他的赞助下，794 年在哈里发的首都巴格达也开设了新的造纸厂。巴格达纸厂的建立和呼罗珊总督关系密切，主要技术力量由撒马尔罕纸厂提供。其中，据说就有中国工匠。纸厂投产后，呼罗珊总督之弟，哈里发哈仑·拉希德（786－809）的宰相贾法儿便明令政府公文正式采用纸张，以代替耗费极巨的羊皮纸，认为它可防止被涂抹窜改。②

在巴格达纸厂设立的前后，植物纤维纸开始流入一向以生产苇纸著名的下埃及。不久，9 世纪末在尼罗河三角洲就建立了这种新式的造纸厂，从此纸不但从亚洲源源流入地中海附近各地，而且也在苇纸生产的中心地区就地生产起植物纤维纸，和原有的苇纸展开激烈的竞争。③

埃及在突伦朝（868－905）末期开始拥有自己的造纸厂，纸的广泛使用却在法蒂玛朝（909－1171）统治时期。通过埃及，造纸术又传入西西里岛，并且沿着地中海，继续西行，大约在 11 世纪的下半叶或 1100 年，摩洛哥的都城非斯也开始制造纸张，不久，传入西班牙。④ 继而造纸术传播到欧洲各地。直到 18 世纪以前，欧洲各国造纸工场中采用的技术和设备依然都是中国的传统方法，工艺和质量还远不及中国宋代的水平。⑤

纸的应用推动了阿拉伯科学和文化的进一步昌盛和繁荣。阿拔斯朝哈里发从哈仑·拉希德时代就已积极进行的翻译事业，到马门（813－

---

① ［波斯］比鲁尼：《印度》，伦敦，1914，第 171 页。周一良：《中外文化交流史》，河南人民出版社 1987 年版，第 764 页。

② 沈福伟：《中西文化交流史》，上海人民出版社 2006 年版，第 295 页。

③ 同上书，第 297 页。

④ 同上书，第 298 页。

⑤ 张国刚等：《中西文化关系史》，高等教育出版社 2006 年版，第 117 页。

833）当政时，巴格达更在 830 年成立了"智慧宫"，大规模地系统开展起来。"智慧宫"由科学院、图书馆和翻译官联合组成。撒马尔罕和巴格达造纸厂生产的轻便的纸，对于翻译事业的发展提供了最方便的条件。译学馆网罗了各科学者和翻译家，包括伊斯兰教、景教、犹太教和拜星教徒的学者，专门翻译希腊文、叙利亚文、波斯文、梵文的各种专门著作，广泛地吸收世界各国科学遗产。①

结　语

中国造纸技术的对外传播，主要通过以下几个途经：（1）外国纸匠来华学习造纸技术，如朝鲜纸匠朴非奉命来华向中国造纸工匠学习。（2）中国造纸工匠到国外传播造纸技术，如郑和下西洋时造纸工匠至占城传播造纸技术；17 世纪 80 年代，华侨在印尼雅加达创办造纸厂。（3）战争是中外科技交流的特殊管道。公元 751 年的怛罗斯战争，导致唐军士兵被俘，其中有造纸工匠，他们协助阿拉伯人在撒马尔罕开办了造纸厂。

中国造纸术的发明是有极大价值的创造，它为文化传播带来了极大的便利。中国造纸术在亚洲乃至非洲、欧洲的传播，从根本上结束了外国用皮革、纸草、树皮以及羊皮纸作为书写材料的历史，对世界文明的进步做出了巨大的贡献。

---

① 沈福伟：《中西文化交流史》，上海人民出版社 2006 年版，第 298 页。

第八章　古代中国与亚洲国家的
印刷术交流

　　中国自从有了纸以后，随着经济文化的发展，读书的人越来越多，对书籍的需要量也大大增加，手抄本已无法满足社会需要。在雕版印刷术出现以前，社会上已经广泛应用印章和拓碑。我国劳动人民在印章和拓碑这两种方法的启发下，发明了雕版印刷术。印刷术的发明是中华民族对人类文明的巨大贡献之一。早在公元 7 世纪，中国就发明了雕版印刷技术来印刷各种书籍。至宋代，中国的雕版印刷术已经有了很高的水平和相当的规模。"转相摹刻，诸子百家之书，日传万纸"。① 正是在这样的文化背景下，活字印刷术在宋朝开始出现。宋代著名科学家沈括（1031—1095）在《梦溪笔谈》一书中，对北宋布衣毕升创造、使用泥活字印刷一事做了详细介绍：

　　　　板印书籍，唐人尚未盛为之，自冯瀛王始印五经已后，典籍皆为板本。庆历中，有布衣毕昇又为活板。其法，用胶泥刻字，薄如钱唇，每字为一印，火烧令坚。先设一铁板，其上以松脂、腊和纸灰之类冒之，欲印则以一铁范置铁板上，乃密布字印。满铁范为一

---

　　①　苏轼：《东坡集》卷三二《李氏山房藏书记》。

板，持就火炀之，药稍镕，则以一平板按其面，则字平如砥。若止印三二本，未为简易；若印数十百千本，则极为神速。常作二铁板，一板印刷，一板已自布字，此印者才毕，则第二板已具，更互用之，瞬息可成……

中国印刷术的发明，加速了文化的传播，促进了学术繁荣。

中国印刷术传入东亚、东南亚等国，为世界文明作出了重大贡献。

一、印刷技术传入亚洲各国

（一）朝鲜

随着中外书籍的交流，大约在 10 世纪末中国的雕板印刷技术传入高丽。由于当时从中国输入的儒家经典和佛教经典不能满足当时高丽知识阶层的需求，高丽王朝开始采用中国的雕板印刷技术来翻译经史医等方面的书籍。为了满足其国内教育的需要，高丽王朝也曾经大量雕刻翻印中国的经史诸子文集、医学、地理、律算等方面的著作。如 1042 年，高丽王朝就曾刊印两《汉书》与《唐书》；1045 年，高丽王朝又新刊《礼记正义》70 本、《毛诗正义》40 本；1058 年，忠州牧也进新雕《黄帝八十一难经》、《伤寒论》、《小儿巢氏病源》等书共 99 版。高丽在雕版上的最大举措，是三次雕刻《大藏经》。其中，第一次雕版于 1011—1087 年间；第二次系补充新近从中国及日本搜集的佛经，雕于 1086—1101 年间；第三次因前两版为蒙古军入侵所毁，遂在 1236—1251 年间又重新雕版。

高丽天太宗创始人义天主持佛教经书的印刷。义天于 1085 年赴宋，在宋逗留 14 个月，共收集佛教书籍数千卷，归国后于兴王寺设立教藏都监，出版佛教书籍 1000 余种。其收集的 4000 余卷佛教书籍，被称之为"义天的续藏"。这些书籍的特征和内容主要是对佛教经书的解释。

遗憾的是，"义天的续藏"在 13 世纪被蒙古侵略军烧毁，现已失传。[①]

其中不少在高丽翻印的中国书籍，又作为"礼品"被回赠到中国。早在五代的后周王朝，高丽光宗王就曾遣使送来《别序孝经》一卷、《越王孝经新义》八卷、《皇灵孝经》一卷、《孝经雌雄图》三卷；其后又曾经通过使节回赠《黄帝针经》、京氏《周易占》以及足本《说苑》等书。[②]宋朝方面闻知高丽王朝收藏有不少好书，也曾经向高丽王朝开列过"求书目录"。如 1091 年宋朝开列的"求书目录"中书籍就达 128 种共计4913 卷，其中包括各类著作，如医药书就有：《古今录验方》、《张仲景方》、《黄帝针经》等；史学书籍有谢承《后汉书》、干宝《晋记》、魏澹《后魏书》等；文学类书籍有《扬雄集》、《班固集》、《司马相如集》、《诸葛亮集》、《曹植集》、《谢灵运集》等等。[③]

（二）日本

宋代中国雕版书大批输入日本，对日本的印刷事业影响颇大。如北宋太宗时，中国的雕版印本《大藏经》（开宝敕版的初印本）等大部头书，由日本僧人奝然于 986 年乘坐中国商船带归，该书藏于京都法成寺。南宋商人刘文仲也携去《新唐书》、《新五代史》，赠送给日本左大臣藤原赖长。[④]

在印刷技术方面，室町时期的五山各禅寺竞相刊刻禅僧语录、诗文集、僧侣传记、儒学书籍等，在这些刻书事业中都有中国雕工参加。壬辰战争期间，日本侵略者入侵朝鲜，大肆抢劫朝鲜文物，将朝鲜的铜活字带回日本，用以印刷各种书籍。如 1593 年敕版的古文《孝经》，1596年的《蒙求补注》以及 1599 年的"四书"，均使用朝鲜活字排版。不

---

① 杨通方：《源远流长的中朝文化交流》，周一良：《中外文化交流史》，河南人民出版社1987 年版，第 382 页。
② 陈尚胜：《五千年中外文化交流史》（第 1 卷），世界知识出版社 2002 年版，第 356 页。
③ 《高丽史》卷十。
④ 朱绍侯：《中国古代史》，福建人民出版社 2001 年版，第 149 页。

过，直到明治维新之前，日本印书的主流仍是雕版，或称为"整版"。①

（三）越南

自从北宋政府出版儒家经典及《大藏经》后，安南也屡次请求宋朝赐送这些印刷品，早在前黎朝时就向宋真宗求过《九经》及《大藏经》。安南李太祖在位时，又向宋真宗求《大藏经》及《道藏经》。此后李仁宗又求释藏。不到 80 年功夫，他们先后求去 3 部《大藏经》和 1 部《道藏经》。元至元二十五年（1288），越南陈圣宗派遣使臣陈克用向元朝求取《大藏经》。

由于受中国书籍大量输入的影响，中国印刷术在 13 世纪中叶传入越南。越南历史上第一次记载的印刷品，是陈朝元丰年间（1251—1258）木印的户口帖子。② 此为中国印刷术在越南实用之滥觞。

15 世纪中叶，越南开始刊印《五经》官定本。1435 年，黎太宗刊《四书大全》版。

作为越南历朝的政治经济文化中心河内，同时也是刻书中心。顺化是旧阮京城。19 世纪初叶，顺化取代河内，成为越南新的政治中心，因而刻书事业也随之发展。后黎探花梁如鹄（今越南长津县红蓼人）先后于 1443 年、1459 年两次奉使赴明。他学习了中国人刻书的方法，回国后传授给乡人依样仿刻经史版本，刊行于世。同县柳幢人也学会此技术。越南 500 年来整个雕版之术都受梁如鹄的影响。越南的刻工们为了纪念梁如鹄的功绩，尊奉他为刻字行的祖师。19 世纪中叶，越南向中国购买木活字一套，开始用活字版印书。后来又出现套版，套印彩色的年画。他们是中国年画的翻版，但充满南国情调，具有他们自己的风格。

（四）菲律宾

首先把中国印刷术介绍到菲律宾的是名叫龚容的华人，其教名为胡

---

① 林延青、李梦芝等：《五千年中外文化交流史》（第 2 卷），世界知识出版社 2002 年版，第 536 页。

② 陈尚胜：《五千年中外文化交流史》（第 1 卷），世界知识出版社 2002 年版，第 359 页。

安·德·维拉，他印制了菲律宾的第一部书《基督教教义》（1593）。龚容和西班牙神父何塞一起创造了菲律宾第一部活版印刷机（1602）。①

（五）马来西亚

在马来西亚，1815 年，包括著名刻工梁阿发（梁发）在内的中国刻工数人，随当时在广州的英国牧师米怜前往马六甲，设立福音堂，用木板雕印汉文《圣经》，并出版米怜主编的汉文杂志《察世俗每月统计传》。中国的印刷技术由此传入马来西亚。②

（六）印度

张秀民先生认为：1561 年由葡萄牙传教士携带印刷机到印度西南部的果阿，过了两年之后印成第一本书。③

（七）阿拉伯

中国的雕版印刷术，可能在唐末就已通过新疆传播到阿拉伯人手中。蒙古人兴起后，加速了中国雕版印刷技术西传的历史进程。在这一历史进程中，由蒙古人在波斯所建立的伊利汗国发挥了重要的作用。1294 年，伊利汗乞合都（1291－1295 年在位）为摆脱财政危机，曾仿效元朝雕版印刷纸币。尽管纸币由于遭受人们的强烈反对而在两个月后废止，但是波斯人却用雕版来印刷同样由中国人所发明的纸牌。到 14 世纪，印刷术伴随着纸牌从波斯传入欧洲。在 14 世纪末和 15 世纪初，意大利、德国、法国等一些欧洲国家即开始用雕版来印刷纸牌。不久，欧洲人又用它来印制宗教图像，后来又发展到印刷书籍。④

公元 1310 年，波斯著名政治家和历史学家拉希杜丁·法杜拉在

---

① 林延青、李梦芝：《五千年中外文化交流史》（第 2 卷），世界知识出版社 2002 年版，第 576 页。
② 同上。
③ 同上书，第 581 页。
④ 陈尚胜：《五千年中外文化交流史》（第 1 卷），世界知识出版社 2002 年版，第 455 页。

《史集》一书中曾精确而详细地介绍了中国的雕版印刷技术。[①]

二、活字技术的不断创新

中国的活字印刷技术，在 13 世纪初传入高丽。高丽印刷工人在此基础上，又创造性地铸造成铜活字和铅活字。

朝鲜铜活字原来称为铸字。据记载，高丽人崔怡大约于 1234 年用铸造的金属活字印成《古今详定礼文》50 卷 28 本（今仅存李奎报代写的序言）。这是世界上最早的金属活字本。[②] 为了扭转图书依赖中国的局面，太宗李芳远于 1403 年设立铸字所，由李稷主持铸造了几十万个铜活字，以提高书籍的印刷速度和质量。在 15 世纪李朝铸造铜活字先后有 11 次，16 世纪又铸造 3 次。后来朝鲜的铜活字传入中国，我国也在 15 世纪末铸造了铜活字，但是由于当时中国纸墨的质量不如朝鲜，铜活字印本也远逊于李朝的印本。[③]

15 世纪时，朝鲜开始用铅铸字，是世界上第一个铸铅字的国家。[④] 1436 年，世宗李祹又命世祖李柔书写《通鉴纲目》大字，书名《思政殿训义》，浇铸铅字，用以排出正文，小注则用甲寅年（1434）浇铸的铜活字，铅活字与铜活字混合排印。不久，朝鲜铅活字也传入中国沿海地区。成书于弘治、正德年间的陆深《金台纪闻》载云：“近日昆凌（常州）人用铜、铅为活字，视板印尤巧便。”

这则史料说明当时的常州除了用铜活字印书外，还采用了铅活字，可惜我们至今未见到其印本。[⑤]

---

① 周一良：《中外文化交流史》，河南人民出版社 1987 年版，第 252 页。
② 陈尚胜：《五千年中外文化交流史》（第 1 卷），世界知识出版社 2002 年版，第 358—359 页。另据高丽朝李奎报《东国李相国集》记载：1234—1241 年间，高丽朝权臣崔瑀曾命用金属活字印刷崔允仪撰写的《古今详定礼文》50 卷。
③ 陈梧桐：《中国文化通史·明代卷》，北京师范大学出版社 2009 年版，第 122 页。
④ 陈玉龙：《汉文化论纲》，北京大学出版社 1993 年版，第 33 页。
⑤ 陈梧桐：《中国文化通史·明代卷》，北京师范大学出版社 2009 年版，第 122 页。

结　语

中国古代的印刷技术从公元 10 世纪开始传入国外，对当地的社会经济发展贡献巨大，对文化交流起着促进作用。雕版印刷术通过新疆传播到阿拉伯人手中，再由阿拉伯人传播到西方国家。

华侨在印刷技术对外传播方面做出了巨大贡献。菲律宾和马来西亚等国的印刷技术都是由华侨传入的。

在文化交流的过程中，有一种现象值得我们注意，那就是一些国家通过战争的手段获取他国的科学技术。在侵略朝鲜的壬辰战争期间，日本侵略者大肆抢劫朝鲜文物，将朝鲜的铜活字带回日本，用以印刷日本本国的各种书籍。这种侵略行径理应受到谴责。我们认为，这是文化交流中的一种特殊现象，将他国的科技成果据为己有，固不可取，但在客观上引起了科技的传播与发展。

活字印刷技术传播由中国到朝鲜，古代朝鲜人推陈出新，创造了新的铜活字、铅活字，大大推动了活字印刷技术的发展，朝鲜比德国用金属活字和中国用铜活字都要早几个世纪。[①]

早在北宋庆历年间（1041—1048），中国已有毕升的胶泥活字。毫无疑问，中国是最早发明活字印刷术的国家。高丽在此基础上，发明了金属活字，"青出于蓝而胜于蓝"。高丽金属活字的发明，是中朝文化交流的结晶。

我们在称赞中国古代文明之时，也要肯定外来的文明。对古代朝鲜文明亦可作如是观。朝鲜民族是勤劳的，有智慧的，他们在学习别国的同时，也积极创造，勇于创新，取得了举世瞩目的成就。古代朝鲜人民发明的金属活字，是朝鲜人民的伟大创造，对科技发展做出了重大的贡献。

---

① 杨通方：《源远流长的中朝文化交流》，载周一良：《中外文化交流史》，河南人民出版社 1987 年版，第 380 页。

　　时至今日，韩国向联合国申报"活字印刷术"是韩国人发明的"专利"，因为韩国的一本古籍被联合国教科文组织认定为世界上最古老的金属活字印本，韩国人便声称自己是活字印刷术发明的祖先，这是违背历史事实的。

第九章　古代中国与亚洲国家的铜器、漆器、铁器等手工艺交流

　　中国的手工艺巧夺天工，铜器、漆器、铁器等手工艺深受人们的欢迎。早在商代，青铜冶炼技术和青铜器制造工艺就得到高度发展，殷墟出土的司母戊大方鼎合金比例恰当，为后人所称道。汉代崇尚工艺，少府有考工室，各地有工官。《汉书·地理志》云：河内郡怀县、南阳郡宛县、济南郡东平陵县、泰山郡奉高县、广汉郡雒县，均有工官。其他如陈留郡襄邑县、齐郡临淄县，有服官。南郡有发弩官，皆官工之类。而铁官之分布在各地者尤多。[①] 至唐宋时期，矿冶业兴旺。矿冶业成为南宋规模最大的手工业，除了官营外也允许私人经营，征收课税。矿冶业的发展，促进了铜器、铁器等手工艺的发展。明清时期手工业者身份出现一系列变化。明初沿袭元制，官营手工业发达，工匠单立匠户，世代均不得脱籍。到明朝中叶，工匠逐渐可以纳银代役，身份趋于自由。到清朝时，完全废除了匠籍，这就给民营手工艺者的发展提供了有利条件，民营手工业在手工业生产中的地位日益突出。官民手工业的此消彼长，表明手工业者所受人身束缚的减少，有利于手工业的进步。[②]

---

① 柳诒征：《中国文化史》，东方出版社 2008 年版，第 329—330 页。
② 张帆：《中国古代简史》，北京大学出版社 2001 年版，第 374 页。

一、古代中国的铜器、漆器、铁器等手工艺传入亚洲各国

铁器传入朝鲜半岛。

战国晚期燕国铁器文化由北向南传入朝鲜。尽管当时铁器尚未完全取代铜器和石器，但铁农具和工具已经开始在生产中占据重要地位，并为汉置四郡后铁器在朝鲜半岛的逐步普及奠定了基础。公元前108年，汉武帝在朝鲜半岛北部建立了乐浪等郡县后，铁器及冶铁术传入朝鲜。[①]

铜器等手工艺传入日本。

弥生初期，中国青铜器传到日本，主要是输入铜镜、铜剑、铜矛等利器，在中国的影响下，日本也自制青铜器祭器——铜铎。[②]

隋唐时期，日本主动学习中国的典章制度，曾经多次派出使节来华。日本奈良东大寺内正仓院所存放的唐代铜镜、大刀等珍贵文物，就有一部分是由遣唐使带回去的。[③]

隋唐时代，中国向日本输出漆器，同时也对日本输出了制作技术。后来日本有独特的发明创造，即泥金画漆之法（日本称"莳绘"）。

中国的铁器输入琉球。

明洪武七年（1345）冬，琉球国王泰期来华贡献方物，并上皇太子笺。明太祖命刑部侍郎李浩赍赐文绮、陶铁器，"且以陶器七万、铁器千，就其国市马"[④]。

严从简《殊域周咨录》谈到琉球人喜爱中国铁器："古玩铜器非所好，惟好铁器与木绵，盖其地不产此二物。"[⑤]

---

① 王巍：《中国古代铁器及冶铁术对朝鲜半岛的传播》，《考古学报》1997年第3期。
② 夏应元：《相互影响两千年的中日文化交流》，周一良：《中外文化交流史》，河南人民出版社1987年版，第309页。
③ 朱绍侯：《中国古代史》，福建人民出版社2001年版，第659页。
④ 《明史》卷三二三《琉球传》。
⑤ ［明］严从简：《殊域周咨录·琉球》。

从这里可以看出，中国的铁器流入琉球，主要有两种途径，一是中国封建王朝的赏赐。从历史上看，此后琉球来华朝贡，朝廷均要应其要求赏赐陶器和铁器之类物品。二是商品交换。中国明代就曾经以陶器和铁器换取琉球的马匹。

中国红铜输入安南。

据越南史料记载，中国红铜在明末一度输入安南。

> 丁巳四年（1617）春正月，初置图家，收贮货物，以内令史领之（……顺（化）广（南）二处，惟无铜矿，每福建、广东及日本诸商船有载红铜来商者，官为收买，每百斤给价四、五十缗。……）[①]

中国铜鼓输入老挝。

在老挝沙湾拿吉以及乌汶等地发现了4面铜鼓，通过中国学者对其中"老挝1号鼓"的研究结果表明，铜鼓来自中国南方，年代大约在中国的战国末年至东汉初年。鼓上的某些图案不仅与中国南方的西林鼓上的图案有许多共同之处，而且与中国中原地区出土文物上的图案也有相似之处。因此，学者认为：在中国两汉时期，中原文化已经通过中国南方的百越民族的迁移传播到老挝地区。[②]

制造青铜器和铁器的技术从中国南部，经过越南东京（东山文化）传入印尼。东山文化的代表是铜鼓。在印尼的比马、松巴哇、罗蒂、巴厘、爪哇等岛屿，都发现了铜鼓。[③]

中国人很早就到邦加和勿里洞开采矿锡，并把制造锡器的技术传授给印尼人民。中国工匠制造的锡器，最初主要是用来满足华侨社会的需求，如祭坛上使用的各种神器，后来才逐渐转向生产各种实用的器具，

---

① ［越］《大南实录》卷二《熙宗孝文皇帝实录》。

② 申旭：《老挝史》，云南大学出版社1990年版，第29—30页。马树洪等：《老挝》，社会科学文献出版社2004年版，第71页。

③ 周南京：《历史上中国和印尼的文化交流》，载周一良：《中外文化交流史》，河南人民出版社1987年版，第219页。

如茶具、烟具、托盘、茶叶盒、烟盒、粉盒等。①

中国的手工技术输入缅甸。

据《西南夷风土记》记载，缅甸人器具用陶瓦、铜铁。他们擅长采漆画金，工匠都来自中国广东。"漆器贮鲜肉数日不作臭，铜器贮水竟日不冷。"②

中国的铁在唐代后期也传入印度。

公元 9 世纪的阿拉伯旅行家伊本·苦尔达巴在游记中写道：在克什米尔有一座用中国铁建成的观象台，坚不可摧。③ 这表明，中国的铁至少在 9 世纪就传入了印度。

中国铜器等制造技术传入中亚。

1221 年到达撒马尔罕的常春真人邱处机，看到汉人工匠与当地民众杂居在城中。当地盛行石铜（黄铜器），"满城铜器如金器"，间或也有瓷器，有和定磁相仿的，都是汉人工匠所造。④

二、亚洲各国的手工艺及其制品输入中国

日本的铜器输入中国。

《宋史》记载：日本"土宜五谷而少麦。交易用铜钱，文曰'乾文大宝'"⑤。《宋史》云："雍熙元年，日本国僧奝然与其徒五六人浮海而至，献铜器十余事，并本国《职员今》、《王年代纪》各一卷"⑥。《元史》亦记载："宋雍熙元年，日本僧暐然与其徒五六人浮海而至，奉职

---

① 林延青、李梦芝：《五千年中外文化交流史》（第 2 卷），世界知识出版社 2002 年版，第 577 页。

② 《西南夷风土记》。

③ 季羡林：《中印智慧的结晶》，载周一良：《中外文化交流史》，河南人民出版社 1987 年版，第 143 页。

④ 张星烺：《中西交通史料汇编》，中华书局 1977 年版，第 201 页。

⑤ 《宋史》卷四九一《日本传》。

⑥ 同上。

贡，并献铜器十余事。"① 这些史料有力地说明日本曾经长期广泛使用铜制品。

17 世纪—18 世纪前期，日本是当时世界上主要产铜国之一，同时铜也是主要输出品。当时，日本铜的最大主顾就是中国。17 世纪末期，日本每年大约输出铜斤 5400 吨。② 铜斤贸易是清代的一件大事。因为清政府每年光铸钱一项就需要铜料一千几百万斤。仅京师宝泉、宝源两个铸钱局，每年就需要铜斤 440 多万斤。因为国内铜产地主要集中在云南，产量远远不能满足国内需求，因此一直依赖进口，即所谓"采办洋铜"，而洋铜又几乎全来自日本。③

中国和日本长期在经济上互通有无，取长补短。日本铜输入中国，缓解了中国对铜的需求困难。

日本手工艺"反馈"到中国的有"莳绘"和螺钿。

日本的泥金画漆之法，即"莳绘"。"其缥霞山水人物，神气飞动，描写不如，愈久愈鲜，世号洋倭漆。所制器皿亦珍贵。"④ 正因如此，明朝宣德（1425—1435）时"遣画工至倭国传其画以归"⑤。另一种漆工艺，各为螺钿，用贝壳镶嵌在漆中，制成花纹图案，曾从唐输入日本。到宋代，日本螺钿制品的水平已大大超过中国，"物象百态，颇极工巧，非若今市人所售者"⑥。

日本僧奝然回国后数年，遣其弟子喜因奉表来谢。贡献礼物如下：

> 贡佛经，纳青木函；琥珀、青红白水晶、红黑木槵子念珠各一连，并纳螺钿花形平函；毛笔一，纳螺杯二口；葛笼一，纳法螺二口，染皮二十枚；金银莳绘笔一合，纳发鬘二头，又一合，纳参议

① 《元史》卷二〇八《日本传》。

② 中国中日关系史研究会编：《日本的中国移民》，三联书店 1987 年版，第 139 页。

③ 同上书，第 138 页。

④ ［明］郎瑛：《七修类稿》。

⑤ ［明］张燮：《东西洋考》。

⑥ 夏应元：《相互影响两千年的中日文化交流》，周一良：《中外文化交流史》，河南人民出版社 1987 年版，第 339 页。

正四位上藤佐理手书二卷、及进奉物数一卷、表状一卷；又金银莳绘砚一筥一合，纳金砚一、鹿毛笔、松烟墨、金铜水瓶、铁刀；又金银莳绘扇筥一合，纳桧扇二十枚、蝙蝠扇二枚；螺钿梳函一对，其一纳赤木梳二百七十，其一纳龙骨十橛；螺钿书案一、螺钿书几一；金银莳绘平筥一合，纳白细布五匹，鹿皮笼一，纳貂裘一领；螺钿鞍辔一副，铜铁镫、红丝秋、泥障；倭画屏风一双；石流黄七百斤。①

这里清楚地记载了当时日本莳绘和螺钿输入中国的具体情况。

交趾地区的铜鼓及其技术也传入中国。

东汉名将马援好骑马，善于鉴别名马。他在交趾时，获得了骆越地方的铜鼓，便把它铸成骏马的模型，回朝后献给皇帝。他在给皇帝的表章中说：

> 夫行天莫如龙，行地莫如马。马者，甲兵之本，国之大用。安宁则以别尊卑之序，有变则以济远近之难。昔有麒骥，一日千里，伯乐见之，昭然不惑。近世有西河子舆，亦明相法。子舆传西河仪长孺，长孺传茂陵丁君都，君都传成纪杨子阿。臣援常师事子阿，受相马骨法，考之行事，则有验效。臣愚以为传闻不如亲见，视影不如察形。今欲形之于生马，则骨法难备具，又不可传之于后。孝武皇帝时，善相马者东门京铸作铜马法献之，有诏立马于鲁班门外，则更名鲁班门曰金马门。臣谨依仪氏𩨂、中帛氏口齿、谢氏唇鬐、丁氏身中，备此数家骨相以为法。

此马高三尺四寸，围四尺五寸。皇帝下诏，命将此马放在宣德殿下，以此作为名马的标准。②

刘恂在《岭表录异》卷上也谈到了铜鼓。他说：

---

① 《宋史》卷四九一《日本传》。
② 《后汉书·马援列传》。

蛮夷之乐，有铜鼓焉。形如腰鼓而一头有面。鼓面圆二尺许。面与身连，全用铜铸。其身遍有虫鱼花草之状，通体均匀，厚二分以下。炉铸之妙，实为奇巧。击之响亮，不下鸣鼍。贞元中，骠国进乐，有玉螺铜鼓。即知南蛮酋首之家，皆有此鼓也。①

　　古代铜鼓是一种青铜铸造的打击乐器。它是中国南方和东南亚地区民族创制的一种古老而独具特色的文物，分布于中国西南和东南亚大多数国家。中国的云南和广西、越南北方、泰国东北部均有重大发现。它是青铜时代人类生产技术，尤其是青铜工艺制造技术发展到一定水平的产物。铜鼓在社会生活中的基本功能是祭祀仪式中的一种乐器，逐步发展为象征权威的神器，用于集合部众和号令战士出征，也可作为象征财富的重器以及赏赐品和殉葬品等，在原始社会晚期，是一种重要的器物。现代中国西南少数民族和越南等东南亚国家在节日、庙会时还敲打铜鼓。铜鼓的文化与艺术价值在于它与其它青铜器不同，其鼓身、鼓面等部位均铸有繁缛多样的花纹图饰。越南发现的"东山铜鼓"上有太阳纹、乌纹、羽人纹、船纹、蛙纹等等，与中国南方出土的铜鼓相似。越南学者陶维英认为：东山出土的器物中，最特殊的遗物即是铜鼓。这是考古发掘出土的铜鼓，出土总共达到 20 件之多。其体制不及中国和西方考古学家所研究的铜鼓大，但是其形制却极为近似。②

　　尽管中越两国研究者对古代铜鼓的发源地、年代和"谁影响了谁"等问题有不同的意见，但一致承认两国的青铜文化有密切关系，又各具自身的特点。古代铜鼓是中国南方和越南等东南亚许多地区古代居民都使用过的文化遗物，在这两个地理毗邻，环境相似又各有不同的区域内，从新石器时期就有频繁的交往，到青铜时代双方交流更多，彼此之间相互影响是很自然的。中越两国境内出土的铜鼓既有跨越今日国界的

　　① ［唐］刘恂：《岭表录异》，广东人民出版社 1983 年版，第 7 页。
　　② ［越］陶维英：《越南古代史》，刘统文、子钺译，商务印书馆 1976 年版，第 311 页。

相联系发展的相似性，又存在各自的地区性特色。①

关于铜鼓，梁志明教授认为：古代铜鼓是中国西南和东南亚地区的一种代表性文物，它广泛渗入东南亚史前时期社会生活的各个方面，形成了独具特色的铜鼓文化。古代铜鼓文化是东南亚史前时期文化的集大成者，在东南亚文化发展史中具有极为重要的意义。它不仅是东南亚本土和固有文化的代表，而且还是东南亚吸收和融合其他外来文化的基础，至今在东南亚某些少数民族地区和偏远地区仍可见其踪迹。②

越南学者陶维英认为：以东山铜器为代表的铜鼓技术和铜器技术，完全是由本地人创造出来的一种独特技术，绝非由赵朝或西汉时代中国人的影响而创造出来的。③ 赵朝是指南越王赵佗建立起来的南越国，存在时间为前206年至前111年。陶维英完全否认越南铜鼓受到中国的影响，这与该书出版时越南当局推行的对华政策有密切的关系。

越南的磨漆画和各种磨漆制品，是越南民间传统文化艺术的瑰宝。越南用胶漆装饰宫殿、亭台楼阁由来已久，在许多建筑物上留下了宝贵的遗产。从11世纪起，安南李、陈、黎朝都用漆画装点寺庙、佛像和皇帝的坐轿等等。在建筑物的大门上，人们用漆绘制龙凤等各种浮雕图案。在民间，人们用漆装饰祭祀祖先的神台、首饰盒、槟榔盒以几桌椅等家具，在竹筐、木斗、竹船、刀鞘上绘制各种美丽的图案，保持物品的美观和牢固。漆画艺术在民间长期流传，特别是在越南北部平原的河西、河北、南定等省的一些乡村，历史相当悠久，许多家庭父传子继，世代相传。④

安南与清朝的朝贡关系除了体现了两国的政治关系，也包含了经济贸易成分。在朝贡过程中，安南出产的不少土特产品被当成"贡物"输往中国，诸如香料、土布、金属矿产及制品等等。漆器是朝贡必备品，

---

① 梁志明、郑翠英：《论东南亚古代铜鼓文化及其在东南亚文化发展史上的意义》，《东南亚研究》2001年第5期。
② 同上。
③ ［越］陶维英：《越南古代史》，刘统文、子钺译，商务印书馆1976年版，第335—336页。
④ 周发祥、李岫：《中外文学交流史》，湖南教育出版社1999年版，第111页。

长期采用。黎贵淳《北使通录》记载，当年阮辉泌使团来华曾带有漆扇
600 把。① 清乾隆四十三年（1778），安南遣使贡献：

> 是年，奏："安南国王庆贺平定金川贡物内，少金龟、漆扇两
> 种，多进速香十斤，与例不符。"奉旨："凡外国进贡，正贡方物自
> 不可短少，若因庆贺、陈奏、谢恩等事加贡，间有短少，与例不符
> 者，毋庸计较。"②

这说明，清朝统治者对漆扇非常重视，把它列为"正贡方物"。

真腊铜鼓传入中国。

真腊也有铜鼓，《通典》记载："铜鼓，铸铜为之，虚其一面，覆而
击其上。南夷扶南、天竺类皆如此。"③ 扶南真腊铜鼓在形制上类似中
国古铜鼓，隋唐时铜鼓随扶南乐来到中国，用于祭祀，风行于乐坛。④

波斯镔铁技术等工艺技术传入中国。

波斯的镔铁在辽朝有广泛的市场，有学者甚至认为辽朝的冶铁工匠
已经掌握了镔铁的冶炼技术。所谓镔铁，实际上是波斯语 spaina 的对
音省译。辽朝还常常把镔铁制品作为礼品，赠送给宋朝君臣。而据南宋
人周密《云烟过眼录》的记载，金朝所制造的铁，皆细花纹，这正是镔
铁的表面组织所显示的特征。从中可知，金朝已经掌握了波斯的镔铁冶
铁技术。⑤

在上述手工艺交流之外，古代中国与亚洲国家还有一些其他手工艺
交流。

---

① ［越］黎贵淳：《北使通录》。

② 《光绪会典事例》卷五〇三《礼部》。

③ 《通典》卷一四四《乐四》。

④ 周伟洲：《扶南乐与骠国乐》，载林超民：《民族学通报》第一辑，云南大学出版社
2001 年版，第 284—288 页。转引自梁志明：《源远流长—中国与越南老挝柬埔寨的文化交流》，
载何芳川：《中外文化交流史》，国际文化出版公司 2008 年版。

⑤ 陈尚胜：《五千年中外文化交流史》（第 1 卷），世界知识出版社 2002 年版，第 367 页。

(一) 中外蔗糖技术交流

三国时期，东吴统治交趾地区，交趾的蔗糖作为贡品输入东吴。越南社会科学院委员会编撰的《越南历史》亦云："我国人民已懂得榨蔗熬糖，制出了砂糖和冰糖。交趾的蔗糖成为向吴朝进贡的一种贵重贡品。"① 其实，在安南独立建立大瞿越国（公元 968）之前，越南是处在中国封建统治下的区域。

《异物志》曰："甘蔗，远近皆有，交趾所产甘蔗特醇好，本末无厚薄，其味至均。围数寸，长丈余，颇似竹。斩而食之，既甘；榨取汁如饴饧，名之曰糖，益复珍也；又煎而曝之，既凝如冰，颇如砖，其食之，入口消释，时人谓之石蜜者也。"②

根据史料记载，5 世纪末 6 世纪初南朝齐梁时期，南方已经知道用甘蔗汁生产砂糖，出甘蔗的地方有江东、庐陵和广东，用来制砂糖，品味都很好。但北方还不知道制砂糖，江东生产的砂糖，也不如印度。③

公元 7、8 世纪，印度用甘蔗汁熬糖的技术已经达到相当高的水平，因为印度用甘蔗汁熬糖的技术比较高明一点，所以唐太宗就派人去印度学习熬糖术。

《新唐书》卷二二一上记载：

> 贞观二十一年（647），（摩揭陀）始派使者自通于天子，献波罗树，树类白杨。太宗遣使取熬糖法，即诏扬州上诸蔗，柞沈如其剂，色味愈西域远甚。④

《续高僧传》卷四《玄奘传》云：

---

① ［越］越南社会科学院委员会：《越南历史》，北京人民出版社 1977 年版，第 82 页。
② 《齐民要术》卷一〇。
③ 沈福伟：《中西文化交流史》，上海人民出版社 2006 第 2 版，第 178 页。
④ 《新唐书》卷二二一上《摩揭陀传》。

并就菩提寺僧召石蜜匠。乃遗匠二人，僧八人，俱到东夏。寻敕往越州，就甘蔗造之，皆得成就。①

结果是"色味愈西域远甚"，这表明了中国向印度学习制糖技术是非常有成效的。据季羡林先生研究，元代有埃及人到中国来传授熬白沙糖法。到了明代，中国白沙糖工艺水平已经很高了。中国白沙糖传到日本、南亚和东南亚国家。中印两国在制糖技术方面互相学习。大概也就在这一时期，中国白沙糖传到印度。所以，印地语中白沙糖一词叫做cini，意思是"中国的"。② 同时印度也从埃及学习了制糖技术，印度有一种糖的名字叫 Misari，意思就是"埃及的"，可见其中消息。③

波斯熬糖技术传入中国。

至于波斯的甘蔗种植和沙糖制造历史，远不如印度那样长。甘蔗在公元 600 年左右才传入，然而古代伊朗人不久就在熬糖方面取得了突出的成就，对世界一些地方产生了极大的影响。在极短的时间内传入了中国。生活于 621—713 年的孟诜，在自己的著作中讲到沙糖时说："蜀地、西戎、江东亦有之。""西戎"一词不知何所指。在讲到石蜜时，他却明确说出："自蜀中，波斯来者良。"看来上面的"西戎"很可能指的就是波斯。④

中国的榨蔗熬糖的技术输入亚洲各国。

明末宋应星的《天工开物》，是一部介绍各种生产技术的全书，初刻于明朝崇祯十年（1637），大约在 17 世纪末、18 世纪初就传到日本。日本制糖等方面的典籍，都较多地引用《天工开物》，并给予赞誉。17世纪以前，印尼食用糖是棕榈树糖，它是从桃椰花梗中的甜液制成的。17 世纪以后，中国在雅加达地区建立甘蔗酿酒厂，改用甘蔗制糖。同

---

① 《续高僧传》卷四。

② 季羡林：《中印智慧的结晶》，载周一良：《中外文化交流史》，河南人民出版社 1987年版，第 164 页。

③ 同上书，第 181 页。

④ 季羡林：《文化交流的轨迹》，经济日报出版社 1977 年版，第 102 页。

时，中国人也把甘蔗酿酒法传入印尼，炼出含酒精 66％的烈性酒。①

在巴达维亚，华侨在该地设立制糖厂，使用牛拖的或水力推动的石磨来压榨甘蔗。虽然以前印尼也能用自己的土法制糖，但自从华侨将先进的制糖方法传入后，产量大大增加。直到现在，水力榨糖机仍然是西爪哇和西苏门答腊制糖加工业的主要工具。②

泰国人喜食甜食，但在古代甘蔗种植面积不广。早年的糖叫树糖，是用一种树汁制成。18—19 世纪初，海外潮人将种植甘蔗和制作甘蔗糖的技术传到暹罗，推动了暹罗制糖业和经济的发展。③

18 世纪末期，随着大量潮州人流入泰国曼谷王朝，制糖的技术带到了泰国。1836 年，莫拉勒神甫到泰国访问时称，在尖竹汶府及其附近地区，尽是潮人。"他们多以种植甘蔗，胡椒和烟草为职业。"④ 拉玛三世时，国王指令北柳府地区行政负责人支持华人在该地区种植甘蔗和创建糖厂。建立在该地区挽巴功河流域的制糖厂有 30 余家，每家雇佣华人工人达 130 余人。有一个名叫陈波的潮人，在一家获得泰国爵位的潮籍大商人投资兴办的糖厂里管理该厂，长达 9 年，并与该厂厂长的女儿结婚，后继承了该糖厂的产业。当时该糖厂共有 140 余名华工。⑤

缅甸与中国山水相连，华人入缅者颇多。缅甸用甘蔗制糖，称为江德加（即蔗糖），几乎都由中国人用蒸馏方法提炼。⑥

（二）中国向亚洲国家输出了其他各种手工技术

在菲律宾，华侨把金属、家具制作技术等输入菲律宾。⑦

---

① 周南京：《历史上中国和印尼的文化交流》，周一良：《中外文化交流史》，河南人民出版社 1987 年版，第 210—221 页。

② [印尼] 部·阿·杜尔：《印尼的华侨》，明星出版社 1960 年版，雅加达，第 121—122 页。

③ 高伟浓等：《粤籍华侨华人与粤地对外关系史》，中国华侨出版社 2005 年版，第 198 页。

④ 泰国朱拉隆功大学亚洲研究所：《泰国的潮州人》，1991，第 6—8 页。另见高伟浓等：《粤籍华侨华人与粤地对外关系史》，中国华侨出版社 2005 年版，第 120 页。

⑤ 泰国朱拉隆功大学亚洲研究所：《泰国的潮州人》，1991，第 74—75 页。

⑥ 陈炎：《中缅文化交流两千年》，周一良：《中外文化交流史》，河南人民出版社 1987 年版，第 33 页。

⑦ 陈烈甫：《菲律宾与中菲关系》，南洋研究出版社 1955 年版，第 368 页。

　　古代缅甸农村的主要交通工具牛车以及城市富裕家庭中的西式车辆和人力车,几乎都是仿照中国样式制造的。缅文中的"人力车"这个名词,就是由中国木工传入的。随之传入的还有木工使用的工具,例如手斧、半园凿、锯等,特别是在使用中国的刨时,也是仿中国木工,骑在长凳上推刨。①

　　中缅两国的服饰和缝纫制作十分相似。缅甸的成衣匠大多是中国移民,他们把成衣技术传入缅甸。男上衣酷似中国旧时的马褂。女子紧身上衣和筒裙,则和我国西双版纳妇女的服饰一模一样。缝纫用的剪刀和针,都是从中国传过去的。缅甸人民最喜欢广东织制的男筒裙。② 在古代,缅甸的缝纫业大部分掌握在华侨手中。③

　　中缅两国的金银首饰匠制造的耳环、项链、戒指、发钗和镀金的纽扣,其制造方法和式样非常相似。④

　　缅甸的各种工艺品,无论在艺术风格或制作方法上,都受到中国的影响。缅甸的伞,就是模仿中国的式样,在竹制骨架上糊纸。⑤

　　在明清之际来到柬埔寨的华侨中,有不少人与当地人一起,以"晒红盐为业",把晒盐技术传授给柬埔寨人民。越南吞并下柬埔寨以后,柬埔寨不再生产盐,造成食盐奇缺,价格昂贵。于是,华侨们又去海滨晒盐,并获得成功,解决了柬埔寨人民的缺盐问题。⑥

　　印尼华侨传播花生榨油技术。

　　华侨农民在雅加达周围地区广种花生,并经营榨花生油厂。1751年雅加达华侨共有 51 家榨花生油厂,其中 8 家在近郊,43 家在远郊。⑦

　　中国式鱼网输入印度。

　　① 陈炎:《中缅文化交流两千年》,载周一良:《中外文化交流史》,河南人民出版社1987 年版,第 32—33 页。
　　② 同上书,第 33 页。
　　③ 林延青、李梦芝:《五千年中外文化交流史》(第 2 卷),第 578 页。
　　④ 陈炎:《中缅文化交流两千年》,第 33 页。
　　⑤ 林延青、李梦芝:《五千年中外文化交流史》(第 2 卷),第 578 页。
　　⑥ 陈显泗:《柬埔寨两千年史》,中州古籍出版社 1990 年版,第 548 页。
　　⑦ 周南京:《历史上中国和印尼的文化交流》,载周一良:《中外文化交流史》,河南人民出版社 1987 年版,第 221 页。

明朝郑和七下西洋，多次经过南印度半岛的柯支，也就是就是现在的科钦。中国的商人不仅带来了中国的丝绸、瓷器，还留下了中国式鱼网。今天印度身穿缠腰布的渔民，还在用这种漏斗型的鱼网捕鱼。①

（三）亚洲国家的手工艺品输入中国

明永乐十八年（1420），明朝政府要求朝鲜进献白折扇，朝鲜国王世宗"即令庆尚、全罗道各进三百把"②。

按照惯例，朝鲜每次进贡都需要金银，朝鲜国王世宗认为朝鲜本土不产金银，"遣人请代以他物"。后明廷讨论结果，朝鲜不纳贡金银，但必须进献细紬花席。③

印度的琉璃传入中国。

据《太平御览》记载：

> 《魏书》曰：天竺国人商贩至京，自云能铸石为五色琉璃，于是采矿山石于京师铸之。既成，光泽美于西方来者。乃诏为行殿，容百余人，光色映彻，观者见之，莫不惊骇，以为神明所作。自此国中琉璃遂贱，人不复珍之。④

而我所见到的《魏书》，则记载造琉璃者为大月氏人。琉璃技术起源于印度，大月氏人由于地缘关系首先得到这一技术，此后，大月氏人将它传到中国。

颇黎输入中国。

据《太平御览》，《梁四公子记》云："扶南大舶从西天竺国来，卖碧颇黎镜，面广一尺五寸，重四十斤，内外皎洁，置五色物于其上，向明视之，不见其质。问其价，约钱百万贯。"⑤

---

① 赵康英：《印度共产党治下的喀拉拉邦》，《世界博览》2007 年第 4 期。
② 《朝鲜李朝实录中的中国史料》上编卷四《世宗庄宪大王实录》卷一。
③ 同上。
④ 《太平御览》卷八○八《珍宝部》七。
⑤ 同上。

扶南是古代大国，与中国有经贸往来，扶南大舶常把东南亚、印度等国物品运来中国。关于颇黎，有种种传说，神秘莫测。据《梁四公子记》：天降众宝，纳之山藏。"取之难得，以大兽肉投之藏中，肉烂类宝，一鸟衔出，而此宝焉。举国不识，无敢酬其价者。"《天竺记》曰："大雪山中有宝山，诸七宝并生取可得，唯颇黎宝生高峰难得。"①

火齐输入中国。

《南州异物志》曰："火齐出天竺，状如云母，色如紫金，离别之节如蝉翼，积之如纱縠重沓。"②

金刚亦输入中国。

《晋起居注》曰："咸亨三年，炖煌上送金刚。生金中，百淘不消，可以切玉，出天竺。而《玄中记》曰：金刚出天竺、大秦国。"③

火烷布。

早在三国时期，印度的火烷布就传入中国。《魏志》曰："青龙三年，西域重译献火烷布。诏大将军太尉临试，以示百僚。到南北朝时期，印度遣使献火烷布。"崔鸿《十六国春秋前秦录》曰："天竺国献火烷布。"④

清代时，菲律宾也把其手工艺品输入中国。

苏禄，南洋岛国。清雍正四年（1726），苏禄国王毋汉未母拉律林遣使奉表，贡方物。雍正五年六月，贡使至京，贡珍珠、玳瑁、花布、金头牙萨白幼洋布、苏山竹布、燕窝、龙头、花刀、夹花标枪、满花番刀、藤席、猿十二种。⑤

我个人认为，花布、金头牙萨白幼洋布、苏山竹布、花刀、夹花标枪、满花番刀、藤席等可能产自菲律宾，亦有可能来自其他国家。

波斯手工技术传入中国。

---

① 《太平御览》卷八○八《珍宝部》七。
② 《太平御览》卷八○九《珍宝部》八。縠，hu，有皱纹的纱。
③ 《太平御览》卷八一三《珍宝部》十二。据前人考证，"咸亨"疑为"咸宁"之误。参见北京大学南亚研究所：《中国载籍中南亚史料汇编》，上海古籍出版社，第575页。
④ 《太平御览》卷八二○《布帛部》七。
⑤ 《清史稿》卷五二八《苏禄传》。

据《旧唐书》记载，在开元二年（714）十二月，当时担任右卫中郎将的周庆立为安南市舶使，他与波斯僧人"广造奇巧，将以进内"。由于监选使、殿中侍御史柳泽上书劝谏，唐玄宗采取了柳泽的意见，没有把奇巧之物运进皇宫。①

结　语

古代中国与亚洲国家的手工艺交流，呈现出双向交流的特点。一方面，中国的手工艺品及其技术输入到亚洲各国，另一方面，亚洲各国的手工艺品及其技术也传入中国。

有些国家的手工技术在继承中国的基础上，推陈出新，取得了巨大的进步，创造出新的手工艺。如日本的"莳绘"，交趾地区的铜鼓。

有些工艺技术，融合了多国人民的智慧，是相互借鉴、彼此促进的结晶。如甘蔗糖技术的不断改进，就是中国、印度、波斯等国的手工艺者不断努力的产物。我们要具体了解中外蔗糖技术交流史，有必要研读季羡林先生的著作。

需要提出的是，在古代中外手工艺交流中，有些手工产品科技含量是不高的，有的只是对原材料进行了简单的加工，几乎没有科技含量。

---

① 《旧唐书》卷八《玄宗纪》。

第十章　古代中国与亚洲国家的
造船与航海技术交流

　　古代中国的造船与航海技术，走在世界各国的前列。

　　中国幅员辽阔，江河交错，海岸线漫长，自古以来，航海事业及造船工业发达，是造船历史最早、质量最好的国家之一。中国木船应用极早。《世说本记》说：古人"观落叶因以为舟"。《淮南子》说："见木浮而知为舟。"我国最古老的船是独木舟。《周易系辞》里说的"伏羲氏刳木为舟，剡本为楫"，反映的就是上古时代人们制造独木舟的情形。春秋战国时期，我国已经造出了平底船。舵是控制行船方向的装置，多装在船尾。我国的船尾舵，发明时间最迟不晚于东汉，通过航海实践而不断得到改进。早期的舵，伸出船尾，形成一个较长的凸出。为了弥补这一点，人们将舵改为垂直插入水中，称为垂直舵。由于航道深浅不一，人们把它改进为升降舵即把一部分舵面分布在舵柱的前方，这样减少了转舵力矩，操纵更为轻便。大约在公元 11—12 世纪，我国劳动人民发明了开孔舵，舵上穿有许多孔，减少在水中的阻力，使得转舵更为省力。[①] 古代造船技术的发明还有：（1）橹的发明。橹不仅是一种连续性的推进工具，而且是具有操纵船舶回转的功能。（2）水密隔舱的发明。

---

　　① 张明、于井尧：《中国科技史》，吉林文史出版社 2006 年版，第 100 页。

所谓水密隔舱,就是用隔窗将船舱分隔为互不相通的一个一个的舱区。中国最迟在唐代就已经在船舶上设置水密隔舱,以后,水密隔舱在海船上得到了普遍的应用,甚至部分内陆船只也采用水密隔舱。(3)船坞的发明。船坞是停泊、修理或建造船只的地方。北宋神宗熙宁年间,黄怀信主持修建的金明池船坞,是我国和世界上最早的船坞。

中国古代的船,种类繁多。(1)桨轮船,或称车船,它是在船的舷侧或尾部安装上带有桨叶的桨轮,靠人力踩动桨轮轴,使轮轴上的桨叶拨水而推动船体前进。此船又名明轮船。桨轮船最早见于《旧唐书·李皋传》。李皋发明的战船,"挟二轮蹈之,翔风故浪,疾若挂帆席"。(2)沙船。沙船在唐代出现于江苏崇明。它的前身,可以上溯到春秋时期。沙船在宋代被称为"防沙平底船",在元代被称为"平底船",明代才统称为"沙船"。公元15世纪初,郑和七下西洋,在20多年间访问了30多国,在世界航海史上写下了光辉的一页。每次出动船舰100多艘或200多艘,其中宝船40-60多艘,共载27000多人。当时在南京和太仓造船,集中在太仓刘家港整队出海。郑和宝船长大约150米,舵杆长11.07米,张12帆,这是最大的沙船。①

中国人民早在公元前3世纪就发明了用磁石制造司南来指示方向。北宋学者沈括在《梦溪笔谈》中有一条记载说:当时以看风水为业的方家,已经普遍使用磁石磨针锋,使之指南。这个磁针,就是稍后出现的罗盘针的雏形。北宋末年朱彧撰写的《萍州可谈》,说当时中国海船上的舟师都能够"识地理",在海上航行,"昼则观日,夜则观星,阴晦则观指南针"。到了11世纪,发明了人造磁铁,随后造出指南针并应用到航海事业上。《明史》卷二十五《志第一·天文一》记载:

> 指南针,术人用以定南北,辨方正位咸取焉。然针非指正子午,襄云多偏丙午之间。以法考之,各地不同。在京师则偏东五度四十分。若凭以造墨,冬至午正先天一刻四十四分有奇,夏至午正

---

① 张明、于井尧:《中国科技史》,吉林文史出版社2006年版,第103页。

先天五十一分有奇。①

在古代中国与亚洲国家交往的历史过程中，中国造船与航海技术不断传入外国，同时，中国也吸纳借鉴了外国的造船与航海技术。

一、中国的造船与航海技术先后传入亚洲各国

中国造船与航海技术输入亚洲各国，途径主要有三：（1）将海舟和舟工赏赐给外国，如明朝将他们赏赐给日本、琉球、马来西亚等国。（2）中国造船工人到国外从事造船业，如缅甸、印度尼西亚、泰国就有一批华工造船。（3）通过贸易往来，舵传入阿拉伯地区，指南针传入波斯等地。

（一）日本

在中国古代，尤其是明代，为了中外交通的顺利进行，为方便外国进贡，封建王朝曾经把海舟赏赐于日本等国。如明永乐四年（1406），明朝赐给日本国王源道义海舟一艘。②《明史》记载尤其详细："永乐初，诏日本十年一贡，人止二百，船止二艘，不得携军器，违者以寇论。乃赐以二舟，为入贡用，后悉不如制。"③

（二）琉球

明洪武年间，明太祖朱元璋为了加强中国与琉球的政治联系，先后两次给琉球各王赏赐海舟和舟工。明洪武八年（1346）琉球遣使入贡，朱元璋"赐山北王镀金银印如二王，而赐二王海舟各一"④。洪武二十

---

① 晷，日影。日晷，按照日影测定时刻的仪器。也叫日规。
② ［明］王世贞：《弇山堂别集》，中华书局 2006 年版，第 261 页。
③ 《明史》卷三二二《日本传》。
④ 《明史》卷三二三《琉球传》。

九年（1367），"中山又遣使请赐冠带"，朱元璋"命礼部绘图，令自制"。其王坚决请求赐给冠带，朱元璋"乃赐之，并赐其臣下冠服。又嘉其修职勤，赐闽中舟工三十六户，以便贡使往来"[①]。

（三）缅甸

中国的造船工人，在清缅战争时，被大批征调到缅甸伊洛瓦底江上游的野牛坝造战船。这些造船工人被缅军俘虏后留居缅甸，仍服务于缅甸的造船工业。现在，缅文中的"唐舡"、"舢舨"等帆船名称，就是由这些中国造船工人传入缅甸的。[②]

（四）真腊

唐代，真腊是与我国有贸易往来的重要国家之一。形体庞大，较能抵抗风浪的唐代巨型帆船，连桅接樯地开到真腊去，与真腊进行贸易。

（五）印尼

早在宋代以前的 10 世纪初，就有中国沙船到爪哇的记载。在印度和印度尼西亚都有沙船类型的壁画。[③]

亚齐国鼎盛时期，亚齐素丹曾招募许多中国造船匠为他建造战船，并让他们住在普纳勇区（意为受保护区，迄今仍为华人区）。

印尼加里曼丹的华侨从事造船业。他们从各条河口附近溯江而上，将砍伐的木材抛入河中，漂流到自建的简陋码头，然后用以建造大而坚固的帆船。中国的造船技术对善于航海的印尼民族起着有益的影响，中国造船技术被他们所吸取。据说印尼目前仍在使用的船只，如大口船、

---

① 《明史》卷三二三《琉球传》。
② 陈炎：《中缅文化交流两千年》，载周一良：《中外文化交流史》，河南人民出版社1987年版，第32页。
③ 张明、于井尧：《中国科技史》，吉林文史出版社2006年版，第102页。

船尼亚、斯那特，都是仿自中国的。[①]

（六）泰国

中国的造船技术于 17 世纪传入泰国。在 18 世纪，泰国沿海地区有很多造船厂，设于昭披耶河两岸，特别是由军甲森港口至挽可廉一带。厂内的职工，由监工到工匠及职员和杂役，一般由华人担任。因此，怀特在《出航中国纪》中说："暹罗人的船只设计和制造均模仿中国。"不仅如此，泰国人还把商船队交给航海技术精湛的华人负责，因此其驾驶技术也采用中国方式。有关专家指出："盛产柚木和造价低廉的暹罗，成为海外华人的造船中心，暹人模仿精湛的造船技术，暹罗船的驾驶完全按中国的方式，远航船舶则全由华人驾驶。"这种情况一直延续到 19 世纪中期，泰国采用西方技术制造出汽船，从此中国帆船在泰国航运史上失去地位。[②]

从 18 世纪开始，暹罗成为华侨的海外造船中心。华侨多来自闽、粤两地。暹罗不仅模仿中国的造船技术，还雇佣华人从事船舶建造，而且还把商船队交给航海技术精湛的华侨负责，促进了暹罗航海事业的发展。

（七）马来西亚

据《明史》记载，明正统十年（1445），满刺加国王息力八密息瓦儿丢八沙遣使明朝请赐护国敕书等物，以镇服国人。又言："王欲亲诣阙下，从人多，乞赐以巨舟，以便远涉。"明英宗满足了他们的全部要求。[③]

---

① 林延青、李梦芝：《五千年中外文化交流史》（第 2 卷），世界知识出版社 2002 年版，第 576 页。

② 林延青、李梦芝：《五千年中外文化交流史》（第 2 卷），世界知识出版社 2002 年版，第 575 页。此说与傅增有论述有矛盾。傅增有说：1850 年，曼谷湄南河沿岸出现许多造船厂，均按照中国大帆船建造商船，雇佣华人进行建造。参见傅增有：《中泰文化交流的特点研究》，载北京大学东南亚研究所：《东南亚文化研究论文集》，经济日报出版社 2004 年版，第 137 页。

③ 《明史》卷三二五《满刺加传》。

（八）阿拉伯

公元 10 世纪左右，舵传入阿拉伯地区。[①]

指南针是我国通过海路传入波斯的首批物品之一。我国在 11，12 世纪时已经和 50 多个国家通商，其中同波斯的往来占有很重要的地位。指南针便是在此时传入波斯和阿拉伯地区，随后再传入欧洲的。[②]

二、外国造船和航海技术传入中国

（一）扶南造船技术

三国时期吴国孙权曾经派遣康泰出使扶南，康泰回国后作《吴时外国传》，记述了扶南国造大海船的情形。他说使用扶南人铁镊制作海船，大者可载百人。[③] 这说明扶南造船技术已达到很高水平。扶南所造的船还远渡大洋，在印度和中国之间进行贸易活动。《太平御览》引《梁四公记》记载："扶南大舶从西天竺来，卖碧颇镜。"

（二）西亚缝合木船技术

古代波斯湾沿岸地区曾使用植物纤维制造缝合木船，此后这一技术又通过印度而传入东南亚地区。唐代慧琳（733－817 年）在《一切经音义》一书中就曾提到过东南亚地区的昆仑舶，"用椰子皮为索连缚，葛览糖灌塞，令水不入，不用钉"。而中国所造的海船，则通常要使用铁钉。但到 9 世纪，在广州所造的海船也有人采用缝合木船技术，"贾人船不用钉，只使槟榔须缚，以橄榄糖泥之。糖干甚坚，入水如漆"[④]。

---

① 张明、于井尧：《中国科技史》，吉林文史出版社 2006 年版，第 100 页。
② 沈福伟：《中西文化交流史》，上海人民出版社 2006 年版，第 262 页。
③ 《梁书·吴时外国传》。
④ ［唐］刘恂：《岭表录异》。

由此可知，西亚缝合木船技术通过东南亚而传入中国广东沿海。①

（三）养白鸽为信

《唐语林》谈到外国人对海船信息的了解，"养白鸽为信。"

> 海舶外国船也，每岁至广州安邑。狮子国船最大，梯上下数
> 丈，皆积百货。……船发海路必养白鸽为信，船没有鸽归。②

波斯的养鸽之风曾传入唐朝。据《国外补》记载，波斯的养鸽风首
先通过海舶往来而传入中国南方地区。唐玄宗时期曾任中书令的张九
龄，"少年时，家养群鸽，每与亲之书信，往往只是以书系足鸽下，依
所教之处，飞往投之。九龄目之为飞奴，时人无不爱讶"。③

（四）安南工匠来华造船

安南属明时期（1407—1427），明朝灭越南胡朝，改称越南为交趾，
采取移风易俗及推行儒学教化的政策。对交趾杰出的造船工人，明廷在
占领之初便极力招揽。《大越史记全书》记载：

> ［癸巳，重光五年（1413）春正月］，明黄福选取匠人及其家
> 小，送燕京造船。④

结 语

综上所述，古代中国造船技术传到东亚、东南亚等地区，促进了当

---

① 陈尚胜：《五千年中外文化交流史》（第 1 卷），世界知识出版社 2002 年版，第 290 页。
② 《唐语林》卷八。
③ 王仁裕：《开元天宝遗事》。
④ 《大越史记全书》本纪卷九《后陈纪》。

地航海事业的发展。华侨在传播造船与航海技术方面贡献巨大。指南针应用到航海事业上，极大地促进了世界各地的联系，有利于文化的传播，是中国人民对世界的伟大贡献。

在输出造船技术的同时，古代中国也积极借鉴了外国的造船技术，如扶南造船技术、西亚缝合木船技术，极大地推动了中国造船业和航海业的发展。

第十一章　古代中国的采矿技术在
东南亚的传播

　　中国采矿技术的发展具有悠久的历史。春秋战国时期，冶铁是新兴起的一种金属冶铸业。随着社会上对铁器的大量需求，冶铁业得到迅速发展。《山海经》中提到出铁之山有很多，说："出铁之山三千六百九十"。虽有夸张之成分，但是客观地反映了当时铁山之盛。西汉后期，"吏卒徒攻山取铜铁，一岁功十万人以上。"[①] 西汉铁器出土的地点，已经发现有六十多处。在山东、河南、江苏等省都发现了冶铁遗址，其中河南的巩县、郑州的冶铁遗址规模最大。遗址中冶铁的燃料，除木材外，还有原煤和煤饼，这是现今所知的我国历史上最早使用的遗存。西汉的采铜和铜器手工业也很发达，铜主要生产在丹阳郡和西南的蜀、越嶲、益州等郡。[②] 东汉时期，炼铜和铜器制造在长江以南很多地区都很发达。广汉、蜀郡、会稽等地都有兴盛的铜器制造业。西晋南北朝时期，南方的采冶和锻铸技术已经有很大的进步，但是仍远远不能满足农业生产的需要。广州的银矿，开采较盛。江南和岭南的矿藏，在唐代后期有更多的开采。江西、鄂州、桂管、岭南诸道境内，都盛产铜锡。饶州余干县有银山，每年出产十万余两。郴州义章县（今湖南宣章）地银

---

① 《史记》卷二九《河渠书》。
② 翦伯赞：《中国史纲要》，北京大学出版社 2006 年版，第 80 页。

坑，出银质量较好。五岭以南的连州出白铜，贺州的临贺县（今广西贺州）和冯乘县（今湖南江华西南）都有较大的锡矿。当时的农民，为了补充生活的不足，常常深入山林之中，采冶金属矿物。[①]到北宋时期，矿冶等手工业部门发展较快。在采矿业中煤炭的开采尤其突出。北宋都城开封及其附近城乡的上百万户家庭都用煤炭作为燃料，江西丰城、萍乡二县山间的煤炭已经被开采。泽州（今山西晋城）大广的冶铁作坊规模较大，以煤炭作燃料。宋代冶铁遗址主要有河北地邢台、安徽的翻昌、福建的同安等地。[②]明代，采铁成为官营手工业，生产规模庞大，分工细致。洪武年间，官办铁冶的定额每年已达 1847 万余斤，钱币年铸造最高量已达 19984 万文。[③]

东南亚矿产资源丰富。越南、柬埔寨、缅甸、马来西亚、印尼等国都有丰富的矿产资源。

由于东南亚矿产资源丰富，华人深入其地从事采矿工作，从而把古代中国的采矿技术传播到那里。

一、越南

越南煤矿和锡、铅、锌等矿资源丰富。在秦汉时期，越南当时成为中国的郡县，中原的采矿技术就已经传入交州，使得当地的采矿业，尤其是金银铁铜的开采得到较大的发展。此后，中国工人和技术在安南长期发挥着重要作用。公元 18 世纪上半叶，安南"各镇金银铜锡诸矿，多募清人采"，"自场厂盛开，监当官多集清人采之，于是一场拥夫至以万计，矿丁曹夫，集聚成群，其中多潮州，韶关人"。[④]

华人在越南开铜矿。越南史料记载："丙子，嘉隆十五年〔清嘉庆

---

① 《刘梦得文集》卷一四《答饶州元使君》，转引自翦伯赞：《中国史纲要》，北京大学出版社 2006 年版，第 319 页。

② 翦伯赞：《中国史纲要》，北京大学出版社 2006 年版，第 377 页。

③ 《明太祖实录》卷九五《洪武七年十二月》。

④ 〔越〕潘清简：《越史通鉴纲目》卷四三。

二十一年（1817）]三月，开兴化呈烂铜矿。呈烂地产红铜，有清人乞开矿纳税。北城臣为之奏，许之。"[①]

华人在越南以开采银矿为主。其中，以太原送星银厂规模最大。据记载，"送星一厂，碉口较多，人数亦倍。自有厂以来，前明至今，多内地遣置未回之人，落籍世居，子孙繁息"。"厂之人籍，隶广西、江西、湖南、福建各省，而粤东嘉应、惠州及广肇南韶之人，十居其九。"[②] 随着采矿业的不断发展，"厂内随聚成市，饭店酒楼，茶坊药铺，极为繁奏，亦是内地客人，于力作之处，自相返易"。[③] 此外，越南当时还有交趾都龙银矿、兴化偈翁银厂、宣化银矿等。

华人在越南南方开采金、银、锡、铅、锌等矿。嘉隆七年（1808）华人高宏德、黄桂清等在浪政州开清华矿，"岁输银一百两"。[④] 南方边和铁丘的"铁艺人会市，开炉锻煮，俱纳铁课，矿苗兴旺。嘉隆十年辛未（1811），福建人李京秀、林旭三征税起造，法制精工，得铁良好，铸镶兆货卖，骤得暴利"[⑤]。

法国殖民者入侵前，越南的煤矿和锡、铅、锌等矿均由华侨经营。法国侵占越南后，矿山逐渐为法国人所垄断，但是矿工的大多数仍然是华侨。东南亚最大的无烟煤矿鸿基和优质煤矿广安，其工人多数是华侨。[⑥]

二、柬埔寨

古代柬埔寨盛产金矿。《新唐书·扶南》云："国出刚金，状类紫石英，生水底石上，人没水取之，可以刻玉，扣以羧角，乃泮。"[⑦]

---

① 《大南实录》正编卷五二。
② 《军机处录副奏折》，转引自《古代中越关系史资料选编》，中国社会科学出版社1982年版，第652页。
③ 同上书，第654页。
④ 《大南实录》正编卷三六。
⑤ 杨保筠：《中国文化在东南亚》，大象出版社1997年版，第72页。
⑥ 杨万秀等：《中华文化与海外华侨华人》，广州出版社1998年版，第79页。
⑦ 《新唐书》卷二二二（下）《扶南传》。

明清时期，到柬埔寨谋生的中国矿工很多。《海国公余辑录》记载：柬埔寨等国"虽往往受西人约束，而贸易开矿诸权利，华人操之者六七，西人操之者二三，土人则虽然无与焉"[①]。华人到柬埔寨开矿，把中国的开矿技术带入柬埔寨。

明末清初，中国抗清失败将领和东南沿海地区的劳动人民，为谋生大批飘洋过海来到湄公河三角洲，即下柬埔寨地区。康熙十年（1671），广东雷州人莫玖带领 400 多人从雷州港口出发，乘船南航到柬埔寨的蛮衮（今河仙）地区。他安顿了随从人众之后，亲赴柬京乌东会见了国王阇耶吉塔四世。国王友好地接待了他，并委任他为蛮衮地方的长官——屋牙。莫玖带领华人和当地人开垦荒地，建立村社，又在那里"得坑银，骤致富"。于是，"造银币，民日聚居，遂后一小都会焉"。他把蛮衮地区逐渐逐步发展成为一个繁荣的市镇和商船汇集的海港，是 18 世纪东南亚地区的重要港口。人们称之为"小广州"。根据当地"常有仙人出没于河上的传说"，蛮衮被更名为"河仙"。1735 年莫玖去世后，莫天赐继承父业，进一步开发河仙。[②]

三、印度尼西亚

印尼的西加里曼丹富有金矿，很早以前被当地土人达雅克人发现，他们采用原始方法淘取金沙。大约在 1750 年左右，华侨开始在西加里曼丹的拉腊和炉末定居，开采金矿。随着西加里曼丹各地金矿华侨人数的增多，他们开始组织"公司"，以便处理内部利益分配以及与当地土人的关系，并开辟新矿区。19 世纪前二三十年，西加里曼丹华侨采矿业走向兴旺。当时，该地华侨人口共 122000 余人，其中矿工即占 53000 余人。华侨矿工把先进的采矿技术带到该地。还在 18 世纪末，他们就已经采用机器供水到矿床的新采掘方法，提高了黄金开采量。后

---

① 《海国公余辑录》卷四。
② 张文和：《越南华侨史话》，黎明文化事业股份有限公司 1975 年版，第 34—35 页。

来，他们又不断投入资本，添置各种开采设备，使西加里曼丹的金矿生产获得较大发展。[①]

华人开发加里曼丹岛，以大唐总长罗芳伯（1738－1795）最为有名。18世纪中叶以后，广东省梅州、汕头一带的中国人开始成批移入西加里曼丹，并逐渐形成了华侨社区。西加里曼丹盛产金矿和钻石，矿区集中在三发坤甸一带，华侨的到来，使金矿的开采业迅速发展起来。这里公司众多，而罗芳伯领导的"兰芳公司"是其中最著名的一个。[②]1774年，罗芳伯采取联合、合并的办法，将周围的许多公司纳入兰芳公司中。这样，兰芳公司就发展为以东万律为中心，辖有南北数十里产金地的大公司，人口大约两万。1795年罗芳伯去世。1884年，荷兰殖民者采取各种手段最终消灭了兰芳公司。[③]

四、泰国

在拉玛三世、拉玛四世和拉玛五世统治泰国时期，大量华侨参加泰国政府开掘河渠和修筑公路铁路的工程及锡矿开采。这些华侨不仅给泰国提供了大量劳动力，而且带来了中国先进工程技术和管理人员。

五、马来西亚

马欢随郑和下西洋，曾经到达马来西亚。他在其著作中记载了马来西亚人开采矿产和使用锡的情况：

---

① 林延青、李梦芝：《五千年中外文化交流史》（第2卷），世界知识出版社2002年版，第573—574页。

② 巫乐华：《南洋华侨史话》，商务印书馆1997年版，第33页。

③ 同上书，第34—36页。

花锡有二处山坞锡场，王命头目主之，差人淘煎，铸成斗样，以为小块输官，每块重官称一斤八两，或一斤四两。每十块用藤缚为小把，四十块为一大把，通市交易皆以此锡行使。①

《明史》也谈到满剌加的锡矿开采："有山出泉流为溪，土人淘沙取锡煎成块曰斗锡。"②

彭亨有金山。"其上出金，有大酋守之，日遣百余人采取，月进王二十金。""沙金，即金山所采者，排沙拣金，金末在镕，虽黄金闪烁，视亦复类。沙既煎，乃始成块。"③

后来华人到达马来西亚，输入了较为先进的采矿技术。18 世纪末期，许多华侨在马来西亚开采金矿和锡矿，以锡矿为主。到 19 世纪 60 年代，马来西亚的采矿业大部分为华侨掌握。华人锡矿工人一般采用露天砂硌冲洗采矿法，同时也采用琉琅淘洗法，这个工作一般是由中国妇女特别是客家妇女干的。④

六、缅甸

缅甸宝石举世闻名，自古以来是输入中国的主要商品。唐代称为"瑟瑟"的绿宝石，曾经在大理风行一时。所以，《唐书》中就有了"大理妇女多缀瑟瑟"的记载。

《西南夷风土记》谈到了缅甸的矿产资源：

地产，孟密东产宝石，产金，南产银，北产铁，西产催生文

---

① ［明］马欢：《瀛涯胜览》，冯承钧校注本，中华书局 1955 年版，第 22 页。满剌加斗锡是对华朝贡品。
② 《明史》卷三二五《满剌加传》。
③ ［明］张燮：《东西洋考》卷四。
④ 林延青、李梦芝：《五千年中外文化交流史》（第 2 卷），世界知识出版社 2002 年版，第 573 页。

石……孟艮、孟琏亦产银。迤西产琥珀，产金，产阿魏，产白玉、
碧玉……

在英国人到来缅甸之前，华侨已开采银矿、玉石和锡矿，并已有可
观的规模。缅甸的玉石矿早在 13 世纪初已经由我国的一个小商贩发现。
开采方法是从中国传入的，矿工也主要是华侨。[1] 13 世纪由云南人开采
的缅甸北部的玉石，历年产量均在 1000 担左右。[2]

缅甸丰富矿产曾经吸引中国内地人前往其地开采。张泓的《滇南新
语》有明确的记载：

> 井在阿哇国界，产玫瑰等宝石。去腾越州三十余日，惟江右客
> 裹粮以往。井深寒，蛮人服砒少许缒下，取石子满贮狗皮袋，负以
> 上。既出，犹寒颤欲绝。[3]

到了明代，中缅两国的玉石珠宝贸易更为红火。缅北孟密有宝井，
生产各种名贵的宝石，蛮莫出各种玉石，孟拱生产琥珀。其中以孟密宝
井所产宝石最为有名。开采后的玉石从缅北运往腾冲琢磨加工，制成各
种装饰品后，再运销全国或外销。中国商人在缅甸政府许可下，纳税开
采，每年去缅北开采的工人多至千人，产量最多时年达数千担，在缅甸
经营玉石珠宝的商店多至百余家。在旧都阿摩罗补罗城遗址的一个中国
古庙里，还刻有 5000 个中国玉石商的名字。[4]

明朝还有官员负责开采缅甸的宝井。据《明史》记载，明万历二十
八年（1600），云南税监杨荣负责开采阿瓦、孟密宝井。[5]

阿瓦、孟密，均在缅甸境内。宝井，指红宝石矿区，在今缅甸抹谷

---

① 杨万秀等：《中华文化与海外华侨华人》，广州出版社 1998 年版，第 79 页。
② 杨长源等：《缅甸概况》，中国社会科学出版社 1990 年版，第 208 页。
③ 张泓：《滇南新语》，丛书集成初编本，第 18 页。阿哇，即阿瓦。
④ 陈炎：《中缅文化交流两千年》，载周一良：《中外文化交流史》，河南人民出版社
1987 年版，第 25 页。
⑤ 《明史》卷二《神宗本纪》。

一带。

在清代，我国云南、江西、广东和湖北等省的劳动人民到缅甸开采和贩运玉石者已经非常多。仅云南的玉石珠宝商在缅甸从事开采和商业活动的就有百余家。①

华侨还在缅甸开采银矿，把开采冶炼的技术传到那里。明永历帝官族子孙曾沦于缅甸，"自相署目，据波龙厂开采"。②

关于波龙厂，《清史稿》卷五二八《缅甸传》云："又有波龙者，产银。江、湖广及云南大理、永昌人出边商贩者甚众，且屯聚波龙以开银为生，常不下数万人。"波龙亦名波顿，缅文 Bowtwin，意为银矿，今音译包德温。据外国学者研究，早在 1412 年，中国人就在这里开采了。

使波龙厂的生产走向兴旺的是被称为桂家领袖的宫里雁。③ 随永历帝入缅者的后裔以及拥明反清流落缅甸的官兵，经百余年的繁衍，不但人数众多，而且形成了一股强大的势力。宫里雁被视为土司。波龙银厂"常有工人数万，商贾云集，比屋列肆，俨一大镇"，"以甲富诸邦称"。④

茂隆厂的建立者是华人吴尚贤。《滇南碑传集》云："其（卡瓦）地多矿厂，而茂隆山银矿为最富。"《清史稿》记载了中缅交界"葫芦王地"茂隆厂"内属"的历史。

> 自波龙迤东有茂隆厂，亦产银。乾隆十年，葫芦酋长以厂献，遂为内地属，然其地与缅犬牙相错。⑤

13—18 世纪初，受缅王聘请的数以万计的中国技术人员和工人，前往缅甸，帮助缅甸开采和熔炼缅北银矿。⑥

---

① 杨万秀等：《中华文化与海外华侨华人》，广州出版社 1998 年版，第 79 页。
② ［清］孙士毅：《绥缅纪事》。
③ 《缅考》云："宫里雁，桂家者，江宁人，故永明入缅所遗种也。"
④ ［清］魏源：《圣武记》。
⑤ 《清史稿》卷五二八《缅甸传》。
⑥ 杨长源等：《缅甸概况》，中国社会科学出版社 1990 年版，第 210 页。

18 世纪初，缅王还专门派人来中国寻求熟练"化炼法"的技术人员，结果云南腾越人张风友受聘。张风友率领中国数百工匠到达缅甸，用最新的开采法和熔炼技术，帮助缅甸开采缅北的包德温银矿。[①]

结　语

中国的采矿技术主要是通过华侨而输入东南亚各国的，华侨为东南亚的采矿事业做出了巨大贡献。华侨在越南者，有李京秀、林旭等人；在柬埔寨者，有莫玖、莫天赐父子；在印尼，有大唐总长罗芳伯；在缅甸，有宫里雁、张风友等人。这些人曾经腰缠万贯，富甲一方。莫玖建立"七社村"，罗芳伯设立"兰芳公司"，宫里雁俨然被视为土司，都受到当地政府的高度重视，主要原因在于他们控制了矿业，经济雄厚，从而形成了一股强大的势力。

中国采矿技术传入东南亚各国有其重大意义。中国帮助东南亚培训技术人员，客观上使中国的采矿技术在当地得到应用，为其日后的采矿事业奠定了技术基础。华侨帮助东南亚各国采矿，促进了当地社会经济发展。

---

① 杨长源等：《缅甸概况》，中国社会科学出版社 1990 年版，第 219 页。

第十二章　古代中国与亚洲国家的
军工技术交流

　　火药是古代中国劳动人民的伟大发明之一，也是中国对世界的巨大贡献之一。火药虽然是宋代以前炼丹家的发明，但是，把火药广泛应用于军事方面，却是宋朝以后的事情。由于宋代手工业生产的发达及战争的需要，火药已经不再是道家的专利，而是逐渐被应用到军事上，对人类社会产出了巨大的影响。宋太祖开宝三年（970），兵部令使冯继升曾经向宋太祖献火箭法。975 年，宋朝进攻南唐，曾经使用火箭 2 万枝以及火炮等物。宋朝在开封设置"广备攻城作"，制造大量的战争物资，其中就有火药、沥青、猛火油等。① 火药成为国防需要的重要物资。宋真宗时期，唐福献火箭、火蒺藜等。在 10 世纪末，中国北宋时期的军事家们，根据炼丹家们炼丹过程中使用的火药配方，配成最初的火药并制造成火器用于作战，开创了人类战争史上火器与冷兵器并用的时代。南宋时，陈规发明了把火药安装在竹管里而被称为"竹管火枪"的火枪，揭开了世界军事史上的热兵器时代。辽金蒙等少数民族政权先后组织专家和将领，在研究汉族已有火枪技术的基础上，创造出飞火枪、铁火枪等新型武器，形成国内各民族政权之间火器技术交流与多元发展的

---

　　① 蔺伯赞：《中国史纲要》，北京大学出版社 2006 年版，第 479 页。

局面。蒙元政权相继融合了各代各民族的火器技术，形成了统一的中华民族的火器技术，并以此作为对外战争的有力工具。除火药火器外，中国还创造出先进的战舰、战车等。

古代中国军工技术闻名于世，由于国防和战争的需要，在各个时期中国与亚洲国家有着广泛的军工技术交流。

一、古代中国的军工技术传入亚洲各国

（一）朝鲜

《宋史·朝鲜传》记载：朝鲜"兵器疏简，无枪弩大刀"。又"以其国接契丹境，常为所侵"。[①] 可见在中国北宋时期，朝鲜军事力量相当薄弱，没有先进的武器。

宋神宗赵顼元丰元年（1078），高丽王遣使安焘、陈睦来华。他们造两舰于明州，"一曰凌虚致远安济，此曰灵飞顺济，皆各为神舟"。"自定海绝洋而东，既至，国人欢呼出迎"。[②] 高丽在中国浙江沿海造舰，当借鉴了中国的造船技术。

明朝在建国之初就同高丽建立了友好关系，并开展了文化交流。明朝与高丽关系密切，曾满足高丽要求，提供重要军事物资。为清扫倭寇，高丽曾经向明朝要求馈赠合用的器械、火药、硫黄、焰硝等物。1374 年，明太祖下旨给高丽配备火药：

> 高丽来关军器、火药、造船捕倭，我看了好生喜欢。都不似已前坐视民病，方才有救民之心……早发文书去，教（高丽）那里扫得五十万斤硝，将得十万斤硫磺来。（中国）这里着上那别色（种）合用的药修合（配制）与他去……（中书）省（大都督府御史）台

---

① 《宋史》卷四八七《朝鲜传》。
② 同上。

官即奏："恐彼无此物。"又奉钦旨："皆是同天共日，安得此有彼无。此等之物，处处有之，彼方（高丽）但不会修合（配制）耳。"……①

除官方管道外，高丽还从民间管道得到了中国关于火药的配制方法。《李朝实录》太祖四年（1395）四月壬午日条云：

> 壬午检校参赞、门下府事崔茂宣卒。茂宣……仕前朝（高丽王朝），官至门下府事。尝曰："制倭寇，莫若火药，国人未有知者。"茂宣每见商客自江南（中国）来者，便问火药之法。有一商，以粗知对。请置其家，……咨问，颇得要领。言于都堂，欲试之，皆不信，至有欺诳。茂宣积以岁月，献计不已，卒以诚意感之，乃许立局，以茂宣为提调官，乃得修炼火药。其具（火炮）有大将军、二将军……等名。既成，观者莫不惊叹。

崔茂宣从中国商人口中学得火药之法，独创"崔公火药"，在平定倭寇的战斗中屡建奇功。

> ……及庚申（1380）秋，倭寇（船）三百余艘，至全罗道镇浦。朝议："崔公火药，今可试矣。"乃命为副元帅，与都元帅沈德符、上元帅罗世，乘船赍火具（火炮等），直至镇浦。寇不意有火炮，聚船相维，欲尽力拒战。茂宣发火具，尽烧其船。寇既失船，遂登岸，劫夺甚多。以至庆尚，还聚于云峰。上（李成桂）时为兵马都元帅，与诸将歼尽无遗。自尔，倭寇渐息，……滨海之民，复业如旧。……茂宣之功，亦不小矣。至（李朝）国初，以（茂宣）年老，未见用。上（李成桂）念其功，授检校参赞。及卒，上蹉悼，赙以厚。岁辛巳，追赠议政府右政丞、永城府院君。②

---

① 《李朝实录恭愍王世家》。
② 《李朝实录太祖四年》。

两国民间的友好往来在一定程度上促进了双方的文化交流。如朝鲜曾从侨居在该国的华侨处，先后学得了中国的火药制造技术和战船制造技术。①

16 世纪末期，在朝鲜壬辰抗倭战争中，明朝不仅派出大量军队，调遣大批军用物资帮助李朝军民对日本侵略者作战，而且向朝鲜将士传授军事技术。如，李朝官员柳成龙招募朝鲜人 70 余人，至明朝将领骆尚志帐中，"日夜练习枪箭狼筅等技"。明将刘廷也向朝鲜士兵传授涂在箭上的毒药之方。明朝参谋官员刘黄裳通晓战车之法，朝鲜方面选派400 余名士兵从之学习。明军官周某通晓"造铳焰硝之法"，在朝鲜向众多冶匠和焰硝匠传授炮铳的制造技术和火药的生产技术，以满足战时的需要。此外，中国的一些兵书也传入朝鲜。如，明朝著名将领戚继光所着《纪效新书》，比较系统地反映了明朝的军事理论和技术。该书于壬辰战争期间被介绍到朝鲜，李朝政府即以之为新设立的训练都监的基本教材，用以训练本国武将，对提高朝鲜军队的战斗力起到了积极作用。②

西方军工技术经中国也传入到朝鲜。西方的火药技术原本是从阿拉伯人那里学得的中国技术，但是欧洲人却在此基础上制造出速度更快威力更大的火炮。这种西式火炮技术，于明朝后期通过葡萄牙殖民者和西方传教士又传入中国。1631 年，朝鲜使臣郑斗源来华，在登州结识了正在教练明军火炮技术的西方传教士陆诺汉。陆诺汉赠以西炮等礼品，郑斗源遂令牌将学习火炮操作技术。回国后，郑斗源向朝鲜李朝仁祖（1623－1649 年在位）献上望远镜、西式火炮等西洋物品，李仁祖十分高兴。③

（二）越南

早在越南郡县时期，中国的造船技术就在交州广泛传播。根据《大

① 陈尚胜：《五千年中外文化交流史》（第 1 卷），世界知识出版社 2002 年版，第 482页。
② 林延青、李梦芝等：《五千年中外文化交流史》（第 2 卷），世界知识出版社 2002 年版，第 491 页。
③ 同上书，第 491－492 页。

越史记全书》记载：公元 808 年，张舟为交州都护，"造艨重短船三百艘，每船战手二十五人，棹手二十三人，棹船向背，疾如风"。到安南陈朝时，在中国造船技术的影响下，已经能够制造出由 30 人到 100 人摇橹的大型船只，其速度惊人，成为来往于江河沿海的重要交通工具。①

宋代，中国的军工物资输入安南，主要途径有两种：

一是通过贡赐贸易，中国封建王朝赏赐"甲胄具装"。

《宋史·交趾传》记载：

> 大中祥符元年（1008），天书降，加翊戴功臣，食邑七百户，实封三百户。东封毕，加至忠同平章事，食邑一千户，食实封四百户……三年，遣使来朝，表求甲胄具装，诏从其请。②

安南的黎龙廷，受到宋廷重视，宋真宗赐名至忠。黎龙廷上表求甲胄具装，真宗同意了他的请求。

> （淳祐）三年（1243），表乞世袭。诏日煚授检校太师、安南国大王，加食邑；男威晃，授静海军节度使、观察处置使、检校太尉兼御史大夫、上柱国、安南国王、效忠顺化功臣，赐金带、器币、鞍马。咸淳五年（1269），诏安南国王父日煚、国王威晃加食邑。八年，明堂礼成，日煚、威晃各加食邑，赐鞍马等物。③

作为宋朝皇帝的恩赐，鞍马等物不断输入安南。

二是安南通过战争途径获取军工物资。

据《大越史记全书》本记卷五《陈记一》记载：1288 年春，元军进攻安南，安南陈朝军队抗击元军，获得元军哨船 300 艘。三月，在白

---

① 杨保筠：《中国文化在东南亚》，大象出版社 1997 年版，第 70 页。
② 《宋史》卷四八八《交趾传》。
③ 同上。

藤江战役中，获得元军哨船 400 余艘。

明宣德二年（1427）九月，明军与安南军队交战。"崔聚、黄福引众强进，仁澍又败之，斩首二万余级，获马匹、驴牛、军资器械不可胜数。"①

在清越战争中，清军惨败，"时士毅走回镇南，尽焚弃关外粮械数十万，士马还者不及半"②。清军军械多被越南西山军所得。

（三）占婆

宋淳化三年（992），占城王遣使李良莆贡献方物。"宋太宗赐其王白马二及兵器。"兵器主要是指银装剑五口、银缠枪五条、弓弩各五张及箭等。③

景德元年（1004）九月，占城国遣使来贡方物。"诏以良马、介胄、戎器赐之，从所乞也。"④

景德四年（1007）五月，"大食、占城国皆遣使来贡，占城表请颁戎器。及还，赐物甚厚"⑤。

天禧三年（1019），宋真宗"诏赐占城王银四千七百两并戎器鞍马"⑥。

事实上，这些兵器送给占城，均是出于外交礼节上的需要，具有象征意义，数量有限，远远不能满足占城国防的需求。

宋乾道七年（1171），闽人浮海到吉阳军，大风把他所乘的船吹到占城。当时占城正与真腊开战，两国都乘大象作战，但是"胜负不能决"。"闽人教其王当习骑射以胜之，王大悦，具舟送之吉阳，市得马数十匹归，战大捷。"⑦

---

① 《大越史记全书》本记实录卷一《黎纪一》。
② 《清史稿》卷五二七《越南》。
③ 《宋史》卷四八八《占城传》。
④ 《长编》卷五七。
⑤ 《长编》卷六五。
⑥ 《宋史》卷四八八《占城传》。
⑦ 同上。宋置崖州，后改曰吉阳军，明复为崖州，即今海南三亚。

宋淳熙四年（1177），"占城以舟师袭真腊，傅其国都"①。由于占城穷兵黩武，后被真腊所灭。"国遂亡，其地悉归真腊。"②

复国后，占城又面临安南的侵略，在抵抗安南侵略的过程中，借助明朝的力量对付安南。明洪武四年（1342），占城国王奉金叶表来朝，乞兵器、乐器、乐人，"俾安南知我占城乃（中国）声教所被，输贡之地，则安南不敢欺凌"③。明王朝虽未赐与上述物资，但命福建省臣对占婆货物弗征其税，示怀柔之意。④

（四）印度尼西亚

爪哇西部原来属于室利佛逝（三佛齐），1222 年，杜班马王国成立，末王葛达那加刺在位时，尽驱室利佛逝人，并据苏门答腊。⑤ 史料记载爪哇国人尚武，"性凶悍，男子无少长贵贱皆佩刀，稍忤辄相贼，故其甲兵为诸蕃之最"⑥。元至元二十九年（1292）二月，元世祖因为爪哇黥诏使孟琪面，大为愤怒，以史弼总军事，亦黑迷失总海道事，率兵二万，舟千艘，讨伐爪哇⑦。

中国火药、火器是在元军进攻爪哇时传入印尼的，元军在攻打爪哇时使用了铁火炮（震天雷）火铳（火筒）、火镞（火箭）、毒火罐等火器。后来，爪哇人在拉登·韦查耶的领导下，击败了元军，夺取了元军的武器弹药，建立了麻诺巴歇王朝，并且学会了制造火药和火器。据史料记载，拉登·韦查耶足智多谋，他假意投降元军，尔后，"拉登·韦查耶请求准许他回麻喏巴歇准备给中国皇帝贡献贡品，元兵派一队士兵送他回去。在途中他突然袭击护送的士兵，然后纠集大队人马，从两方面夹攻欲回舰队的士兵"⑧。

---

① 《宋史》卷四八八《占城传》。
② 同上。
③ 《明太祖实录》卷六七。
④ 《明史》卷三二四《占城传》。
⑤ 方豪：《中西交通史》，上海人民出版社 2008 年版，第 334 页。
⑥ 《明史》卷三二四《爪哇传》。
⑦ 《元史》卷二一〇《爪哇传》。
⑧ ［印尼］萨努西·尼巴：《印度尼西亚史》，商务印书馆 1959 年版，第 115 页。

中国火药和火器的传入，成为印尼麻喏巴歇王朝鼎盛强大的重要原因之一。①

（五）印度

R. C. 马宗达《高级印度史》称，印度至迟在德里苏丹国伊勒图特米什（Iltutmish，1211—1236 年在位）统治时期已经使用火器，用火药发射火箭、燃烧弹和机射弹丸等，其火器是由突厥人传入的。14 世纪 60 年代，印度人已经使用了大炮。此后，莫卧儿人的首领巴布尔于 1526 年 4 月在德里西北的帕尼帕特战役中，使用了大量的大炮。可见，火药制造技术已经为印度人熟练掌握。②

（六）阿拉伯

作为中国火药配方中的一种重要原料——硝以及它的提炼技术，大约在公元 8、9 世纪就已经传入伊朗。硝在伊朗被称为"舒拉"或"中国盐"，只是医生用它治疗癫痫病。大约在 1230 年，阿拉伯人才从伊朗人那里引进火硝和硝石，并称之为"舒拉这只"、"墙碱"、"中国雪"、"阿索丝石之花"。③

硝在伊斯兰国家起初用于医药和炼丹术，以后随着硝的开采，硝也被推广到玻璃工业中。

硝开始用来制造火药在 13 世纪初，这可以由硝在名称上的变化反映出来。曾经到过北非、埃及和两河流域的医生伊本·贝塔尔（1197—1248）在《医方汇编》中的巴鲁得条下有个注释："这是埃及老医生所称的中国雪，西方（北非和西班牙）普通人和医生都叫'巴鲁得'，称作'焰硝花'。""巴鲁得"是现在阿拉伯文中的火药，但在中古时期是

---

① 周南京：《历史上中国和印尼的文化交流》，载周一良：《中外文化交流史》，河南人民出版社 1987 年版，第 225 页。

② 林延青等：《五千年中外文化交流史》（第 2 卷），世界知识出版社 2002 年版，第 580 页。

③ 陈尚胜：《五千年中外文化交流史》（第 1 卷），世界知识出版社，第 363 页。

指硝。①

硝由中国盐、中国雪而变成巴鲁得，不但使硝由中国而波斯、埃及的传播路线一清二楚，而且对硝输入伊斯兰国家由医药和化学药剂的应用变成配制火药，制作火器的药料的过程也显得脉络分明。五代，北宋时硝石被用于火药，出现了"焰硝"这个新名词一样。但最初这种引起燃烧的硝，只是用于烟火、爆竹和火戏儿，很可能是由中国东南沿海经过海路直接传入埃及的。因为当时中国帆船常到亚丁，这些帆船装备火器，往返于阿拉伯香岸和泉州之间。埃及侨民也分布在杭州和泉州各地，他们是这种新发明最可靠的传递者。

13 世纪，源出中国大陆的各种火器传入伊斯兰国家。在 1258 年巴格达陷落后，各种火器由元帝国传入阿拉伯国家。汉纳和法伟在《火炮史》中举出一种阿拉伯文兵书《马术和军械》，这是由哈桑·拉曼在 1285—1295 年间所作。从这本书中可以知道，火药不但源于中国，就连烟火、火器都是从中国传出去的。②

约在 1267—1274 年之际，那时蒙古军围困襄樊，从伊朗请来回回炮手阿里海牙和亦思马因。这些穆斯林又将蒙古军用的契丹火枪，契丹火箭传给伊斯兰国家，13、14 世纪时西方都称中国为"契丹"，所以传入的火器也都有契丹的名称。③

管形火器传入伊斯兰国家后，由于使用方便，威力强大，因而这些新式武器立即受到重用。13 世纪末 14 世纪初，伊斯兰国家将蒙古人传去的火筒和突火枪，加以改进，发展成两种"马达发"，"马达发"在现在阿拉伯文中便是"火器"。两种"马达发"在 14 世纪初希姆埃丁·穆罕默德写的兵书上都有记载。一种是一只木制的短筒，下有把子，筒内装上火药，在筒口插上一支箭或安一枚石球，点着引线后，火药立即发作，将箭或石球射出打击敌人。火药的成分是，硝 10，木炭 2，硫磺 1.5。这一种"马达发"很明显是出自宋元人的火筒。另一种是一根长

① 沈福伟：《中西文化交流史》，上海人民出版社 2006 年版，第 318 页。
② 同上书，第 319 页。
③ 同上书，第 320 页。

筒，先装上火药，再将一个上下能活动的铁饼或铁球装入筒内，筒口插箭，引线点着后，火药发作，冲出铁饼或铁球，将箭射出，射程较远。这一种"马发达"的原理出自 1259 年南宋人的突火枪。不同的是突火枪的子窠是纸制的，阿拉伯国家则使用铁饼或铁球推送筒口的箭。这种铁瓶或铁球也叫"马达发"，相当于子窠，但又多了一支箭，是一种大加改进的新型火器。

14 世纪时埃及的马木鲁克军队在军事上装备了一批"马达发"，已经出现了大型的铜炮。火药和火器直接从中国传入伊朗和印度，因此新波斯语、印地语和土耳其语，大炮便叫 top。拥有先进科学技术的阿拉伯各国又成了火药、火器传入欧洲的媒介。①

16 世纪，建立在军事统治之上的土耳其奥斯曼帝国，在其军队中大量使用各式火器，包括远程火炮，轻而易举地战胜了坚持信赖骑兵优势的马木鲁克军队，使这个长达 267 年的王朝在 1517 年终于寿终正寝。在当时的伊斯兰国家中，土耳其由于拥有新式火器而成了头号强国。后来，"大炮"（TOP）这个词也成了土耳其语。

中国军工技术为伊朗所利用。16 世纪起到 19 世纪末，伊朗使用一种有两大两小四块圆护组成的铁甲，其中两块大型圆护，专护胸、背，称做确雷伊纳，《中华文明史》指出："虽与印度有关，但发源地却在中国。"②

二、古代亚洲各国的军工技术传入中国

（一）朝鲜

《三国志·魏书》记载：朝鲜古代出貊弓、乐浪檀弓。

---

① 沈福伟：《中西文化交流史》，上海人民出版社 2006 年版，第 321 页。
② 张安奇、步近智：《中华文明史》（第 8 卷），河北教育出版社 1994 年版，第 926—927 页。

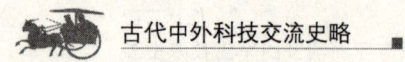

《三国志·魏书·高句丽》云：

> 句丽作国，依大水而居，西安平县北有小水，南流入海，句丽别种依小水作国，因名之为小水貊，出好弓，所谓貊弓是也。

《三国志·魏书·濊》云：乐浪檀弓出其地。

在南北朝时期，高句丽与北魏之间有稳定的朝贡关系，正常情况下，高句丽一年一贡。贡物中有石砮、楛矢等军工物资。[①]

唐朝时期，百济曾经进献军用物品。《旧唐书》记载：唐太宗贞观十一年（637），百济"遣使来朝，献铁甲雕斧。太宗优劳之，赐彩帛三千段并锦袍等"[②]。

《新唐书》记载百济曾经进献军用物品：

> 武德四年（621），王扶余璋始遣使献果下马，自是数朝贡。高祖册为带方郡王、百济王。后五年，献明光铠，且讼高丽梗贡道。太宗贞观初，诏使者平其怨。……再遣使朝，上铁甲雕斧，帝优劳之，赐帛段三千……[③]

新旧《唐书》都谈到了献铁甲雕斧之事，但是对其具体时间的记载略有差别，《旧唐书》说"贞观十一年"，而《新唐书》称之为"贞观初"。

据《新唐书》记载，新罗人曾经来中国唐朝军中效力：

> 有张保皋、郑年者，皆善斗战，工用枪。年复能没海，履其地五十里不噎，角其勇健，保皋不及也。年以兄呼保皋，保皋以齿，

---

① 李云泉：《朝贡制度史论》，新华出版社 2004 年版，第 29 页。
② 《旧唐书》卷一九九《百济传》。
③ 《新唐书》卷二二〇《百济传》。

年以艺，常不相下。自其国皆来为武宁军小将。①

这则材料表明朝鲜武技在唐代一度传入中国。

《宋史·高丽传》记载：太平兴国二年（977），高丽王遣其子元辅以良马、兵器来贡。

（二）日本

《宋史·日本传》记载：咸平五年（999），建州海商周世昌遭风飘至日本，"凡七年得还，与其国人滕木吉至，上皆召见之"。宋真宗赵恒令日本人滕木吉以所持木弓矢挽射，"矢不能远"，询问其原因，"国中不习战斗"。这表明，日本长期处在和平的环境中，没有经历战争，当时军工技术比较落后。

据《明史·日本传》记载，日本人曾与胡惟庸勾结：

> 先是，胡惟庸谋逆，欲籍日本为助。乃厚结宁波卫指挥林贤，伴奏贤罪，谪居日本，令交通其君臣。寻奏复贤职，遣使召之，密致书其王，借兵助己。贤还，其王遣僧如瑶率兵卒四百余人，诈称入贡，且献巨烛，藏火药、刀箭其中。既至，而惟庸已败，计不行。帝亦未知其狡谋也。②

由于这一次阴谋活动，日本兵器秘密运到了中国。言之凿凿，还载入史册。其实，这完全是杜撰出来的。明太祖朱元璋为了加强封建专制统治，编造了胡惟庸通倭的罪名，从而废除了宰相一职，将帝权和相权合一。著名明史专家吴晗曾经对此进行了深入的研究，得出了"胡惟庸通倭"纯属子乌虚无之事。

明永乐年间，日本兵器输入中国。《明史·日本传》云：

---

① 《新唐书》卷二二○《新罗传》。
② 《明史》卷三二二《日本传》。

成祖即位，遣使以登极诏谕其国。永乐元年（1403）又遣左通政赵居任、行人张洪偕僧道行往。将行，而其贡使已达宁波。礼官李至刚奏："故事，番使入中国，不得私携兵器鬻民。宜敕所司核其舶，诸犯禁者悉籍送京师。"帝曰："外夷修贡，履险蹈危，来远，所费颇多。有所赍以助资斧，亦人情，岂可概拘以禁令。至其兵器，亦准时直市之，毋阻向化。"十月，使者至，上王源道义表及贡物。帝厚礼之，遣官偕其使还，赍道义冠服、龟钮金章及锦绮、纱罗。①

永乐皇帝不听大臣劝阻，对日本贡使非常宽厚，允许其在民间销售兵器，使日本兵器得以在中国民间流传。

在明代，倭寇常骚扰中国沿海地区。"倭性黠，时载方物戎器，出没海滨，得间则张其戎器而肆侵掠，不得则陈其方物而称朝贡，东南海滨患之。"② 后在俞大猷、戚继光、刘显等将领的合击下，倭寇被荡平，许多日本兵器被明军缴获。

有的武器是由其他国家传播到日本然后再由日本介绍到中国，日本起了媒介作用。例如鸟嘴枪，1354 年日本人在种子岛从葡萄牙人手中得来，后来由于清嘉庆年间倭寇肆虐，有被擒获者，中国军人得以学到其用法。由于它具有枪筒长，容纳弹药多、发射快、火力强、命中率高等优点，为中国人所爱用。③

（三）越南

交枪在明清时期颇负盛名。邱濬曰："近有神机火枪者，用铁为矢镞，以火发之，可至百步之外，捷妙如神，声闻而火即至矣。永乐中平南交，交人所制尤巧。"④ 清初刘献廷谓"交枪天下最"。交趾火器之制

---

① 《明史》卷三二二《日本传》。

② 同上。

③ 夏应元：《相互影响两千年的中日文化交流》，载周一良：《中外文化交流史》，河南人民出版社 1987 年版，第 334 页。

④ 张秀民：《中外关系史论文集》，台北文史哲出版社 1992 年版，第 55 页。

法见于明史兵制者："用生熟赤铜相间，其用铁者，建铁柔为最，西铁次之。大小不等，大者发用车，次及小者用架，用桩，用托。大利于守，小利于战，随宜而用，为行军要器。"① 在 14 世纪安南与占城的战争中，安南陈朝将领陈渴真凭借"火枪齐发"的威力，打败了占城，打死了占城国王制蓬莪。从此，占城国势一蹶不振。15 世纪，初明军在与安南人的战争中俘获了黎季犛的长子黎澄（即胡元澄）。黎澄善于制造神枪火器，被明军士兵奉为"火器之神"。明成祖朱棣特设神机营操练火器。②

明人谈迁编撰的《国榷》卷二十《宣宗宣德二年条》记载：

> 丙寅，行在工部营缮司主事黎澄为右侍郎。禄而不仕。

黎澄以善神枪得官。虽然是虚职，但是享有比较高的待遇。

此后，明朝以黎澄之子黎叔林继续督造军器，黎家子孙世受国恩。《明宪宗实录》记载：

> ［成化五年（1469）四月甲子］录工部右侍郎黎叔林子世荣为中书舍人。叔林交趾人。父澄，季犛之子，苍之弟。以俘至，太宗文皇帝赦之。授以官，专督造兵仗局铜箭火药，终工部尚书。叔林继之。仍督造军器。至是，请官其子世荣于京便养。上念其远人，俯从之。③

明人造火器，除黎澄父子之外，亦有交趾工匠阮清等人参加工作。其事见《明孝宗实录》卷二六：

---

① 《陔余丛考三》，转引自张秀民：《中外关系史论文集》，台北文史哲出版社 1992 年版，第 56 页。

② 陈玉龙：《中国和越南柬埔寨老挝文化交流》，载周一良：《中外文化交流史》，河南人民出版社 1986 年版，第 699 页。

③ 《明宪宗实录》卷六六。

弘治二年（1489）五月申戌，锦衣卫夷匠阮清等，其先安南人。永乐中以能制火铳短枪神箭，及刻丝衮龙袍服，收充军匠，月给米一石。后以例减无斗。至是清等自言夷人无家赡。诏仍与一石。①

明代有安南人在中国担任军事教官，其事见于《明英宗实录》：

[景泰元年（1450）三月甲寅] 命惯熟牌刀手交趾人陈孝顺等五十四人，赴神机营教演牌刀，仍命孝顺等于锦衣卫寄籍，从安远侯柳溥奏请也。②

在战争状态下，中越双方的军工物资互有缴获。明初，安南的战船曾经被明军缴获。据《明史·张辅传》记载，永乐七年（1409），明朝命张辅佩征虏将军印，帅师往征安南。

贼舟六百余，保江东南岸。辅帅陈旭等以划船战，乘风纵火，擒贼帅二百余人，尽得其舟。③

（四）占婆

古代中国与林邑的战争，引起了两国的文化交流。在战争后，林邑的物品作为战利品被送到中国。

唐以林邑"不朝献"为辞出兵林邑。《新唐书》记载：

元和初不朝献，安南都护张舟执其伪骠、爱州都统，斩三万

---

① 《明孝宗实录》卷二六。
② 《明英宗实录》卷一九〇《景泰附录八》。
③ 《明史》卷一五四《张辅传》。

级，虏王子五十九，获战象、𫏋、铠。[①]

战象、兵械，属于军工技术，唐对林邑的战争，客观上有利于两国的军工技术交流。

五代时，占婆国使节曾向后周进献过猛火油。火药是中国古代的伟大发明之一，它是由硝、硫磺和木碳三种成分按比例混合配制而成的。作为中国火药配方中的一种重要原料—硝以及它的提炼技术，大约在公元 8 世纪、9 世纪就已经传入伊朗。这种硝被用于烟火之中，这种烟火药也被阿拉伯人称为"纳夫忒"。纳夫忒原是指两河流域出产的质地纯净并且呈现白色的石脑油，它既可以用作药物来医治眼疾，也可以与硫磺等物混合起来而作为火攻武器。五代时期，占婆国王遣使向后周进献过这种石脑油的混合物，当时被称为"猛火油"[②]。

（五）土耳其

土耳其制造的火器，也曾于 16 世纪 40 年代被带到中国，但因其制造简陋，使用不便，未能引起中国人足够的重视。[③]

（六）伊朗

波斯甲骑具装东传到中国。

波斯是很早使用铠甲和具装铠的国家，公元前 480 年，波斯皇帝泽尔士的军队已经装备了铁甲片编缀的鱼鳞甲。在幼发拉底河畔杜拉·欧罗波发现的安息艺术中，有头戴兜鍪身披铠甲的骑士，战马也披有鳞形马铠。这些马具装，连同波斯所特有的锁子甲和萨珊式开胸铁甲，经过中亚细亚在魏晋至隋唐时先后从新疆进入内地，成为五胡十六国时期常见的铠具。

---

① 《新唐书》卷二二二（下）《环王传》。
② 林延青、李梦芝：《五千年中外文化交流史》（第 2 卷），世界知识出版社 2002 年版，第 364 页。
③ 同上书，第 584 页。

　　波斯的锁子甲，或称环锁甲，3 世纪已传入内地，曹植在《先帝赐臣铠表》中已经提到过："先帝赐臣铠，黑光、明光各一领，两当铠一领，环锁铠一领；马铠一领，公代以升平，兵革无事，乞悉付铠曹自理。"这种环锁铠十分名贵，但恐怕已流行在新疆骑马民族中了。382年前秦吕光率大军七万五千人征讨西域，就在龟兹看到西域诸军的铠甲是"铠如铁锁，射不可入"。这种铠甲当时在中原军队中还是见所未见的新式装备。隋唐时期环锁铠在 7 世纪时还未成为内地军队中普遍装备的铠甲，但中原地区确已掌握了制造这种铠甲的技术，在唐六典甲制中列居第十二位。[①]

　　公元 6、7 世纪在新疆军队中风行萨珊开胸铠甲。这种铠甲拥有左右分开的高立领，铠甲由前胸正中开合，下摆垂长及膝，外展如裙。在中亚康居片施肯特城遗址绘画中有身批铠甲的骑士正在作战。萨珊波斯国王狩猎图中国王的铠甲也属同一类型。新疆石窟艺术中也有这类铠甲的武士，库车西北克孜拉罕石窟第 11、32 窟甬道壁画中有披甲，佩剑，脚着长靴的武士供养人，拜城克孜尔石窟等处也有同类铠甲武士。这类萨珊式铠甲一直在新疆境内流传到 20 世纪。[②]

　　中世纪伊斯兰国家设计和制造的抛石机非常发达，有一种抛石机叫开满尼拉得，能发射 800 磅的巨石，远远胜过宋代《武经总要》中只能发射几斤、几十斤石头的抛石机。元朝在征伐南宋的战争中，很注意使用这种"巨石炮"，因为它们是由回回人制造和使用的，又称"回回炮"。

　　1271 年忽必烈的使者到达伊朗，请伊儿汗阿八哈派遣炮匠，支援元朝最后吞并南宋的军事行动。阿八哈派旭烈（赫拉特）人亦思马因和木发里人阿老瓦丁应征来华，两人便举家到达大都任职，在北京造大炮竖立在午门前试验。1273 年亦思马因参加了进攻襄阳的战役，亦思马因根据地势，在襄阳城外东南角装置了能发射 150 斤的巨石炮。这种炮发射时，声如雷震，攻坚能力很强，所击无不摧陷，入地七尺，使襄阳

城宋朝安抚吕文焕束手无策，只得投降。亦思马因因功任回回炮手总管，佩虎符。据《史集》记载，参加这次战役的还有大马士革的三个炮手：阿布伯克、伊卜拉欣和穆罕默德。

1274 年亦思马因病死后，由他的儿子布伯袭职，元军开始大举渡江，布伯用回回炮在长江北岸击溃宋朝舟师，渡江后，重大战役都有布伯德回回炮手参与。阿老瓦丁在平章阿里海牙手下服役，潭州（长沙）的攻陷，静江（桂林）的占领，都有阿老瓦丁率领的回回炮提供巨大的火力。1278 年，阿老瓦丁升任宣武将军，管军总管。1281 年，布伯荣膺三珠虎符，加镇国上将军、回回炮手都元帅，成为回回炮手的最高统帅。[①]

回回炮威力既大，1273 年在襄阳失陷的当年，宋朝便下令边郡加以仿造，所造的抛石机胜过了蒙古人回回炮。虽然如此，却仍难以挽回宋朝在军事上的失利。

南宋既亡，元朝便下令搜罗全国能制造回回炮的工匠，集中到大都，加以统一管辖。1281 年又命回回炮手在南京屯田。1285 年改元帅府为回回炮手军匠上万户府，以布伯的弟弟亦不剌金为万户，1328 年军匠被调到大都和马哈马沙造炮，终元一代，回回炮的制造和使用都掌握在色目人阿老瓦丁和亦思马因家族的手中。[②]

（七）大食

大食的猛火油（即煤油）传入中国后，我国很快就认识到煤油遇水后火燃烧得更猛烈，并在战争中应用。《吴越备史》记载："火油，得知海南大食国，以铁筒发之，水沃，其焰弥盛。"[③]

大食刀输入中国。唐代大诗人杜甫曾经写有《荆南兵马使太常卿赵公大食刀歌》，讴歌大食刀的作用。歌云：

太常楼船声嗷嘈，问兵刮寇趋下牢。

---

① 沈福伟：《中西文化交流史》，上海人民出版社 2006 年版，第 256 页。
② 同上书，第 257 页。
③ 杜石然等：《中国科学技术史稿》，科技出版社 1982 年版，第 366 页。

牧出令奔飞百艘，猛蛟突兽纷腾逃。

白帝寒城驻锦袍，玄冬示我胡国刀。

壮士短衣头虎毛，凭轩拔鞘天为高。

翻风转日木怒号，冰翼雪澹伤哀猱。

镌错碧罂鸊鹈膏，铓锷已莹虚秋涛。

鬼物撇捩辞坑壕，苍水使者扪赤绦，

龙伯国人罢钓鳌，芮公回首颜色劳。

分闻救世用贤豪，赵公玉立高歌起。

揽环结佩相终始，万岁持之护天子。

得君乱丝与君理，蜀江如线如针水。

荆岑弹丸心未已，贼臣恶子休干纪。

魑魅魍魉徒为耳，妖腰乱领敢欣喜。

用之不高亦不庳，不似长剑须天倚。

吁嗟光禄英雄弭，大食宝刀聊可比。

丹青宛转麒麟里，光芒六合无泥滓。[1]

结　语

中外军工技术交流，主要途径有：贡赐贸易、战争、民间商贸活动。古代中外军工技术交流与战争的关系尤其密切。

中外军工技术交流具有重大的意义：一方面，中国军工技术输入东亚和东南亚国家；另一方面，中国大量吸收了外国的军工技术，如安南的"交枪"，回回炮，大食的猛火油。中外军工技术交流，推动了军工技术的发展，同时也促进了相关科学技术的发展。

军工技术的交流往往与血腥的战争联系在一起。13世纪初，崛起于漠北的蒙古民族政权，又在兼并各民族并进行统一战争的基础上，相

---

① 《全唐诗》卷二二二《杜甫七》。

继融合宋、金、辽所创制的火器技术，形成统一的中华民族的火器技术。蒙古（元）统治者利用这一火器技术，作为其进行对外战争的先进技术手段。也正是在这种民族战争过程中，中华民族创造的火器技术被传播到军队所及之地。13 世纪后期，元军用兵高丽、日本、安南、爪哇时，即把中国的火器技术传播到那里。①

---

① 王介南：《中外文化交流史》，书海出版社 2000 年版，第 223 页。

第十三章 古代中国与亚洲国家的 医药交流

中华文化历史悠久，博大精深，中医中药是一大奇葩，是世界科学文化宝库中的瑰宝。远在先秦时期，医药知识已经相当进步，在周代已成为一种专业，春秋时期医术已经开始分科诊治，《黄帝内经》问世，标志着中医基础理论形成。到了汉代，我国医药学更有划时代的发展，如仓公精于脉术，《史记》本传载有其医案 25 则；张仲景的医学著作反映了临证医学的发展，标志着中医学辨证论治原则的确立。《金匮要略》上卷论伤寒，中论杂病，并疗妇人。《四库书目》云："自宋以来，医家奉为典型，与《素问》、《难经》并重，得其一知半解，皆可以起死回生，则亦岐、黄之正传，和、扁之嫡嗣矣。"[①]《神农本草经》是对战国以来药物学发展的全面而系统的总结。西晋太医令王叔和集中了秦汉以来医家切脉的经验，写成《脉经》。陶弘景《本草集注》著录本草药物 700 多种，比汉代的《神农本草》多出一倍。

隋唐是中国封建社会的鼎盛时期，经济繁荣，文化发达，科学技术进步，医学也取得了全面发展。隋代著名医学家巢元方等编著的《诸病源候论》，是我国最早的病因症候学专书，对病因候学的成就进行了系

---

① ［清］纪昀：《四库全书总目提要》卷一〇三子部十三《医家类》。

统总结。孙思邈的《千金方》和王焘的《外台秘要》是两部综合性医学巨著。前者系统论述基础理论和临床各科，后者汇集前代方书。唐政府组织专业人员编撰的《新本草》，是我国政府颁布的第一部药典。民间本草学著作出现不少，有陈藏器的《本草拾遗》，韩保兴的《蜀本草》，李珣的《海药本草》等。由于唐代道教兴盛，养生学取得了长足的进展。孙思邈的养生理论和养生法，广为流传。唐代太医署是历史上最早由政府开办的规模较大的医药学校，也是世界上最早的医药学校。

宋金元时期医学取得了突出成就。官修的药物学著作和方剂学著作有：《开宝本草》、《嘉佑本草》、《本草图经》及《太平圣惠方》、《太平惠民和剂局方》、《圣济总录》等，私人编著甚多，其中《证类本草》代表了宋代药物学的最高水平。钱乙（约公元 1034－1115）是我国宋代著名医学家，对儿科学有突出的贡献，被称为"儿科之圣"[①]。

明代，医学出现了不少新进展。李时珍撰《本草纲目》。"是编取神农以下诸家本草，荟粹成书，复者芟之，阙者补之，讹者纠之，凡一十六部，六十二类，一千八百八十二种。"[②]《本草纲目》的问世是药学史上的重要里程碑，对我国和世界药物学以及其他相关学科学术的发展贡献巨大而且影响远大。朱橚编成的《普济方》，是我国古代最大的一部方书。吴又可的"戾气学说"，是传染病病因学上的卓越成果，对温病学说的创立产生了相当的影响；人痘接种预防天花方法的发明，成为世界免疫学的先驱，开辟了人类预防医学的新篇章。陈司成著《霉疮秘录》是我国第一部梅毒学专著。发明使用贡剂和砷剂治疗梅毒，是该领域的世界上最早的创举。

清代医学有较大的发展。本草学著作杰出的有赵学敏的《本草纲目拾遗》和吴其浚的《植物名实图考》。在温病学方面，经过叶桂、薛生白、吴鞠通、王士雄等人的理论研究和临床试验，我国医学界形成了"温病学说"，从而大大丰富了祖国医学宝库。

---

① 马堪温：《宋代杰出的儿科医学家钱乙及其成就》，载《科技史文集》第 3 辑，上海科学技术出版社 1980 年版，第 33 页。

② ［清］纪昀：《四库全书总目提要》卷一○三子部十三《医家类》。

总之，中医药在我国古代已发展为理论体系完整、实践经验丰富、科目分类详细的一门科学，在古代一直处于世界的领先地位。

一、古代中国医药输入亚洲各国

（一）中国药物输入亚洲各国

1. 朝鲜

殷商末年，箕子率宗室赴朝，即带去了药材等物。据《魏书·乌丸鲜卑东夷传》："桓、灵之末，朝泞强盛，郡县不能制，民多流入韩国。"中国药材随之流入朝鲜。

宋朝皇帝先后赠送药物给高丽使节，赠送的药材品种丰富，数量较大。宋元丰二年（1079），宋朝派出医疗团前往高丽，共带去药材100多种，其中就有牛黄、麝香、朱砂等多种名贵药材。明代，朝鲜派使团入华，学习中国科学技术。据史料记载，朝鲜使团专门配备有医官，其主要任务是在明朝进修医术并购买医书和药材。①

洪武五年（1372），明太祖朱元璋赐给朝鲜国王药材药方，让朝鲜使节张子温、吴季南回国时带回朝鲜。② 同年十一月，朝鲜国王遣使卢稹到京师（今江苏南京），谢赐药材药方。表曰："远颁妙药，明示秘方，登受以还，感铭奚极……"③

2. 越南

郡县时期，中国内地的医药就已经向交趾（今越南中北部）传播。

中国医药界认定，汉武帝元鼎六年（公元前111）中国医学及药物开始传入越南，逐步形成了越南医学"北方派"（中国派），而越南原有

---

① 陈尚胜：《五千年中外文化交流史》（第1卷），世界知识出版社2002年版，第552页。
② 吴晗：《朝鲜李朝实录中的中国史料》前编，卷上，中华书版1980年版，第26页。
③ 同上书，第27页。

的医学成为"南方派"。

据晋朝名医葛洪《神仙传》记载：三国时，中国名医董奉曾被士燮召请到交趾，给士燮看病。据《大越史记全书》载：董奉游交趾，闻士燮已"病死三日"，乃"与药一丸，以水含服，捧其头摇捎之"。不久，士燮便"开目动手，颜色渐平复"。第二天"即可起座"，四天后"复能语，遂复常"。①

南齐时，阴铿之妻在交趾，因其地气卑湿而得下腹胀一症，无法治疗，后遇苍梧道士林胜到此采药，遂以"温白丸"治疗而使她病愈。

唐代鼓励药材贸易。863年唐王朝发布诏书，允许茶、药输入安南：

> 其安南溪洞首领，素推诚节，虽蛮寇窃据城壁，而酋豪各守土疆。如闻溪洞之间，悉借岭北茶、药，宜令诸道一任商人兴贩，不得禁止往来。②

公元968年，安南独立，但此后仍然从中国输入药物。

南宋时，有安南药商到京城临安大量采购土茯苓，引起京城药价上涨了好几倍。并不值钱的土茯苓用之于治疗梅毒，在当时是有效的药物。

明清两代安南所需要的药物均靠中国供应。安南黎仁宗时曾派使节来中国，请求用土特产香料来交换药材和书籍。明天顺元年（1457），安南使臣黎文老曾上表奏："本国自古以来，每资中国书籍、药材以明道义，以济寿域。"③他请求按惯例用安南土产香料等物来交换中国内地的书籍、药材。明英宗批准了此要求。

3. 泰国

中泰两国长期通过水路进行贸易和往来。帆船是主要的交通工具。中国商人从广东福建出发，进入湄南河，把药材运入泰国。

---

① 《大越史记全书》，日本东京大学东洋文化研究所校正本，1984 年。
② 《新唐书》卷十九上。
③ 《明实录》卷二七九《英宗天顺元年》。

中医传入泰国是在阿瑜陀耶城创立之初，华侨在此出售药材药品，医师来自中国。国王的御医也是中国人。中国医师吸收泰医的草药，以丰富草药的品种。广东汀海县东里乡旅泰华侨李松青，是第一个代客煎药赠医施诊的华人。他在曼谷创办李天顺堂药材店，后来继续经营药材业，成了"药业世家"。①

中医药多是潮州人传到泰国的。据说在西医药进入泰国之前，潮州人带去的中医药在泰国的医药界中扮演了一个重要的角色。潮州人林白昔年曾在曼谷三聘街开设一家杂货店，后易名为"德恒裕药行"。其最畅销产品是麒麟牌加楠药水，专治吐泻。目前，在华人的主要聚居区耀华力、石龙军、越三振一带，仍有不少药店在出售中药。一些老侨领也仍然喜欢用中药补品来调养身体。今天中医药在泰国仍然有一定的地位。②

4. 马来西亚

中国传统医药几乎同时与中国移民输入马来西亚。数世纪以来，中医药在马来西亚根深蒂固，它不仅受到华人的喜爱和信赖，也受到马来西亚其他各族人民的欢迎。有些西医未能医治的疾病，或不能耐受西医副作用及畏惧西医开刀的病人，转求中医药治疗。③

有人统计，在马来西亚的中草药达456种，其中包挂关沙苑（冬葵子）、川加皮、牛七、菖蒲、沙参、明冉（党参）、风眼草、益智子、白豆蔻、白芷、金牛、周胆星、九里明、苏木、柴胡等。④《马来西亚医药书》开列了马来药方（配方）543项，其中引用了不少中草药，如中国茄根、中国纸、良姜、甘草、米酒、大茴等等。在马来西亚民间还有

---

① 葛治伦：《1949 年以前的中泰文化交流》，载周一良：《中外文化交流史》，河南人民出版社 1987 年版，第 513—514 页。

② 高伟浓等：《粤籍华侨华人与粤地对外关系史》，中国华侨出版社 2005 年版，第197—198 页。

③ 周南京：《回顾中国和马来西亚文莱文化交流的历史》，载周一良：《中外文化交流史》，河南人民出版社 1987 年版，第 407—408 页。

④ David Hooper, On Chinese Medicine: Drugs of Chinese Pharmacies in Malaya, in The Garden's Bulletin , Strait Settlements, Vol. Vl, December 1929, Part 1, No1—5.

把中草药和马来西亚草药混合服用的习惯。①

5. 印度

中国的药物，如人参、伏苓、当归、远志、乌头、附子、麻黄、细辛等都进入印度，被称为"神州上药"。中国唐代名僧义净在印度求法期间，经常用中药为人治疗，受到印度人民的欢迎。②

6. 伊朗

中国的肉桂、生姜具有祛寒止痛作用，公元 2 世纪传入伊朗，为伊朗医生所使用。③

7. 大食

根据依宾库达特拔的《省道记》记载，中国出口大食的药物不少，其中有树脂、芦荟、樟脑、生姜等。④

（二）中国医学著作传入亚洲各国

1. 朝鲜

新罗仿效唐朝国子监的教育体制，设立了医科。他们所使用的教材，有《集验方》、《脉经》、《黄帝内经》、《本草》等，均来自中国。⑤

宋与高丽国之间，书籍的交流是友好关系极为主要的内容之一。乘使节往来之便，宋帝经常赠送书籍给高丽国王，内容涉及各个领域，其中就有如《神医补救方》一类的医药书籍。⑥ 此书在高丽使节带回国后，受到高丽国王的高度重视，即被肃宗王誉为"济世之要术"。⑦

---

① 周南京：《回顾中国和马来西亚文莱文化交流的历史》，载周一良：《中外文化交流史》，河南人民出版社 1987 年版，第 408 页。

② 杜石然、范楚玉等：《中国科学技术史稿》，科学出版社 1982 年版，第 364 页。

③ 沈福伟：《中国与西亚非洲文化交流志》，上海人民出版社 1998 年版，第 130—131 页。

④ 张星烺：《中西交通史料汇编》，中华书局 1977 年版，第 218 页。

⑤ 陈尚胜：《五千年中外文化交流史》（第 1 卷），世界知识出版社 2002 年版，第 287 页。

⑥ 杨通方：《源远流长的中朝文化交流》，载周一良：《中外文化交流史》，河南人民出版社 1987 年版，第 376 页。

⑦ 陈尚胜：《五千年中外文化交流史》（第 1 卷），世界知识出版社 2002 年版，第 360 页。

明朝与朝鲜之间的友好往来，推动了两国之间的医药交流。朝鲜曾向明朝索取图书。1415年，朝鲜王朝通过使节向明朝礼部咨文说："医药活人，实惟重事。本国僻居海外，为缘针灸方书鲜少，且无良医，凡有疾病，按图针灸，多不见效，如蒙奏闻给降铜人，取法施行，深为便宜。"明成祖在获知这一要求后，即赐"铜人图"于朝鲜。在得到"针灸铜人图"不久，朝鲜李朝太宗王就下令刊布全国[①]，以推广中国的针灸技术。

朝鲜使团专门配备有医官，负责在明朝购买各种医书。随着15世纪中期朝鲜文字的制定，朝鲜王朝即组织本国医官用朝鲜文翻译或注释中国医书。同时，他们还模仿中国的医方著作，组织本国的医师编撰医方著作。1433年，朝鲜官药局就编纂成《乡药集成方》85卷，共收集医方1万余条，汇集了中国和朝鲜两国的医方精华。1445年，朝鲜医官金蒙礼等人仿照中国宋朝的《太平圣惠方》，编纂成《医方类聚》365卷。该书中收集了中朝两国医书153种，尤其是收集了在中国已失的医书40余种，这对于后人保留中国医学文化极具价值。该书依各科病例症分类汇编医方，对临床医学具有重要的指导意义。[②]

朝鲜李朝重视中医学，在典医监设置博士二人，助教二人，传授中国医学，生徒学习的内容主要是中国医籍，如《直指方》、《医方集成》、《补注铜人经》等，医科三年一试。

在《本草纲目》问世时（1596），正值朝鲜李朝（1392—1910）的中期（1568—1800）。在李朝肃宗三十八年（清康熙五十一年，公元1712年）《老稼斋燕行录》中的"所买书册"项下，见有《本草纲目》之书名，这是从北京带到朝鲜的。此后，《本草纲目》的中国刊本陆续流入朝鲜，成为朝鲜医家的参考书。例如《本草精华》（二卷）就是按《本草纲目》编写的，附有朝文谚字解，作者及撰年不详，未曾刊刻，但写本当成于正祖之时（1777—1800）。《济众新编》作者康命吉，大量

---

① 吴晗辑：《朝鲜李朝实录中的中国史料》（第1册），中华书局1980年版。
② 陈尚胜：《五千年中外文化交流史》（第1卷），第552页。

引用《本草纲目》等中国医书。①

2. 日本

公元 552 年，中国赠送给日本一套《针经》，对日本针灸医学的发展给予支持。

中国医籍《素问》、《难经》、《脉经》、《甲乙经》、《黄帝针经》、《张仲景方》、《神农本草》和隋唐时的医学名著《诸病源候论》、《千金方》、《唐新本草》等先后传到日本。公元 608 年，日本遣小野妹子使隋，携带《四海类聚方》返回；同年，日本又遣药师惠日等来中国学医，于623 年携带《诸病源候论》等医书回国。

8 世纪时，日本仿效唐国子监的教育制度，设有医学，并制定了必修的教材、学习年限和考试方法等。如在《大宝律令》中，制定有医药职令《疾医令》，规定日本医学生必修中国医学典籍《素问》、《黄帝针经》、《明堂脉诀》、《甲乙经》、《新修本草》等书。②

明朝建立后，中日两国医药学交流空前频繁。日本人以极强烈的欲望吸取中国的医学文化，日本最尖端的医学是在从明朝留学回国的医生们带动下实现的。当时，中医中药在日本有很大影响。日本人很推崇中国医药，来华者都喜欢搜集中国医学著作。日本名医阪净运于 1492 年入明学习，八年后带回《伤寒杂病论》，大力宣扬张仲景学说，著有《新椅方》、《遇仙方》等书。日本医家吉田宗桂于 1539、1547 年两次入明，曾经治愈了明世宗的疾病。吉田宗桂回国时，明世宗赐给他《扁鹊图》、《圣济总录》等书。③

日本最早出版的医学书是富商兼医生的阿佐井野宗瑞刊印的明人熊宗立的《医书大全》。熊宗立号其家为"种德堂"，是一位儒者、医师兼出版事业家。他刊印了包括自己著作在内的医书和儒书的多种著作。日本第二部医书是谷野一柏刊印的《勿听子俗解八十一难》。勿听子是熊

---

① 潘吉星：《〈本草纲目〉在国外的传播》，载《科技史文集》（第 3 辑），上海科学技术出版社 1980 年版，第 144—145 页。

② 杜石然、范楚玉等：《中国科学技术史稿》，科学出版社 1982 年版，第 361 页。

③ 林延青、李梦芝等：《五千年中外文化交流史》（第 2 卷），世界知识出版社 2002 年版，第 527—528 页。

宗立的号,这也是他注解、刊行的一部医书。可见,熊宗立刊印的医书及其身份都成为日本人的榜样,由此进而发展到吉田宗恂等人的活字医书出版事业。可以说,在15—16世纪,没有谁能够比熊宗立对日本医学的影响更大。

中国医药学在日本的传播,推动了日本本草学的研究。本草学最为基本的书籍是明朝医学家李时珍(1518—1593年)的《本草纲目》。《本草纲目》是我国明代医学家李时珍的著作,他"穷搜博采,芟烦补阙,历三十年,阅书八百余家,稿三易而成"。李时珍去世后,其子建元献书,"天子嘉之,命刊行天下,自是士大夫家有其书"①。初刊刻于明万历二十四年(1596),后屡经刻印,影响深远。日本长庆十二年(1607),林罗山从长崎游学回到江户时,送给幕府将军德川家康一部《本草纲目》。这是《本草纲目》传入日本之始。此后,该书在日本广为流传。1612年,林罗山编成摘要五卷,本《论语》"多识草木鸟兽之名"之语,题曰《多识篇》,传布各地。曲直濑玄溯从《本草纲目》中选择重要语句,又增添药品,编成《药性能毒》一书。此后,日本陆续出现了《本草纲目》的各种版本,也出现了大量的本草学著作。②

日本人还购进中国地方志,用于发展本草学。如福建的物产与日本关系紧密,伊贺藩的藤堂高猷遂从《福州府志》中摘录动植物名字,附上日本名称,可食用者加以圈点,以备救荒时参考。③

一些到日本的中国人也向日本人介绍中国本草学。陈振先在长崎采集药草162种,编撰成《功能书》。亨保十年(1725),华人医生周岐来、朱来喜应德川吉宗之问,答出145种鱼贝类、34种植物和13种鸟兽的名字。他们的问答称为《周朱复言》或《享保复言》,手抄本流传于日本民间。④

日本科学史家矢岛祐利博士认为:"《本草纲目》刊行后不到二十年

① 《明史》卷二九九《李时珍传》。

② 林延青、李梦芝等:《五千年中外文化交流史》(第2卷),世界知识出版社2002年版,第528页。

③ 同上书,第532页。

④ 同上书,第531页。

就早已在庆长十二年（1607）传入我国。《本草纲目》支配了我国江户时代（1603—1868）的本草、博物学界，其影响更远及至十九世纪末叶。"①

3. 琉球

《本草纲目》还传到了琉球。1827 年琉球使臣吕凤仪来我国时，曾向江苏的名医曹仁伯请教许多医药问题。曹仁伯经常以《本草纲目》为依据，解答琉球使臣提出的问题。后来基于他们的问答而写成的《琉球百问》一书，在琉球广为流传。②

4. 越南

明清时代，中国的医学文献广泛输入越南。

明代中医书《医学入门》、《景岳全书》等传入越南。

5. 缅甸

在清代的中缅交往中，蛮暮土司孟干多次入访中国。他精通汉语，曾把《本草纲目》等书带回缅甸，为中缅文化交流作出贡献。③《本草纲目》传入缅甸，方便了缅甸人民使用中国医药。

6. 伊朗

唐代孙思邈的《千金要方》在元代被译成波斯文，成为伊利汗国医学的重要参考文献。医师出身的拉施丞相特别喜爱中国医术，曾主持编译了《伊利汗的中国医学宝藏》。该书除将中国晋朝王叔和（265—317年）的《脉经》译成波斯文，还一一介绍了中国的脉学、妇科学、药物学以及解剖学，并附有中国医书上的一些插图。他在该书的导言中还特别希望穆斯林医生能研究中国医学，以丰富自己的医学知识。④

（三）中国医疗技术在亚洲国家的传播

1. 朝鲜

宋王朝曾向高丽派出医护人员。1072 年，宋遣医官王愉、徐先到

---

① 潘吉星：《〈本草纲目〉在国外的传播》，载《科技史文集》（第 3 辑），上海科学技术出版社 1980 年版，第 144 页。

② 同上。

③ 余定邦等：《近代中国与东南亚关系史》，中山大学出版社 1998 年版，第 127 页。

④ 陈尚胜：《五千年中外文化交流史》（第 1 卷），世界知识出版社 2002 年版，第 457 页。

高丽行医，次年回国。医官马世安曾经两次到达高丽行医。1074 年，宋扬州医学助教马世安等 8 人到高丽行医，受到高丽国王的优待和尊重。1080 年，宋遣医官马世安再次到高丽，次年因宋神宗诞辰，高丽国王文宗特地下令设宴款待马世安，并馈赠了礼币。1078 年，宋使回国，高丽国王文宗附表陈诉，因患风痹，请宋朝政府派遣医官并赠送药品。1079 年，宋朝派出一个有翰林医官参加的 88 人组成的庞大医疗团携带 100 种药物到高丽为国王治病。① 《宋史》记载："王徽病，乞医药。二年，（宋朝）遣王舜封挟医往诊治。"②

宋朝还派出医官到高丽进行医学教学。1103 年宋遣医官牟介、吕晒、陈尔酋、范之才等 4 人到高丽。他们在兴盛宫里办学，"教训（高丽）医生"，次年归国。③

1118 年，宋朝应高丽国王世子之请求遣合门祗侯曹谊、医官杨宗立等 7 人到高丽。宋徽宗下诏：

> ……高丽国王世子……书乞借差大方脉、疮肿科等（方面医官）其三四许人，使存心医疗、式广教习事。……爰命国医，因赍药品，俾往资于教惯用。悉保于康宁。……今差秉义郎阁门祗侯曹谊，管押翰林医官、大医局教授、赐紫杨宗立，翰林医谕、大医局教授、赐紫杜舜举，翰林医候、大医局教学成湘，迪功郎、试大医学录陈宗仁，蓝茁前去。④

这些中国医生肩负王命在高丽行医和教学两年，为高丽培养了不少医学方面的专门人才。至南宋时期，高丽国王仍通过中国海商在华代聘

---

① 杨通方：《源远流长的中朝文化交流》，载周一良：《中外文化交流史》，河南人民出版社 1987 年版，第 377 页。

② 《宋史》卷四八七《高丽传》。

③ 杨通方：《源远流长的中朝文化交流》，载周一良：《中外文化交流史》，河南人民出版社 1987 年版，第 377 页。

④ 《高丽史·睿宗世家》。

医生前往该国医诊，从而促进了中国医学在高丽的传播。①

一些明朝的医师甚至包括太医，也应朝鲜王朝所请前往该国给王室成员诊治疾病；明朝名医张景岳还曾经在朝鲜行医数年，其事可参见朝鲜《增补文献备考》卷一四六。

2. 日本

唐代鉴真大师精通医学，东渡日本时带去了不少医书，大力传播中国医学。他虽然双目失明，但仍然能以鼻嗅分辨出各种药物，对日本医学的发展做出了贡献。② 756 年，圣武天皇患病，共有 126 名精于医术的和尚给他看病，其中鉴真等人的诊治效果最好，为此鉴真受到日本朝廷的嘉奖。761 年 10 月 15 日，弟子法进在日本大安寺讲授鉴真的医疗法。鉴真还编撰了一部《鉴上人秘方》，其中的一些验方流传至今。那时，日本医生在施药时，常常把药名和药物搞错，鉴真凭手摸、鼻嗅、舌尝、耳闻、牙嚼等方法对日本流行的草药进行了重新辨别，并传授了药品收藏、炮制等方面的知识。鉴真在医药方面的贡献，使得日本医药界在 14 世纪前一直奉鉴真为始祖，直到德川时期以前，日本药袋上还都贴着鉴真的像，否则就不成灵药。③

宋元时期，日本人又智玄（1100－1200）来中国求医，学成归国后，曾为日本后鸟羽天皇治病成功，从而进一步提高了中医药学在日本的声誉。日本人古林见宜与堀正意创办了最早的中医学会组织。

宋医郎元房赴日本，得到当权派北条时赖等人的信任，充当其侍医，寓居镰仓 30 余年，为中日医药交流做出了重大贡献。④

明清之际，大批中国人来到日本，其中不乏精通医术者。他们把中国医学带到了日本，对日本医学的发展有很大影响。王建南（？－1645），福建人，1633 年到达日本，住在京都，因行医而扬名。王宁宇，太原人，其父为太原太守，他经由朝鲜抵达日本，在江户开业行医。其门人

① 陈尚胜：《五千年中外文化交流史》（第 1 卷），世界知识出版社 2002 年版，第 361 页。
② 朱绍侯：《中国古代史》，福建人民出版社 2001 年版，第 660 页。
③ 李利安等：《中国高僧正传》，三秦出版社 2005 年版，第 481 页。
④ 孙治安：《中日医药交流源远流长》，《河南中医》2008 年第 4 期。

有森有益、森云仙，是日本幕府医官森家之祖，可见其影响之大。黄檗僧中，以独立和尚最精通医术，他是江户时代对日本影响最大的中国人。独立尤精于痘科，将此技术传授给池田正直、高天漪、北山道长等人。池田正直是独立和尚的医学第一高足，传授给他的有生理、病理图七种、医书六部九卷，其中以解说痘科的著作《痘科键》最为有名，池田正直因此名声大振。日本宽政年间，幕府医官开始设立痘科时，即由池田正直的第四代瑞仙充任此职。僧人化外、心越、澄一等也都通晓医术。化外把医术传授给北山道长，心越把医术传授给石原学鲁，澄一则把医术传授给石原学鲁、国立贞、今井引济等人。[①] 大约在 1653 年前后，戴公曼赴日，传授中医理论和人痘接种技术，为日本控制天花灯烈性传染病给予了技术上的支持。[②]

明清之际，随着驶往长崎商船而赴日经商的中国商人等逐渐增多，他们中的许多人侨居在长崎，并加入了日本国籍，成为"住宅唐人"。入籍的明清人及其后裔有的还精通医术，在此传医授徒。[③] 陈明德，原是浙江金华府人，最精于小儿科。他于安庆年间（1648－1651）来到长崎，据说所投药饵有起死回生之效，被挽留在日本，改名颖川入德，在长崎行医，撰有《心医录》。北山道长，字寿安，号友松，原是宽永四年（1627）任唐通事的入日本籍的明朝人马荣宇之子，从僧化外、独立学医，后到大阪开业，博得盛誉。其著作《北山医案》、《增广医方口诀集》、《医方考绳杂》、《纂言方考评议》等，均刊印流行于江户中期的医学界。高天漪，又名深见玄岱，为入日籍的长崎唐通事高寿觉的后裔，曾从独立和尚学习医道。延宝年间（1673－1680），他前往京都，解答太上皇有关养生保命之问题，献《养生编》一卷。[④]

元禄、亨保年间，来日本行医的中国医生仍然很多，有杭州的陆文

① 林延青、李梦芝等：《五千年中外文化交流史》（第 2 卷），世界知识出版社 2002 年版，第 529 页。
② 孙治安：《中日医药交流源远流长》，《河南中医》2008 年第 4 期。
③ 林延青、李梦芝等：《五千年中外文化交流史》（第 2 卷），世界知识出版社 2002 年版，第 496 页。
④ 同上书，第 529 页。

齐，苏州的吴载南、陈振先、周岐来、刘经光等，汀州的朱来章、朱子
章等人。其中，陈振先、朱子章最为有名。朱子章受到日本幕府的高度
重视。幕府下令，凡是对医书存有疑问的人，可向朱子章质疑。幕府的
医官今大路道三、栗本瑞见皆曾致书求教。亨和三年（1803），胡兆新
来日本行医。大田南亩曾奉幕府之命，从之学习药方。小川汶庵、千贺
道隆、吉田长淑等人亦向他学习医道，从而成为杰出的幕府医官。[①] 陈
振先到日本长崎以后，调查并采集了当地的 162 种草药，经过认真的鉴
别研究，编著《药性功用》一书，在日本传授中医本草学的知识和经
验，有力地促进了日本本草学的研究和发展。[②]

3. 越南

公元 960 年赵匡胤建立宋朝，史称北宋。不久，安南丁部领于 968
年建国"大瞿越"，宋封他为交趾郡王，从此安南正式成为独立自主的
封建国家，受中国封建王朝的册封，是中国的藩属国。

宋元之际，中国医疗技术输入越南。圣宗朝有专门机构为王公大臣
治病，史载宋咸淳十年（即越陈圣宗宝符二年，1274 年），安南建立了
与人民有关系的医疗机构，名为"广济署"。通过学习、考试遴选医药
人材，培养出有名的医生如郑仲子等人。[③]

元至元五年（陈献宗开十一年，1339 年），中国医生邹庚用针灸疗
法治好了安南上皇子（即后来的陈裕宗）之病：

> 上皇子乘舟泛西湖落水，得之鱼梁中，上皇命医人邹庚治疗，
> 庚曰'缄之则复苏，但恐阳萎'，缄之果如其言。自是人称邹庚为
> 神医。[④]

邹庚的医术来自家传，他的父亲邹孙，是宋朝的名医。

---

① ［日］木宫太彦：《日中文化交流史》，商务印书馆 1980 年版，第 697—708 页。
② 孙治安：《中日医药交流源远流长》，《河南中医》2008 年第 4 期。
③ 黄祥绥：《中越历史上的医药交流》，《印度支那研究》1981 年第 2 期。
④ 《大越史记全书》本记卷七。

在属明时期，安南设置了许多医学机构。如，永乐五年（1407）六月，设交州府医学。[①] 永乐七年（1409）九月，设交趾谅江、北江、建平三府及归化、南策二州并鸡陵、董渊、黎平、武宁、保禄、平陆七县医学。[②] 这些医学机构培养了大批的医学人才。

中国的针灸法，在 14 世纪被越南医生广泛采用。1403 年安南陈朝任命阮大能为"广济署"的署长。后黎朝成立"太医院"及其所属"济生堂"。此种官医制度，一直沿袭到阮朝。可见古代越南从药剂、医术到机构都接受了中国的影响。

明代末年，天下大乱，华侨多避居安南，带去了先进的中医技术。例如福建漳州府龙溪县二十八都四鄙玉洲上社人陈养纯，于顺治初年因不满清朝的统治，南迁越南。他在原籍的情况无从详细考证，但从他移居安南之后，以经商为业，而且鼓励子孙研究中医之术来看，想必在原籍时是经商并习医。后来，陈氏成为越南承天明乡社之一大宗派，并成为越南华侨中的主流之一。有的华侨医生因为长期在越南从医，得到越南人民的敬仰和爱戴，以至由于怀念他，为之立庙，加以神化。例如华侨周泰，渡海来越教化诸儒，以符药治病救人，往往奇验，为越南人所景仰而建立周泰庙。华侨何文力在嘉定行医，自出家药以治病，病愈者极多，安南皇帝闻知此事，乃"赏授正九品医生，令照所需还其值"[③]。

清代时，华侨杨端朋亦"赍药就军医治"，所治安南病兵多至 4000 余人，安南政府先是赏赐给他"衣服银钱"，后有省臣奏言杨端朋所治病兵甚多，于是"复加赏白银一百两，太医院医正，秩从七品，隶嘉定省"[④]。

4. 印度尼西亚

中国医疗技术随着中国移民而传入印尼。

1619 年以来，巴达维亚（今雅加达）华侨人数日益增多，其中包

---

① 《明太宗实录》卷五〇。

② 《明太宗实录》卷六六。

③ 中国社会科学院历史研究所编：《古代中越关系史资料选编》，中国社会科学出版社 1982 年版。

④ 《大南实录》正编第二纪，《圣祖仁皇帝实录》卷一二八。

括中医（当地人称之为先生，Singse）。有些中医医术颇为高明，他们甚至应邀为荷兰总督夫人治病。中国针灸疗法很早就传入印尼，并且在医疗上应用日益广泛。[①]

5. 斯里兰卡

中国与斯里兰卡在医药方面的交流有史可查。斯里兰卡的传统医学与中国的中医有许多相通之处，斯里兰卡医生诊断时靠的也是望、闻、问、切，强调整体机能的调理，提高人体自身的抵抗力。[②]

6. 土耳其

在医学方面，中国的人痘接种技术传入土耳其。天花于公元 2 世纪由北方边外传入中国内地，给人民的健康和生活带来极大危害。11 世纪末，中国已经发明抗原接种的人痘，预防天花。明代因天花流行，医家纷纷研究医治办法。隆庆年间（1567－1572），安徽太平县首先推广这种人痘接种秘方，后来不断改进。清朝康熙年间（1622－1722 年），开始在皇室和内外蒙古推广人痘接种技术。俄国闻讯，在 1688 年派员到中国学习人痘接种技术。不久，土耳其通过中亚细亚和俄国，也学到了这一技术。后来，人痘接种技术由土耳其传入英国，进而广泛流行于世界各地。[③]

7. 伊朗

中国的医疗技术也随着伊利汗国的建立而大量地传入伊朗。早在旭烈兀西征时，就带去了许多中国医生随侍医疗。此后，合赞汗也曾用中国的热灸疗法医治眼疾。医师出身的拉施丞相特别喜爱中国医术，曾主持编译了《伊利汗的中国医学宝藏》。[④]

中国的医学对伊朗医学也有影响。中国的脉学在 11 世纪就已经传

[①] 周南京：《历史上中国和印度尼西亚的文化交流》，载周一良：《中外文化交流史》，河南人民出版社 1987 年版，第 218 页。

[②] 王兰：《斯里兰卡》，社会科学文献出版社 2004 年版，第 359 页。

[③] 林延青、李梦芝：《五千年中外文化交流史》（第 2 卷），世界知识出版社 2002 年版，第 584 页。

[④] 陈尚胜：《五千年中外文化交流史》（第 1 卷），世界知识出版社 2002 年版，第 457 页。

入伊朗。伊朗名医、历史学家拉希杜丁·法杜拉在 1313 年编撰了一部
《中国医学百科全书》，举凡脉学、解剖学、坯胎学、产科学和药理学等
都有论及。伊朗著名医学家阿维森纳在《医典》一书中亦沿用中国脉学
的理论。他论脉有浮沉、强弱以及论脉在寸关节上等理论，均与中国
《脉经》相同。该书吸收了中国的医学成果，列举的 48 种脉法，有 35
种与中国的《脉经》相同。①

二、亚洲各国的医药输入中国

(一) 亚洲各国的药物输入中国

亚洲各国在不同时期有许多药物输入中国，其中就有香料和珍珠。
东南亚盛产各种香料。由于朝贡时香料作为贡品，香料在社会生活中用
途广泛，中外商人从事香料贸易，东南亚和印度等地的香料大量输入中
国。

1. 朝鲜

在新罗统一朝鲜之后，中朝两国关系更加密切。新罗的药材等大量
输入中国，史称新罗"所输特产，为诸蕃之最"②。唐开元年间，新罗
使者带来了牛黄、人参等；天宝年间，这些药物继续输入中国。③

通过贸易往来，高丽药材不断输入中国。宋朝同高丽的关系往来频
繁，宋朝输出的物品有：各种绸缎、金银细工品、药材、瓷器和南方香
料等。高丽输出的物品有：人参、金银细工品、硫磺、各种绸缎、螺
钿、花纹席子和白棰纸、狼毫笔、松烟墨等文具以及各种瓷器、书籍
等。其中，受到宋朝贵族好评的物品有人参等。

1423 年和 1430 年，朝鲜李朝使节先后两次将本国出产的一些草药

---

① 黄时鉴：《插图解说中西关系史年表》，浙江人民出版社 1994 年版，第 300 页。
② 《唐会要·新罗》。
③ 杜石然、范楚玉等：《中国科学技术史稿》，科学出版社 1982 年版，第 359 页。

带入明朝，请求明朝太医院医士辨别药性以决定是否使用，从而促进了中朝两国药学的交流。[①]

1636 年，清太宗派军队征伐朝鲜，朝鲜败降。"帝敕令去明年号，纳明所赐诰命册印，质二子，奉大清国正朔"，规定每年进贡一次，其方物之中有胡椒、苏木等。[②]

2. 日本

宋代，中日文化交流处于低潮，但民间医药贸易却未中断，仅北宋时期就互航 70 余次。日本的药物输入宋朝以硫磺为主，此外有水银、鹿茸、茯苓等。中日民间交流贸易中，存在民向官献赠情况。

宋端拱元年（988），日本名僧奝然派弟子赴宋，向宋太宗献琥珀及七万斤硫磺。[③]《宋史》卷四九一《日本传》云：熙宁五年（1072），日本僧诚寻献银香炉、木槵子、白琉璃、五香等物，其中五香为药物。

元代日本商船频繁往来于中国，医药以硫磺为主。

明代宣德年间日本遣使朝贡，方物有硫黄、苏木、刀扇、漆器之类，大获其利。[④]

3. 琉球

琉球药物输入中国，主要有乳香、胡椒。据琉球方面的文书《历代宝案》卷四二一二六记载，琉球因为物产稀缺，在向明朝朝贡时经常贡品不足，所以往往在朝贡前一年将瓷品等货物运往暹罗等东南亚国家销售，用以购回用作贡品的苏木和胡椒。《明史·琉球传》云：

> （洪武）二十三年（1390），中山来贡，其通事私携乳香十斤、胡椒三百斤入都，为门者所获，当入官。诏还之，仍赐以钞。[⑤]

琉球使节暗地里从事经商活动，倒卖药物，为中国明朝当时法律所

---

① 吴晗辑：《朝鲜李朝实录中的中国史料》（第 1 册），中华书局 1980 年版。
② 《清史稿》卷五二六《朝鲜传》。
③ 唐廷猷：《中国药业史》，中国医药科技出版社 2003 年版，第 195 页。
④ 《明史》卷三二二《日本传》。
⑤ 《明史》卷三二三《琉球传》。

禁止。但是明廷法外施恩，对他们网开一面。可见明廷对外国使节之宽容大度。

琉球本来不生产香料，但是琉球国王为表其忠诚，还从其他地方（如东南亚的泰国）搞来多种香料，向大清皇帝进献。《清史稿》记载：

> 康熙三年（1664），琉球质遣陪臣吴国用、金正春奉表谢封，贡方物。四年，琉球再遣贡使并贺登极。其贡物至梅花港口遭风漂失，帝谕免其补进。五年，琉球质仍遣贡使补进前失贡物。帝谕曰："尚质恭顺可嘉，补进贡物，俱令赍回。至所进玛瑙、乌木、降香、木香、象牙、锡速香、丁香、檀香、黄熟香等，皆非土产，免其入贡。其琉璜留福建督抚收贮。余所贡物，令督抚差解来京。"即给赏遣归。①

4. 越南

古代越南药物输入中国。

东汉王朝继承前朝对越南中、北部的管理权限，在今越南北部设置日南、交趾二郡。守将马援领兵入越平息"二征之难"后，在那里发展生产，当时交趾瘴疫严重，军吏经瘴疫死者十四五。马援常食地产薏苡仁以"轻身省欲"，抗御瘴气。他见交趾的薏苡实比内地的大，想引种内地，军返时载了一车种子回来。后来交趾薏苡在中国南方广为种植。②

南北朝时，中国从安南进口苏合香、沉香等物。南朝苍梧（今广西梧州）知医道士曾经去林邑（今越南中南部）采药。

隋唐时期，中国与安南的医药交流更为频繁。通过朝贡和一般贸易输入中国内地的安南药材有：沉香、琥珀、珍珠、犀角、丁香、詹糖香、白茅香、苏方木、诃黎勒、桐木、摩勒、白花藤等十几种。

宋朝与安南的医药交流密切。安南多次向宋朝贡方物。《宋史》载：

---

① 《清史稿》卷五二六《琉球传》。
② 《后汉书》卷二四《马援传》。

"开宝八年，遣使贡犀、象、香药。"① 又云："真宗即位，进封桓南平王兼侍中。桓前遣都知兵马使阮绍恭、副使赵怀德以金银七宝装交椅一、银盆十、犀角象牙五十枚、绢绅布万匹来贡。"② 据宋史记载，安南国贡物中有苏合香、光香、朱砂、沉香、玳瑁、珍珠、象牙等多种药材。③ 天圣六年（1028）安南向北宋进贡香药，价值 2760 贯，而宋回赐价值 5000 贯的礼物。

元代时，安南国于 1263 年后每三年一次向元朝进献方物，其中药材有苏合香、光香、朱砂、沉香、檀香、玳瑁、珍珠、象牙等物。

明朝政府还遣使去安南收买香料。

《大越史记全书》云：

> 光顺三年（1462）九月，明遣正使翰林院侍读学士钱溥、副使礼科给事中王豫，赍敕册来封帝为安南国王。司礼监太监柴升、指挥佥事张俊、奉御张荣来，收买香料。④

清代时，中越关系密切，药材成为越南主要的贡品。如清嘉庆七年（1802）十一月，越南阮朝嘉隆帝命光定等赍国书品物（琦楠二斤，象牙二对，犀角四对，沉香一百斤，速香二百斤，纨绢布各二百匹）往请封，而且请改国号为"南越"。清嘉庆九年（1804），阮朝皇帝遣黎光定等请封，又请改定国号，"贡物有犀角二座，象牙、肉桂各一百斤，沉香六百两，速香一千二百两，砂仁、槟榔各九十斤"。⑤ 此后四年一贡，越南遣使入贡多种香料、犀角、象牙等。

5. 占婆

唐朝与占婆有着密切的关系，占婆多次遣使入贡。贞观时，国王头

---

① 《宋史》卷四八八《交阯传》。
② 同上。
③ 唐廷猷：《中国药业史》，中国医药科技出版社 2003 年版，第 196 页。
④ 《大越史记全书》本记实录卷三《黎纪三》。
⑤ 《大南实录》正编第二纪。

黎献驯象、火珠等。① 唐开元、天宝年间，林邑王遣使献沉香、琥珀、珍珠。贞元九年（793），环王国遣使献犀角。唐德宗李适安排在太庙接见其使节。

宋朝与占城之间保持着密切的朝贡关系。三百多年中，两国使节不断。如，太祖建隆元年（960）十二月，占城国王以方物犀角、象牙来贡。太宗太平兴国二年（977），二月，占城国王遣使献龙脑二斤、杂香药千斤、厂香五十斤、煎香二十五斤。② 雍熙二年（985）二月，占城国主遣使来献龙脑、玳瑁、象牙等。淳化元年（990）十月，占城王遣使进腊沉香一斤、白龙脑二斤、山得鸡三十三斤。③ 绍兴二十五年（1155）十一月，占城遣使贡沉笺香万余斤，乌里香五万余斤。④

据不完全统计，占城曾经向宋廷派遣贡使达 40 多次。占城使者携运的贡品种类与交趾的相似，但是其中的香药、香料的数量很大，每次入贡的物品少则数千公斤，多达万多斤。宋廷则根据贡品的价值予以回赠。占城国献方物有犀角、象牙、玳瑁、龙脑、乳香、沉香、槟榔等药材。其中种类繁多、数量较大的两次是，995 年，占王遣专使李波珠、副使诃散、判官李磨勿等人进献犀角 10 株，象牙 30 株、玳瑁 10 斤、龙脑 2 斤、香 100 斤、夹浅黄熟香 90 斤、沉香 160 斤、胡椒 200 斤；1018 年，占城使节献象牙 72 株、犀角 86 株、玳瑁 1000 斤、乳香 50 斤、丁香花 80 斤、豆蔻 65 斤、沉香 100 斤、笺香 68 斤、茴香 100 斤、槟榔 1500 斤。在民间贸易中，药材的贸易量是较大的，1155 年，占城国运到泉州港的 7 种香药，共计 63234 斤。⑤

明代占城国也曾经多次进献香料。明代，占城对华朝贡的主要药材为伽南香、犀角。

《明史》曾经盛赞占城香料极多：

---

① 《新唐书》卷二二二（下）《环王传》。
② 《宋会要》蕃夷四。
③ 同上。
④ 《要录》卷一七〇。
⑤ 《宋史》卷四八九《占城传》。

乌木、降香，樵以为薪。棋楠香独产其地一山，酋长遣人守之，民不得采，犯者至断手。①

洪武六年（1374），占城来的贡使送来"苏木七万斤"，且言："海寇张汝厚、林福等自称元帅，剽劫海上。国主击破之，贼魁溺死，获其舟二十艘、苏木七万斤，谨奉献。"明太祖非常高兴，对他们进行嘉奖，"给赐加等"。②

6. 老挝

明代中老关系较为密切。在政治上，明朝采用设立军民宣慰司的方式进行管理。永乐二年（1404），明朝在老挝设立军民宣慰司，以刀线歹为宣慰使，颁给印信。③以后每当新王继位，明朝都要授予此封号。明朝虽设置有"经历"、"都事"一类官员，并派往老挝帮助翻译奏报信函，但实际上，明朝并不干涉老挝的内部事务。在经济上，双方开展朝贡贸易。老挝进献的贡品主要是：象、马、金银器皿、犀、犀角、象牙、龙涎香等方物。④

乾隆六十年（1795），老挝"国王奉表祝厘，进长生经一卷、阿魏二十斤、象牙四十、夷锦四十"⑤。在老挝进贡的物品中赫然有阿魏二十斤。

除官方贸易外，民间贸易和云南边境贸易的交往频繁。中国的瓷器、漆器和茶叶历来是老挝人民所喜爱的商品，而老挝所产的乳香、西木香、乌爹泥、鲜子、诃子和树头酒亦素为我国人民所喜爱。

7. 柬埔寨

古代柬埔寨盛产香料。唐代史料记载：扶南"以金、珠、香为税"⑥。

① 《明史》卷四八九《占城传》。
② 同上。
③ 《明太宗实录》卷二八。
④ 梁志明：《源远而流长——中国与越南老挝柬埔寨的文化交流》，载何芳川：《中外文化交流史》，国际文化出版公司 2008 年版，第 288 页。
⑤ 《清史稿》卷五二八《南掌传》。
⑥ 《新唐书》卷二二二（下）《扶南传》。

周去非在《岭外代答》中说：真腊"最产名香，登流眉所产为绝奇，诸番国香所不及也"①。赵汝适所撰《诸番志》指出："沉香所出非一，真腊为上，占城次之，三佛齐、阇婆等为下。"②真腊出产多种优质香料，深受中国人欢迎。此外，真腊还出产象牙、黄腊、翠毛、番油、姜皮、苏木等。

据《梁书》记载：扶南多次朝贡，天监十八年（519），"复遣使送天竺旃檀瑞像、婆罗树叶，并献火齐珠、郁金、苏合等香"③。

唐高宗永徽六年（655），天竺高僧那提三藏携带 1500 余部佛经从南海来到长安，住慈恩寺。他精于佛经，长于医药，备受高宗器重。次年受命往南海诸国为皇帝采药。他涉足南海诸国，传经弘法，历时 8 年，于高宗龙朔三年（663），返回长安。同年真腊派出使者专程来到唐朝，邀请那提三藏前往真腊，返回南海。其语意诚挚，称"南海真腊国，为那提素所化者，奉敬无已，思见其人，合国宗师假途远请"。同时提出真腊产好药，请唐皇允其前往采药。唐高宗信其所言，便同意他们的请求，允那提赴真腊。④ 那提三藏以采药为名往来于中、柬和南海各地，传经弘法，对印度、中国和真腊之间的佛教交流起了桥梁作用。⑤

宋代中柬两国王朝之间除了以"遣使进献"和"赏赐加封"为基本方式的政治交往以外，官方的朝贡贸易和民间的经济交流颇具特色。东南亚国家盛产的象牙、犀角、香药等物为宋朝宫廷必备之物，而这些物品亦为真腊的特产，宋朝统治者甚为喜爱，不惜重金购取；真腊使者每次携来进献的礼物多为大象、象牙、犀角等。朝贡贸易是以上层需要为主，而民间贸易则以互通有无为原则，并以海运为贸易通道。宋时中国

① 《岭外代答》卷二《真腊》。
② 《诸番志》卷下《志物·沉香》。
③ 《梁书》卷五四《诸夷列传》。
④ 《续高僧传》卷五《那提三藏传》。
⑤ 梁志明：《源远流长——中国与越南老挝柬埔寨的文化交流》，载何芳川：《中外文化交流史》，国际文化出版公司 2008 年版，第 297 页。

与真腊航运便捷，"从泉州舟行顺风月余日可到"[①]。真腊商人用海舶运来中国的是土特产品，特别是真腊出产的香料。中外商人以金银和瓷器等物与之交换。[②]

元朝国祚不足百年，元代与柬埔寨的使节来往各 4 次，共 8 次，平均每 12 年一次。[③] 元初，元世祖忽必烈曾遣使赴真腊"招谕"。至元二十二年（1285），真腊遣使进献乐工、药材、鳄鱼皮等礼物。[④]

在明代，真腊国多次向中国进贡香料等物。例如明洪武二十年（1388），真腊"王遣使贡象五十九、香六万斤"[⑤]。

8. 印度尼西亚

印尼药物输入中国。宋开宝七年（974），三佛齐国王遣使贡乳香、蔷薇水等物。太平兴国五年（980），其王夏池遣使茶龙眉来。也在这一年，"三佛齐国蕃商李甫海乘舶船载香药、犀角、象牙至海口，会风势不便，飘船六十日至潮州，其药悉送广州"[⑥]。淳化三年（992），阇婆国王穆罗茶遣使献方物，有象牙、真珠（珍珠）、檀香、玳瑁、槟榔、龙脑香等。[⑦]

明代药学家李时珍所撰写的《本草纲目》，开列了许多来自印尼和其他东南亚国家的药物。关于这些药物的产地，李时珍有时指明"出之佛齐"，有的则笼统地说"产南海"、"出昆明"、"出海南诸番"、"生胡国"，但参照《东西洋考》、《瀛涯胜览》等书，我们可以肯定有许多药物来自印尼。这些药物包括：苏木、沉香、丁香、肉豆蔻、犀角、降真香、龙脑香、玳瑁、槟榔、檀香、胡椒、珊瑚、婆娑石（摩挲石）、蓬砂（鹏砂、盆砂）、益智子等。

据《明史》记载，苏门答剌国向明朝进献的"贡物有宝石、玛瑙、

---

① ［宋］赵汝适：《诸番志·真腊》。

② 梁志明：《源远流长——中国与越南老挝柬埔寨的文化交流》，载何芳川：《中外文化交流史》，国际文化出版公司 2008 年版，第 300 页。

③ 陈显泗：《柬埔寨两千年史》，中州古籍出版社 1990 年版，第 378 页。

④ 《元史》卷十一本纪《世祖八》，卷十三《世祖十》。

⑤ 《明史》卷三二四《真腊传》。

⑥ 《宋史》卷四八九《三佛齐传》。

⑦ 《宋史》卷四八九《阇婆传》。

水晶、石青、回回青、善马、犀牛、龙涎香、沉香、速香、木香、丁香、降真香、刀、弓、锡、锁服、胡椒、苏木、硫黄之属"①。方物中就有许多是香料。

《明史》记载了印度尼西亚另一个古国须文达那进贡香料的情况。

> 须文达那，洪武十六年（1383），国王殊旦麻勒兀达盼遣使俺八儿来朝，贡物中有蔷薇水、沉香、降香、速香诸物。……②

《明史》记载览邦国王遣使进贡各种香料：

"览邦，在西南海中"。明洪武九年（1376），王昔里马哈剌札的剌札遣使奉表来贡。"厥贡，孔雀、马、檀香、降香、胡椒、苏木。"③

《明史》记载三佛齐的进贡。明洪武十年（1377），三佛齐国王遣使来华贡丁香、米脑诸物。④

《明史》还记载爪哇进贡香料。明洪武十四年（1381），爪哇"遣使贡黑奴三百人及他方物。明年又贡黑奴男女百人、大珠八颗、胡椒七万五千斤"⑤。

9. 文莱

文莱盛产各种香料，大约从隋代起，文莱的香料开始输入中国。《隋书·婆利传》记载："大业十二年，遣使朝贡，后遂绝。"所贡何物，没有具体记载。我以为婆利贡物中必有香料。因为《隋书》记载："于时南荒有丹丹、盘盘二国，亦来贡方物，其风俗物产，大抵相类云。"⑥丹丹、盘盘为马来西亚古国，亦盛产香料。

唐贞观四年（630），"其王遣使随林邑使献方物"⑦。《新唐书》记

---

① 《明史》卷三二五《苏门答剌传》。
② 《明史》卷三二五《须文达那传》。
③ 《明史》卷三二五《览邦传》。
④ 《明史》卷三二四《三佛齐传》。
⑤ 《明史》卷三二四《爪哇传》。
⑥ 《隋书》卷八二《婆利传》。
⑦ 《旧唐书》卷一九七《婆利传》。

载婆利物产，云："多火珠，大者如鸡卵，圆白，照数尺，日中以艾藉珠，辄火出。产玳瑁、文螺；石蚶，初取柔可治，既镂刻即坚。有舍利鸟，通人言"①。推测婆利所献方物中应有火珠。宋太平兴国二年（977），勃泥王向打遣使献大片龙脑、米龙脑、苍龙脑、玳瑁、檀香、象牙。②

明代，文莱的香料通过朝贡活动而大量输入中国。婆罗"厥贡玳瑁、玛瑙、砗磲、珠、白焦布、花焦布、降真香、黄蜡、黑小厮"③。明洪武三年（1370），浡泥"遣使奉表笺，贡鹤顶、生玳瑁、孔雀、梅花大片龙脑、米龙脑、西洋布、降真诸香"④。

清代，文莱香料大量输入中国。华人在文莱大规模地从事胡椒种植，以满足中国帆船在海外贸易活动中对这一货物的需要。据载，在1769—1790年间，文莱的华人在年成好的年份里，一年能产出2万担左右的胡椒，而这些胡椒几乎全都被中国帆船运回了中国。⑤

10. 菲律宾

美洛居是一个盛产香料的国家。《明史》云：

> 美洛居，俗讹为米六合，居东海中，颇称饶富。……地有香山，雨后香堕，沿流满地，居民拾取不竭。其酋委积充栋，以待商舶之售。东洋不产丁香，独此地有之，可以辟邪，故华人多市易。⑥

这则史料表明，美洛居地区"地有香山"，盛产各种香料，所产丁香，受到华人青睐，被许多华商购买而运回中国。

① 《新唐书》卷二二《南蛮下》。
② 《宋史》卷四八九《勃泥传》。
③ 《明史》卷三二三《婆罗传》。
④ 《明史》卷三二三《浡泥传》。
⑤ 聂德宁：《中国与文莱贸易往来的历史考察》，《中国社会经济史研究》2008年第2期。
⑥ 《明史》卷三二三《美洛居传》。

苏禄香料众多，富有传奇色彩。《明史》云：

> 有珠池，夜望之，光浮水面。土人以珠与华人市易，大者利数十倍。[①]

明永乐十五年（1417），苏禄东王、西王率其家属头目凡 340 余人，浮海朝贡，献珍珠、宝石、玳瑁诸物。

清史亦谈到了苏禄的香料。《清史稿》云：

> 海内有珍珠，土人与华商市易，大者利数十倍。此外土产则苏木、豆蔻、降香、藤条、荜茇、鹦鹉之类。[②]

从事香料贸易，利益巨大，华商趋之若鹜。华商把菲律宾香料大量输入中国。

清雍正五年（1727），苏禄国王毋汉末母拉律林遣使进贡方物，贡珍珠、玳瑁等物。

11. 马来西亚

隋工部主事常骏等奉隋炀帝之命出使赤土，赤土王"寻遣那邪迦随骏贡方物，并献金芙蓉冠、龙脑香"[③]。

马来西亚有个古国彭亨，与明代关系密切，曾遣使入贡。《明史》云：

> 彭亨，在暹罗之西。……然惑于鬼神，刻香木为像，杀人祭赛，以禳灾祈福。所贡有象牙、片脑、乳香、速香、檀香、胡椒、苏木之属。[④]

---

① 《明史》卷三二五《苏禄传》。
② 《清史稿》卷五二八《苏禄传》。
③ 《隋书》卷八二《赤土传》。
④ 《明史》卷三二五《彭亨传》。

史料明确记载彭亨香料众多，其对华朝贡物品主要是香料。

明朝与满剌加关系密切，满剌加国多次遣使朝贡。满剌加贡物主要是香料。《明史》记载：满剌加所贡物有"玛瑙、珍珠、玳瑁、珊瑚树、鹤顶、金母鹤顶、琐服、白苾布、西洋布、撒哈剌、犀角、象牙、黑熊、黑猿、白麂、火鸡、鹦鹉、片脑、蔷薇露、苏合油、栀子花、乌爹泥、沉香、速香、金银香、阿魏之属。"①

郑和下西洋，以马六甲为中心，修造仓库，屯积商品钱粮。郑和下西洋后，中国与马来西亚之间的贸易关系更为密切，中草药成为中马贸易的重要货物。《东西洋考》一书为明朝人张燮所撰。据《东西洋考》记载，明朝从马六甲（马六甲）、彭亨②、柔佛等国进口的药材有犀角、玳瑁、乳香、片脑、苏合油、没药、沉香、速香、降香、血竭、槟榔等。③

12. 缅甸

缅甸盛产香料。《广志》记载："艾纳香出缅国。"明代在缅甸设置二宣慰司，香料大量输入中国。清代缅甸遣使来华贡献多种香料。如清道光二十三年（1843），缅甸进献的贡品中有各种香料，其中黄檀香120两，红檀香120两，降真香120两。④

13. 印度

印度药物大量输入中国。著名的《医书外台秘要》、《真人备急千金

---

① 《明史》卷三二五《满剌加传》。

② 彭亨最早见于《唐书》，称为婆凤。彭亨自南宋即与福建通商，1206年的《云麓漫钞》卷第五载"佛啰安、朋丰、达啰啼、达磨国则有木香"。"朋丰"就是彭亨。《诸蕃志·三佛齐国》作"蓬丰"，为三佛齐属国。《岛夷志略》作"彭坑"。"石崖周匝崎岖，远如平寨，田沃，谷稍登。气候半热。男女穿长衫，系单布捎；富贵女顶带金圈数四；常人以五色硝珠为圈以束之。民煮海为盐。酿椰浆为酒，有酋长。地产黄熟香、头沉速、打白香、脑子、花锡、粗降真。贸易之货用诸色绢、阇婆布、铜铁器、漆瓷器、鼓、板之属。"《星槎胜览》作"彭坑"，《郑和航海图》作"彭杭"，《东西洋考》作彭亨。洪武十一年（1379）彭亨王麻哈剌惹答饶遣使奉金表朝贡。永乐十年（1413），郑和出使彭亨国。永乐十二年（1415）彭亨王遣苏麻固门的里来朝并贡方物"。《明史》作彭亨。

③ 周南京：《回顾中国和马来西亚文莱文化交流的历史》，载周一良：《中外文化交流史》，河南人民出版社1987年版，第407页。

④ 余定邦等：《近代中国与东南亚关系史》，中山大学出版社1998年版，第149页。

要方》、孙思邈的《千金翼方》等书里面都有不少的印度方物。最明显的是药材,比如诃梨勒、荜拔等等,都与印度有关。

　　唐代印度药物大量输入中国。罽宾(迦毕试)、克什米尔、吐火罗等多次进献精致药物。720 年,罽宾进秘要方和番药。克什米尔也常献胡药,吐火罗使者更经常带来各种名药秘方,724 年献胡药干陀婆罗等300 余品。729 年,吐火罗使者僧难陀进奉须那迦、帝释陵等药,须那迦似乎就是拜占庭的底也迦。底也迦是一种万能解毒药。730 年,僧难陀又带来瑞表香药,741 年吐火罗使者进献质汗等药。质汗是一种春药,729 年北天竺三藏沙门僧密多已经将这种药传到长安宫廷中。《唐会要》亦记载:唐开元十七年(729)六月,"北天竺国王三藏沙门僧密多献质汗等药"①。746 年罽宾使者进献的药方中就有质汗和千金藤等贵重药物。此外,737 年东天竺国三藏大德僧达磨战带来的胡药物大概也是这类的秘制药。②

　　印度输入中国的药物有胡椒。胡椒又称昧履支,当时以摩揭陀所出最多,梵语又名荜茇(Pippali)。4 世纪的《南方草木状》说荜茇就是岭南的蒟酱,生在外国的,大而紫,叫荜茇,生在番禺的,小而青,叫蒟,蒟酱可以调食。唐代作"胡盘肉食"都用胡椒。补骨脂,梵语Vakuci,普遍生于印度和斯里兰卡,又称婆固脂,破故纸,是重要的去风湿健壮药,唐代已经用胡桃合服,812 年传入广州。青黛(青定花),郁金香,婆罗得都来自印度。天竺桂,印度僧侣称为月桂,普遍生于闽粤浙沿海,由印度移栽。③

　　《旧唐书》记载摩伽陀王遣使进献郁金香等药物:

　　　　贞观十五年(641),尸罗逸多自称摩伽陀王,遣使朝贡。太宗降玺书慰问,尸罗逸多大惊,……因遣使朝贡。太宗以其地远,礼之甚厚,复遣卫尉丞李义表报使。……逸多率其臣下东面拜受敕

　　① 《唐会要》卷一○○《天竺国》。
　　② 沈福伟:《中西文化交流史》,上海人民出版社 2006 年版,第 174—175 页。
　　③ 同上书,第 176 页。

书，复遣使献火珠及郁金香、菩提树。①

注辇是南天竺国家。宋大中祥符八年（1015）九月，注辇国主罗茶罗乍派遣进奉使侍郎娑里三文、副使蒲恕、判官翁勿、防援官亚勒加等奉表来贡。注辇国主遣专使等 52 人，奉土物来贡，"凡真珠衫帽各一、真珠二万一千一百两、象牙六十株、乳香六十斤。三文等又献珠六千六百两、香药三千三百斤"②。

明代，中国与古里等国有来往，古里"所贡物有宝石、珊瑚珠、琉璃瓶、琉璃枕、宝铁刀、拂郎双刃刀、金系腰、阿思模达涂儿气、龙涎香、苏合油、花毡单、伯兰布、苾布之属"③。龙涎香、苏合油等等均为印度药物。小葛兰，"厥贡惟珍珠伞、白棉布、胡椒"④。

《明史·侯显传》记载，明永乐十三年（1415）七月，司礼少监侯显曾奉明成祖之命出使榜葛剌。⑤

《明史》记载榜葛剌国王赛佛丁遣使贡方物，以香料为主：

> 厥贡，良马、金银琉璃器、青花白瓷、鹤顶、犀角、翠羽、鹦鹉、洗白苾布、兜罗帛、撒哈剌、糖霜、乳香、熟香、乌香、麻藤香、乌爹泥、紫胶、藤竭、苏木、乌木、胡椒、粗黄。⑥

14. 斯里兰卡

1273 年，元世祖忽必烈遣札术呵甲失寒等人，持金 10 万两，去师子国（今斯里兰卡）购药。⑦

《明史》记载，永乐年间，明朝与锡兰山建立了邦交关系，郑和船

---

① 《旧唐书》卷九八《天竺传》。
② 《宋史》卷四八九《注辇传》。
③ 《明史》卷三二六《古里传》。
④ 《明史》卷三二六《小葛兰传》。
⑤ 《明史》卷三〇四《侯显传》。
⑥ 《明史》卷三二六《榜葛剌传》。
⑦ 唐廷猷：《中国药业史》，中国医药科技出版社 2003 年版，205 页。

队曾经多次到过其国。锡兰山给明朝的"所贡物有珠、珊瑚、宝石、水晶、撒哈剌、西洋布、乳香、木香、树香、檀香、没药、硫黄、藤竭、芦荟、乌木、胡椒、碗石、驯象之属"①。

15. 土耳其

拜占庭药物在唐代输入中国的有白矾、阿勒勃、婆那娑（菠萝蜜）、槃努穑、齐暾（橄榄）、敝齐（阿拉伯香膏）、阿驿（无花果）、指甲花、野悉蜜（素馨花）、捺祗（水仙）、阿勃参等。②

16. 波斯

唐高宗时，苏敬等人受命重修《本草》，共 53 卷，称为《唐本草》。《唐本草》记录药物 844 种。在新增加的 114 种药物中就有不少是从波斯和南海传来的。③

唐宋以后，大批波斯药材输入中国，亦有不少药草商来华，有的甚至开设药铺。有些波斯药方在中国颇为流行，例如"悖散汤"（《证类本草》卷九）。《旧唐书·李汉传》中所记载的李苏沙，是一个出售香药的波斯人。在元代，朝廷医药机构还聘请了包括波斯医生在内的外国医生来中国服务。北京图书馆收藏的《回回药方》残本中，有一部分是用波斯文写的。④

传入中国的波斯药物主要有：安息香（从西亚传入，主治中风昏厥，产后血晕），婆罗门皂荚（又称波斯皂荚，主治便秘），芦荟（从波斯传入，用于治疗小儿诸疳症），胡黄连（从波斯传入，用于治疗肠道疾病及痔疮），龙脑香（从东南亚、南亚及波斯等地传入，用于治疗风湿等症）。⑤

17. 大食

在唐代，阿拉伯药物大批输入中国，有珊瑚、琥珀、炉甘石、密陀

① 《明史》卷三二六《锡兰山传》。
② 沈福伟：《中西文化交流史》，上海人民出版社 2006 年版，第 176 页。
③ 翦伯赞：《中国史纲要》，北京大学出版社 2006 年版，第 356 页。
④ 周一良：《中外文化交流史》，河南人民出版社 1987 年版，第 252 页。
⑤ 陈尚胜：《五千年中外文化交流史》（第 1 卷），世界知识出版社 2002 年版，第 229 页。

僧、石硫黄、绿盐（绿石）、金钱矾、乳香、没药、安息香、芦荟、蒔萝（小茴香）、胡黄连、石蜜、阿月浑子、无石子（无食子、没食子）、阿魏、偏桃（婆淡、巴旦杏）、波斯枣（窟莽）、诃黎勒等。①

大食在中国贩卖的商品，历来以香药、犀（角）象（牙），珠宝为主，宋代尤以香料贸易为盛。香料有 40 余种，其中以乳香、龙涎香、苏合香油、蔷薇水、木香、没药、金颜香、安息香等为大宗。乳香，主治胸腹疼痛，臃肿诸症。没药，用作镇痛剂。大食人经营香料贸易达到空前巨大的规模，此外，各种奢侈品大量输入。这一切导致宋代铜钱大量外流。②

《宋史》记载大食国进献药物。宋雍熙元年（984），大食国人花茶来华贡献花锦、越诺、拣香、白龙脑、白沙糖、蔷薇水、琉璃器。③

《宋史·大食传》记载舶主蒲献方物白龙脑等：

> （宋）至道元年（995），其国舶主蒲押陀黎赍蒲希密表来献白龙脑一百两，腽肭脐五十对，龙盐一银合，眼药二十小琉璃瓶，白沙糖三琉璃瓮，千年枣、舶上五味子各六琉璃瓶，舶上褊桃一琉璃瓶，蔷薇水二十琉璃瓶，乳香山子一坐，蕃锦二段，驼毛褥面三段，白越诺三段。④

自宋太祖开宝四年（971）至南宋孝宗干道三年（1167）的 238 年间，大食进贡共 49 次，其中明确记载有药物者 10 次。⑤ 大食使节奉贡的药物主要有：白龙脑、蔷薇水、象齿、乳香、珍珠、琥珀、犀角等等，数目相当可观。

大食药物输入中国，以龙涎香最为珍贵。赵汝适在《诸蕃志》卷下中记载了龙涎香的由来和功效：

---

① 沈福伟：《中西文化交流史》，上海人民出版社 2006 年版，第 176 页。
② 周一良：《中外文化交流史》，河南人民出版社 1987 年版，第 756 页。
③ 《宋史》卷四九〇《大食传》。
④ 同上。
⑤ 同上。

龙诞，大食西海多龙，枕石一睡，诞沫浮水，积而能坚。鲛人采之，以为至宝。新者色白，稍久则紫，甚久则黑。不熏不莸，似浮石而轻也。人云龙诞有异香，或云龙诞气腥，能发众香，皆非也。龙诞于香本无损益，但能聚烟耳。和香而用真龙诞而焚之，一缕翠烟浮空，结而不散。座客可用以剪分烟缕。此其所以然者，蜃气楼台之余烈也。①

回回医药在中国民间也很流行，许多来华经商的阿拉伯人便以卖药为业。一些回回老医生常在江南各地街头卖药行医，尤以金丝膏药治疗跌打损伤最妙。王沂《伊滨集》卷五有《老胡卖药歌》：

西域贾胡年八十，一生技能人不及。神农百草旧知名，久客江南是乡邑。朝来街北暮街东，闻掷铜铃竞来集。

元末客居四明的丁鹤年，是中亚细亚回回人，本善方药，常靠卖药自给，他经手的药物有阿拉伯香药在内，因为在杭州城内便有埃及富商奥托曼开办的阿拉伯医院。②

元代的统治者对回回药物颇有兴趣，如自波斯等地运入的橄榄油，就受到高度重视，"皆以重价收之，宝藏之，视若无上之药物"③。

元朝政府加强了对回回药物的管理。1292年，在太医院下专设回回药方院和回回药物局两个阿拉伯式的药学管理机构，分管大都（北京）和上都（多伦）的宫廷医药。1322年才将两处机构合并于广惠司统一掌管。设置达鲁赤一员，大使两员，副使一员。于此可见阿拉伯医药在中国卫生行政中所占地位的重要了。④

---

① 《诸蕃志》卷下。
② 沈福伟：《中西文化交流史》，上海人民出版社2006年版，第252页。
③ 张星烺：《中西交通史料汇编》（第3册），中华书局1978年版，第218页。
④ 沈福伟：《中西文化交流史》，上海人民出版社2006年版，第252页。

18. 吐火罗

据史书记载，吐火罗在唐代多次遣使中国贡献药物。

开元十二年（724）七月，吐火罗遣使献胡药乾陀婆罗等三百余品。

开元十七年（729）七月，吐火罗遣使僧难陀献那伽帝释灵等药。

开元十八年（730）五月，吐火罗僧难陀来朝，贡献瑞表献香药等。[①]

19. 撒马尔罕

元宪宗九年（1259），常德奉命西觐旭烈兀大王于波斯，途经撒马尔罕。中统四年（1263）常德回国。刘郁笔录其纪行，题曰《西使记》。对于西域风土人情，记载颇为详细。其中记载了撒尔马罕的药物：

> 八日，过枭思干城，城大而民繁。……产药十数种，皆中国所无。药物疗病甚效。[②]

枭思干即撒尔马罕。常德此处所言之各种药材，多不可考。

（二）亚洲各国医学著作传入中国

1. 朝鲜

朝鲜等国刊行的医药著作一度"反馈"中国。

宋初，高丽仿照唐制设置医疗、教学、医事制度，并积极发展了刊行中国医书的工作，高丽收藏了中国很多善本医书。《宋史·高丽传》载：宋哲宗元祐七年（1092），高丽王遣使黄宗殻献《黄帝针经》。宋朝以此为底本重新刊印《黄帝针经》。

许多朝鲜医学家从事中国医药学的研究，有的造诣甚至超过中国同行的水平，从而对中医药学的发展做出了重大的贡献。例如，朝鲜医学家金礼蒙等人经过三年的努力，于1445年编成的医药巨著《医方类聚》，多达365卷，分为总目、五脏门、小儿门计95门，收方大约5万

---

① 《册府元龟》卷九七一。
② 张星烺：《中西交通史料汇编》，中华书局1978年版，第1761页。

条，全书字数近千万。此书是仿照中国唐代王焘《外台秘要》及宋代《圣惠方》的体例编撰的，每论每方都载明了出处。全书征引的参考文献多达 153 部，除历代医学著作外，还兼收载有医药学内容的传纪、杂说、道藏与释藏等。内容十分丰富，称得上是 15 世纪以前朝鲜医学的集大成者。[①]

在医学著作方面，朝鲜还出现了《东医宝鉴》一书。

《东医宝鉴》是朝鲜李朝王室御医许浚奉王命参考中国和朝鲜的医书，经过 16 年的努力，于 1610 年完成的一部汉方医学书。本书在明末清初传入中国，于 18 世纪广泛流行于中国和日本，受到中日医学界的重视，对中朝日三国汉方医学的发展做出了重要的贡献。汉方医学的交流，在中朝两国之间从古代起就早已开始。《东医宝鉴》的著成，也是中朝文化交流的硕果之一。[②]

1799 年，朝鲜李朝的康命吉又编撰《济众新编》8 卷。该书除引用《东医宝鉴》等朝鲜医书外，还引用《本草纲目》、《医学入门》、《医学正传》、《赤水玄珠》等中医书中常用药方，成为朝鲜李朝重要的三大医书之一。该书于 1817 年刻成中文版发行。[③]

2. 印度

隋代，印度的医学著作已经传入中国。《隋书·经籍志》里面记载了一些医书的名称，如下：

《龙树菩萨药方》四卷。

《龙树菩萨和香法》二卷。

《龙树菩萨养性方》一卷。

《婆罗门诸仙药方》二十卷。

《婆罗门药方》五卷。

《西域名医所集要方》四卷，本十二卷。

① 陈梧桐：《中国文化通史·明代卷》，北京师范大学出版社 2009 年版，第 124 页。

② 杨通方：《源远流长的中朝文化交流》，载周一良：《中外文化交流史》，河南人民出版社 1987 年版，第 394 页。

③ 林延青、李梦芝等：《五千年中外文化交流》（第 2 卷），世界知识出版社 2002 年版，第 490 页。

《干陀利治鬼方》十卷。

《新录干陀利治鬼方》四卷，本五卷。

我们只看书名就知道这些医书都与印度有关。

3. 波斯

唐末波斯侨民李珣编纂了《海药本草》六卷。海药，即指从海外输入的药品。该书所收载的药品，以海外药品为主。现在此书虽然遗失，但明代李时珍在编纂《本草纲目》时却曾引录其书中的78种药物，多为外国药物。[①]

4. 阿拉伯

伊斯兰医学家中最伟大、最富于独创性的拉齐（865—925），早年写过一部名叫《曼苏尔医书》的10卷本医典，后来又完成了不朽的杰作《医学集成》。他协助过到他那里访问的中国学者阅读希腊名医盖伦的巨著，这位中国学者曾用速记法将阿拉伯语译文加以记录，带回中国。这些阿拉伯和希腊著作也显然成了李珣编纂《海药本草》时重要的参考书。

阿拉伯药典在元代已有中文译本，北京国家图书馆善本书库里收藏的《回回药方》残本四册，是元末由阿拉伯文译成，在明初木刻印刷的本子。这个本子可能是根据元秘书监回回书籍中唯一的一种医书《忒毕医经十三部》编译而成的。《忒毕医经十三部》是阿拉伯语"医典"，是中世纪著名的医学巨著。伊本·西那（980—1037）的《医典》，在12—17世纪一直是西方医学指南，在亚洲当然更是常用的医学百科全书。莫苏尔著名的百科全书式的大科学家拉泰夫（1156—1242）曾给这部著作作有注释，在中国流传的该是这一笺注本。[②]

现存的《回回药方》共有四册。第一册是目录卷之下，包括卷十九至卷三六的目录，计58页。第二册是卷之十二，计目录4页，正文63页，为中风门。第三册是卷之三十，计目录3页，正文63页，为杂证

---

① 陈尚胜：《五千年中外文化交流史》（第1卷），世界知识出版社2002年版，第228页。

② 沈福伟：《中西文化交流史》，上海人民出版社2006年版，第252—253页。

门之下。第四册卷之三四，计目录 3 页，正文 49 页，为金疮门、折伤门、针灸门、汤火门、棒疮门、治人齿所伤门。从残本可见出《回回药方》是部门俱全、搜罗宏富的医学百科全书，涉及内科、妇科、儿科、外科、正骨、针灸和药剂等各个分科。①

(三) 亚洲国家的医疗技术输入中国

1. 朝鲜

中朝两国医士往来频繁。一些李朝医士也曾受命到中国医诊。如 1643 年，在中国后清政权的请求下，李朝派遣针医柳达、药医朴郡来华，为皇太极治疗风眩病。通过对中医药学的广泛深入探究，李朝医家取得很大成绩。如，通过对中国针灸术的学习和研究，到 16，17 世纪，朝鲜就有了综合中国针灸术和本国医师临床经验的针灸医学著作《针灸经验方》和《余岩针灸诀》等著作的问世。②

2. 日本

日本医家在中国不仅注重中医学理论的学习和探讨，而且还积极将所学的医疗技术应用于实践之中，服务于中国人，从而在中日医药交流史上留下了佳话。如日本医学家竹田昌庆于 1370 年来到中国，向道士金翁学习中医学与针灸术，取得了优异的成绩。他在华期间，曾经医治好明太祖皇妃的难产。这个皇妃就是郭宁妃。当时郭宁妃难产濒危，请他诊治，开出药方，她服药不满一剂，就安全生下一子，这就是皇子朱檀。竹田昌庆被明太祖封为"安国公"。再如在 16 世纪，吉田宗桂曾先后两次来华，在 1547 年间，曾治愈过明世宗皇帝的疾病，受到明世宗的赏赐。回国时，明世宗为表示感谢，特别赐以颜辉《扁鹊图》、《圣济总录》及药筒等。③

---

① 沈福伟：《中西文化交流史》，上海人民出版社 2006 年版，第 253 页。
② 林延青、李梦芝等：《五千年中外文化交流史》（第 2 卷），世界知识出版社 2002 年版，第 489－490 页。
③ 孙治安：《中日医药交流源远流长》，《河南中医》2008 年第 4 期。原文作者云"皇后难产"，有误，马后没有生育能力，而太祖仅有一个皇后，作者因此认为不可能是马后，应当是皇妃。另参见陈梧桐：《中国文化通史·明代卷》，北京师范大学出版社 2009 年版，第 131 页。

3 越南

南宋时期安南的医学家还在中国行医。据越南方面的史料记载，医生黎德全后来被奉为神人，可见其医术之高明：

> （绍治）六年（清道光二十六年，1846 年）闰五月，有神降于锦江之文台。先是，李陈时，义间人黎德全，自号慧靖禅师，采南药，治南人，名闻南宋。宋后有疾，遣使聘之。居江南，后没于宋。宋帝行葬，为立石志。后有文台达官奉北使，取石志以归，立文台界。所著医方书十三方，黎裕宗赐名觉斯。其石志显灵，众为立祀。[①]

4. 印度

古代印度医学很发达，特别是外科治疗手术，在 5 世纪时已经相当成熟。在佛教传入中国的过程中，随着佛经的翻译，印度医学也随之传入中国。根据季羡林先生的研究，最早来到中国译经的安息国的安世高在所译的《捺女耆域因缘经》中，讲到了神医耆域的种种奇术，耆域就是 Jivaka 的音译。[②] 三国时期的华佗，也是有名的神医，外科圣手。根据陈寅恪先生的意见，也可能与印度有关。《三国志》中的《魏书》记载华佗神奇的医术：

> 晓养性之术，时人以为年且百岁而貌有壮容。又精方药，其疗疾，合汤不过数种，心解分剂，不复称量，煮熟便饮，语在节度，舍去辄愈。若当灸，不过一两处，每不过七八壮，病亦应除。若当针，亦不过一两处，下针言'当引某许，若至，语人。'病者言'已到'，应便拔针，病亦行差。若病结积在内，针药所不能及，当须挢割者，便饮其麻沸散，须臾便如醉死无所知，因破取。病若在

---

① 《国史遗编》下集《国朝大南纪》。转引自中国社科院历史研究所编：《古代中越关系史资料选编》，中国社会科学出版社 1982 年版，第 241 页。

② Jivaka 是印度古代神话色彩很浓的的大医学家。

肠中，便断肠煎洗，缝腹膏摩，四五日差，不痛，人亦不自寤，一月之间，即平复矣。①

印度的医学在我国医学中有着较大的影响，葛洪、陶弘景、孙思邈等人的"百一生病说"，就是来源于佛教医学学说。特别是印度眼科的传入，促进了我国眼科治疗的发展。印度的外科、催眠术、心理治疗、按摩法和医方也都在我国得到介绍。②

义净在《南海寄归内法传》里也介绍了印度的医学理论和药材。义净在印度非常注意医药，义净在叙述印度医学中的八分医方时，说："斯之八术，先为八部，近日有人，略为一夹。五天之地，咸悉遵修。"③义净所提到的有人"略为一夹"的是和他同时代的伐婆达。伐婆达撰有《八科提要》，义净很快就已经见到，可见印度医学在中国的传播迅速。④

在印度八分医方中，列为第七的是长命药科论。印度称不老不死的灵药叫 Rasayana。唐代帝王酷好长生药，除请教道家的炼丹术外，也多方向印度寻求灵药。王玄策第二次出使印度，在 648 年打败阿罗那顺，献俘长安，同时带来印度术士那罗延沙婆寐。《旧唐书》记载了此事：

> 是时就其国得方土那迩娑婆寐，自言寿二百岁，云有长生之术。太宗深加礼敬，馆之于金飙门内。造延年之药。令兵部尚书崔敦礼监主之，发使天下，采诸奇药异石，不可称数。延历岁月，药成，服竟不效，后放还本国。⑤

高宗即位，又从东天竺迎来卢迦逸多，任命卢迦逸多为怀化将军，

---

① 《三国志》卷二九《华佗传》。
② 杜石然等：《中国科学技术史稿》，科学出版社 1982 年版，第 363 页。
③ 《南海寄归内法传》卷三。
④ 沈福伟：《中西文化交流史》，上海人民出版社 2006 年版，第 173 页。
⑤ 《旧唐书》卷一九八《天竺传》。

派往印度，专门寻求长生不老之药。但是唐高宗吸取太宗因服印度药物而暴死的教训，没有服用其药。可以想见，那罗延沙婆寐和卢迦逸多曾经在长安和宫廷名医及炼丹家们来往密切，共同研制一种新药，以求能返老还童。[①]

印度医生来华者史不绝书。有的印度医生还故弄玄虚，以所谓长生之药糊弄他人，致使君主暴亡。《唐会要》记载：

> 贞观末年，有胡僧自天竺至中国，自言能治长生之药，文皇帝颇信待之。数年药成，文皇帝因试服之，遂致暴疾。及大渐之际，群臣知之，遂欲戮胡僧，考虑为外夷所笑而止。载在国史，实为至诚。古人云：服食求神仙，多为药所误。诚哉是言也。[②]

在当时从印度传到中国来的医学中，眼科似乎特别突出。许多医典里讲到印度的眼科。龙树菩萨既精通长生术，又擅长眼科，他的医术当早经介绍到中国。在唐时，我国出现了关于眼科的专著《治目方》5卷，眼科治疗取得了很大的进展，如治白内瘴的手术，有"金针一拔日当空"之称赞。

文人学士的著作中也常提到印度眼科。唐代诗人刘禹锡有一首诗《赠眼医婆罗门僧》：

> 三秋伤望眼，终日哭途穷。两目今先暗，中年似老翁。看朱渐成碧，羞目不禁风。师有金篦术，如何为发矇。（《全唐诗》卷十三）

该诗着力描写患白内障的情景，宛然在目。

748年鉴真在岭南韶州（今广东曲江）也曾受胡医治疗眼疾，却受骗上当。"时和上频经炎热，眼光暗昧，爰有胡人，言能治目，遂加疗

---

① 沈福伟：《中西文化交流史》，上海人民出版社 2006 年版，第 174 页。
② 《唐会要》卷五二《识量》下。

治，眼遂失明。"① 沈福伟认为这胡人很可能就是印度人。②

5. 波斯

据伊朗医学史书记载，在波斯萨珊王朝霍斯罗·帕尔维兹称帝时
（590—627 年在位），中国皇后生病。当时中国大夫都认为无法医治。
一位名为霍尔达特·巴尔席恩的波斯大夫前来中国为皇后治病。经过精
心治疗，药到病除。③

6. 大食

成吉思汗时，在大汗宫廷中服务的便有信奉景教的回回医生。元代
任镇江府路总管府副达鲁花赤的马薛里吉思，他的外祖撒必，是撒马尔
罕的名医，蒙古军攻占撒马尔罕后，拖雷（也可那延）患病，撒必为他
医治，才告痊愈，于是撒必当上了太医。

元代中亚、西亚移民和宿卫既多，阿拉伯医药也随之传入。1263
年忽必烈任命爱薛掌管西域星历、医药二司，阿拉伯医药在宫廷中便极
受重视。后来西域医药司在 1270 年改为广惠司，秩正三品，仍由爱薛
执掌。广惠司的职责有二：一是掌修制宫廷用回回药物与和剂（配方）；
二是治疗诸宿卫士和在大都的外籍人士。爱薛本人是个精通阿拉伯医学
的名医，他的妻子撒剌也曾主持爱薛手创的阿拉伯式医院京师医药院。
1273 年京师医药院便和广惠司合并了。京师医药院很可能是按照著名
的努尔丁（1262—1274）在大马士革创办的努尔医院所兴建的穆斯林医
院。④

广惠司的主要职官有 20 多人，在那里工作的都是回回医生，按阿
拉伯方式医治病人。1333 年广惠司卿聂只耳是一个治外科跌扑的一流
名医，在上都给顺帝皇姊的驸马刚哈剌咱庆王治病。当时刚哈剌咱庆王
得一种异症，坠马后，两眼俱无，舌头吐出至胸口，诸医束手，只有聂
只耳能治此症，用剪刀剪舌。

---

① 《唐大和上东征传》。

② 沈福伟：《中西文化交流史》，上海人民出版社 2006 年版，第 175 页。

③ 周一良：《中外文化交流史》，河南人民出版社 1987 年版，第 252 页。

④ 沈福伟：《中西文化交流史》，上海人民出版社 2006 年版，第 251 页。

　　回回医生医术高明，《辍耕录》卷二二"西域奇术"记载，任子昭在大都亲见邻家儿头疼不可忍，有回回医官用刀割开额上，取出小蟹一只，坚硬如石，取出时还能活动，经外科手术，头疼果然痊愈，这只小蟹便由任子昭保存起来了。在苏州，当时还有懂得兽医的老回回。据夏雪蓑说，在苏州阊门看见马腹膨胀倒地，正好店里有老年回回，在马左腿内割取小块，经手术后，马便立即可骑了。这些都被中国人士赞为奇术。①

　　中国医药界从阿拉伯著名医学家阿维森纳《医典》中吸取了一些知识。阿维森纳首创用金银箔包裹药丸，此法不仅美化药品外观，而且可以有效保护药效。这个方法传到中国，并得到应用。据《和剂局方》记载，当时在以朱砂、青黛等制造丸衣的同时，也采用金银箔为丸衣。②

结　语

　　中国与亚洲各国的医药交流是双向的，既有中国方面向东亚、东南亚、南亚等国的输出，也有亚洲各国的医药对中国的输出。印度和阿拉伯的医药，对中国贡献颇大。对中国来说，亚洲各国药物的输入大大丰富了中国的医药宝库；外来药物及其技术的引进，有助于中国医疗水平的提高。

　　古代中国与亚洲各国的医药交流，是相当全面的，中国的医书、药物、医生和医疗技术不断输入亚洲各国，对亚洲各国的作用巨大。它救死扶伤，改善了亚洲各国人民的生活质量，培养了医护人员，有利于亚洲各国医护水平的提高。

　　以日本为例。在医学上，日本吸收中国中医学的医疗技术，结合自己的医疗实践经验，逐渐发展为具有日本民族特色的"汉方医学"。平安时代，日本医学家编撰了不少医学专著，现在完整保存下来的还有

---

　　①　沈福伟：《中西文化交流史》，上海人民出版社 2006 年版，第 251 页。
　　②　沈福伟：《中国与西亚非洲文化交流志》，上海人民出版社 1998 年版，第 298 页。

《医心方》等医典。① 一些日本医生专门来华学习中医药学，推动了日本医药学的发展。1487年，妙心寺僧人田代三喜来明学医，历时12年，拜早先来明学医的日僧月湖为师，攻李杲、朱丹溪学说。1498年归国，在日本首先倡导李朱学说。曲直濑三于1531年入其门下，学习十多年，1545年到京都，设启迪院，传授医学，门徒甚众。他宗丹溪之学，对《绍兴本草》等很推崇，于1571年撰成《启迪集》，成为日本汉医"后世派"的骨干。后世派名医辈出，当时为将军诸侯的侍医者甚多。杏林见宜是该派门徒，曾入中国学医数年，攻丹溪之学，兼及张仲景等人学说，著成《纲目撮要》、《医药粹》等书。他与崛正意创办嵯峨学舍，广收门徒3000人，讲学中推崇李梴《医学入门》，遂使该书广为流传。后世派到18世纪中叶尚盛行不衰。②

中国与亚洲各国的医药交流，主要是通过以下几个途径：（1）贸易。分官方的贡赐贸易和民间贸易二种。（2）移民。中外移民从事医务活动，客观上促进了中外医药交流。（3）使节。中、日、朝等国曾先后派出医务人员到国外进行医务活动，传播医学知识和医疗技术。（4）僧侣。僧侣在中外医药交流中作用巨大。唐代僧人鉴真、日僧田代三喜，是其中杰出的代表。

---

① 朱绍侯：《中国古代史》，福建人民出版社2001年版，第662页。
② 林延青、李梦芝等：《五千年中外文化交流史》（第2卷），世界知识出版社2002年版，第527—528页。

第十四章　古代中国与亚洲国家的
　　　　　天文历法交流

　　古代中国有先进的天文历法。天象的研究，是同农时的推定直接联系着的，所以历来就比较发达。两汉天文学比较发达，已经通过观察星辰运行推算出二十四节气。西汉已出现古代第一部天文历算著作《周髀算经》，从天文观测中概括出一些数学定理。① 关于天体结构，有宣夜说、盖天说、浑天说三种理论。东汉太史令张衡是浑天说的代表人物，著有天文学著作《灵宪》，改进了演示天体运行的浑天仪，并发明了候风地动仪以测定地震。《资治通鉴》卷五十一《汉记·四十三》云：

　　　　衡善属文，通贯六艺，虽才高于世，而无骄尚之情；善机巧，尤致思于天文、阴阳、历算，作浑天仪，著《灵宪》。

　　唐玄宗时期，僧一行主持修订历法，首先实测地球子午线长度，还发现了恒星位置变动的现象。② 宋代，苏颂等人制造了世界上最早的天文钟"水运仪象台"。元代，天文学家郭守敬（1231—1316）致力于改进、创造天文仪器，共造出各种天文仪器近 20 种，随后于至元十六年

----

① 张帆：《中国古代简史》，北京大学出版社 2001 年版，第 148 页。
② 同上书，第 280 页。

（1279）主持了一次空前规模的天文测量，全国共设立了 27 处观测台，所得数据与今天的纬度相比较，平均误差不超过半度。观测恒星近 2500 颗，其中 1000 余颗恒星是第一次测出。根据大量实测资料修成的《授时历》，其精密程度大大超过前代。[1] 他以 365.2425 日为一年，29.530593 日为一月，将一年的二十四分之一作为一气。他推算的节气比以前的历法更为准确，对农业生产有着重大贡献。明《大统历》是在元代郭守敬创制的中国古代最精确的历法——《授时历》的基础上，加以修订整理而成的，它以 365.2425 日为一年，29.530593 日为一月，一年分二十四节气，以没有"中气"的月份置闰月。[2]

明朝崇祯年间，任用西方传教士龙华民、邓玉函、罗雅谷、汤若望等，与中国学者徐光启、李之藻、李天经等编定新历，于崇祯八年（1635）编成《崇祯历书》。该历是在《大统历》基础上吸收西洋历法的优点修改而成的，但因为保守势力的阻扰，直至崇祯十三年（1643），明朝才下令改用此历。清兵入关后，汤若望将新历献给清朝。清顺治二年（1645），清朝颁行此历，称之为《时宪历》。清康熙六十一年（1722）钦天监奉旨重修《西洋新法历法》，编成《历象考成》一书。

清代科技成就以天文历算方面表现突出。王锡阐精通中西历法，著有《晓庵新法》和《五行星度解》等书，于日月食及其行星测定方面多有成就。梅文鼎著有《古今历法通考》，是一部全面的历学史，论述涉及回历、公历。[3]

一、中国天文历法传入亚洲各国

（一）朝鲜

由于地缘政治关系密切，中国先进的天文历法首先传入朝鲜。

---

① 张帆：《中国古代简史》，北京大学出版社 2001 年版，第 280 页。
② 白寿彝：《中国通史》（第 9 卷下），上海人民出版社 1999 年版，第 2135—2136 页。
③ 张帆：《中国古代简史》，北京大学出版社 2001 年版，第 392 页。

华人赴朝鲜者众多，中国的天文历法很早就传入朝鲜。《魏书·濊》云：当地人"晓侯星宿，预知年岁丰约"。百济曾是朝鲜的古国之一，在朝鲜半岛的西南部，南接新罗，北拒高丽。"国内杂有新罗、高丽、日本和中国人，风俗尚骑射，读书史，信佛教，采用南朝刘宋的元嘉历法。"[1]

七曜日自印度传到中国后，又从中国传入朝鲜。至今，日本和韩国还仍以七曜表示星期。唐朝的《麟德历》、《大衍历》、《宣明历》，先后被朝鲜采用。[2]

仕于朝鲜李朝的中国文士，见诸于中国文献的，有蒋英实等人。蒋英实是著名的天文学家，曾经制造自击宫漏。1433年9月乙未，朝鲜国王世宗曾经谈及蒋英实的籍贯和成就等：

> ……蒋英实其父本中国大元苏杭州人。……（英实）巧性过人，太宗护之，余亦恤之。……英实为人，非徒有巧性，颖悟绝伦，……今造自击宫漏，虽承余教，若非此人，必未能制造。余闻元顺帝时有自击宫漏，然制度精巧，疑不及英实之精也。……[3]

《明史》记载：刘基，字伯温，青田人。"吴元年以基为太史令，上戊申大统历。"[4] 明朝建国初年即遣使将它赐给朝鲜。《明史·朝鲜传》云：

> 明兴，王高丽者王颛。太祖即位之元年（1368）遣使赐玺书。二年送还其国流人。颛表贺，贡方物，且请封。帝遣符玺郎偰斯赍诏及金印诰文封颛为高丽国王，赐历及锦绮。[5]

---

① 朱绍侯：《中国古代史》，福建人民出版社2001年版，第531页。
② 陈尚胜：《五千年中外文化交流史》（第1卷），世界知识出版社2002年版，第287页。
③ 《朝鲜李朝实录中的中国史料》。
④ 《明史》卷一二〇《刘基传》。
⑤ 《明史》卷三二〇《朝鲜传》。

此后，明朝历年都要向朝鲜王朝颁送《大统历》。《万历野获编》云："若外夷，惟朝鲜国岁颁王历一册，民历百册，盖以恭顺特优之。"①

朝鲜世宗王（1419－1450 年在位）还曾令大臣郑麟趾等人参考元朝的《授时历》和明朝的《大统历》，以编制适合本国的历法。郑麟趾等人后来还编撰了《七政算》一书，具体介绍了中国天文学理论以及自己对天文学的研究心得。②

朝鲜李朝奉明正朔，用明《大统历》。由于历法长期不修，逐渐出现了误差。李宣祖（1567－1608 年在位）时，派郑斗源到中国访求历法。郑斗源于 1631 年回国，带回《治历缘起》、《天文略》等中国天文著作。③

朝鲜闻知清朝颁布《时宪历》的消息后，谋求获取。清顺治五年（1648），清朝乃将《时宪历》颁于朝鲜。由于新历初入朝鲜，朝鲜人一时难以掌握，加之此历与朝鲜原用历法常有出入，李朝政府遂多次遣使来华，问学质疑，学习西法。同年，李朝天文学家宋仁龙来北京，希望向传教士汤若望叩教，未能如愿。顺治八年（1651），李朝又派金尚范来北京钦天监学习。康熙年间，许远来北京购得《时宪历七政表》。至康熙四十七年（1708），朝鲜乃用时宪历五星法。雍正乾隆年间，朝鲜学者安国麟、卜重和、金在铉等先后来华，向传教士叩问历法。④

（二）日本

自 9 世纪中叶以来日本一直采用中国唐代的《宣明历》。以后，由于与中国交流断绝，加之日本历博士能力不够，编历工作墨守成规，尽管宣明历误差渐多，但还是一直沿用到江户时代的贞享元年（1684）。其间，明朝政府也曾遣使至日，"颁示《大统历》，俾奉正朔"。《明史》

---

① 《万历野获编》卷二十《历法·颁历》。
② 陈尚胜：《五千年中外文化交流史》（第 1 卷），世界知识出版社 2002 年版，第 551－552 页。
③ 林延青、李梦芝等：《五千年中外文化交流史》（第 2 卷），世界知识出版社 2002 年版，第 489 页。
④ 同上书，第 492－493 页。

明确记载明太祖朱元璋曾经"赐良怀《大统历》及文绮、纱罗"①。（良怀，日本史籍作怀良，是日本亲王。②）但是，日本并没有很快采用《大统历》。

江户时代以前，《授时历》可能经由朝鲜或多或少地传入了日本。至江户时代，日本不少的数学家、天文学家均致力于研究和解说《授时历》，有关著作大量出现。小川正意写成《新勘授时历经》二卷及《授时历经立成》六卷，于1673年刊行。关孝和著有《授时发明》（1680）、《授时历经立成之法》（1681）；中根元圭著有《授时历经俗解》（1768），高桥至时著有《授时历交食法》（1789），建部贤弘著有《授时历解义》等等。

涩川春海（1639—1715），原姓安井，或称保井，具有很深的汉学功底，尤精于天文历算。经过学习和不断的观测，涩川春海于日本天和三年（1683）撰成新历七卷，取名为《大和历》。该历基本上以《授时历》为蓝本，二者并无本质上的差别，不过它注意到"里差"，即中国和日本的经度差，是一个明显的进步。新历成书后，十一月冬至日，他奏请改历（此前他曾经奏请改历，未被采纳）。贞享元年（1684）三月日本下诏改用明朝《大统历》。日本政府后经过实测，证明大和历和天象完全吻合。于是同年十二月，下诏改用春海新历，赐名《贞享历》。③

《天经或问》一书传入日本。《天经或问》的作者游艺，字子六，福建建宁人，明末清初历算家，生卒年不详。他在此书中以问答的体裁来阐述关于天的千古不易之理，大体以西方传教士熊三拔介绍的西方天文学知识（第谷的体系）为基础，联系中国的传统天文学加以解释。

游艺及其《天经或问》在中国鲜为人知，但是该书在17世纪传入日本后，在日本却如雷贯耳。江户时代早期的著名学者，如西川如见、涩川春海、新井白石等人，无不熟读此书，从中得到启发。享保年间以

---

① 《明史》卷三二二《日本传》。
② 依据校勘记，见《明史》卷三二二《日本》。
③ 林延青、李梦芝等：《五千年中外文化交流史》（第2卷），世界知识出版社2002年版，第522—523页。

后，各种训点、解说和研究《天经或问》的著作大量出现，著名的如1730年刊行的西川正休（西川如见的次子）的《天经或问》训点（三卷），及《大略天学名目抄》。此后，《天经或问》的读者已不限于少数高层学者，它在日本的整个知识界也逐渐广泛普及开来。江户时代早期的天文学大体是两个脉络，一个是中国古代传统天文学，二是从西方直接传入的"南蛮天文学"，即西方近代天文学。这两者之间虽然有过不少磨擦冲突，但最后还是走向了合流。这种东西合流的趋势，在很大程度上是受了游艺《天经或问》的影响。[①]

贞享历采用之后，到享保年间已有许多不完善之处。为了改历，幕府第八代将军德川吉宗在当时最为著名的天文学家建部贤弘（关孝和的弟子）和中根元圭（贤弘的弟子）等人的建议下，准备修改历法，于1720年颁布"享保新令"，缓和过去实行的禁书制度，允许与基督教无关的科学书籍进入日本。其后，清朝数学家梅文鼎的《历算全书》，康熙年间官修的《历象考成》等汉文天文著作陆续传入日本，增进了日本人对西方近代科学的了解。

由于种种原因，德川吉宗的改历并未成功。宽政七年（1795），幕府又任命当时在天文学领域颇有声名的大阪人麻田刚立（1734－1799）的学生高桥至时（1764－1804）和间重富（1756－1816）参与改历。二人共同研究《崇祯历书》、《历象考成》等天文学著作，掌握了具有当时最高水平的天文学知识。宽政九年（1797）改历成功，次年开始施行新历。宽政新历的独到之处，在于它采用了开普勒的天体运行的"椭圆轨道说"，而这正是他们研究《历象考成·后编》所载有关知识的结果。

由于椭圆轨道理论只适用于日、月运行，而无法解决行星运动问题。高桥至时遂又开始研究了荷兰语的法国人拉兰德（J. J. de Lalande，1732－1807年）所著天文学著作，缩译原文，并附自己的解说和评论，写成《拉兰德历书管见》。至时去世后，其遗志由长子高桥景保（1785－1829年）、次子涩川景佑（后成为涩川家的养子，1787－1856年）继

---

① 林延青、李梦芝等：《五千年中外文化交流史》（第2卷），世界知识出版社2002年版，第524页。

承，其结果是《新巧历书》（1826年序）的完成。然而，该书不论在理论内容还是在形态结构上，均受到中国历书的传统格式的限制，与拉兰德的原著相去甚远。至天保十二年（1841）十一月，涩川景佑受命为改历御用。次年十月，在他的主持下，京都发出改历宣言，从弘化元年（1844）开始实施新历，是为"天保历"。天保历以荷兰语的天文学著作为依据编成，但历书的构成仍然是中国的传统风格。这可说是江户时代最后一部历书，也是日本最后的太阴太阳历，一直沿用到明治改历之时。[①]

（三）琉球

洪武五年（1372）正月，明太祖朱元璋命行人杨载出使琉球，以即位建元诏告其国，此后，中山王察度遣弟泰期等人随杨载入朝，贡方物。"帝喜，赐《大统历》及文绮、纱罗有差。"[②] 这是有史以来中国天文历法第一次传入琉球。

正统二年（1437），中山国遣使入贡，明朝英宗皇帝命福建布政司负责给予《大统历》。[③] 中山国使臣声称："小邦遵奉正朔，还道险远，受历之使，或半岁一岁始还，常惧后时"。

（四）越南

《授时历》是当时世界上最精确的历法，其影响极大。

元惠宗元统二年（1334），元朝派遣吏部尚书贴住、礼部郎中智熙善出使安南，将《授时历》赐于当朝的陈宪宗陈旺。自此，安南历朝使用中国天文历法。[④]《授时历》的输入，对于安南农业生产和人民日常生活有着重大帮助。

---

① 林延青、李梦芝等：《五千年中外文化交流史》（第2卷），世界知识出版社2002年版，第524—525页。

② 《明史》卷三二三《琉球传》。

③ 同上。

④ 郭振铎、张笑梅：《越南通史》，中国人民大学出版社2001年版，第359页。

明代，中国的《大统历》输入安南。《明史·安南传》记载：

> 洪武元年（1368），王日烜闻廖永忠定两广，将遣使纳款，以梁王在云南未果。十二月，太祖命汉阳知府易济招谕之。日烜遣少中大夫同时敏，正大夫段悌、黎安世等，奉表来朝，贡方物。明年六月达京师。帝喜，赐宴，命侍读学士张以宁、典簿牛谅往封为安南国王，赐驼纽涂金银印。……赐日烜《大统历》、织金文绮纱罗四十匹，同时敏以下皆有赐。①

《明太祖实录》亦记载此事：洪武二年（1369）六月，安南国王陈日烜遣使献方物，并请封爵。太祖赐日烜大统历一部。②

莫登庸僭位，明军出兵讨伐，"削安南国为安南都统使司，授登庸都统使"，"广西岁给大统历，仍三岁一贡以为常"。③ 安南人根据中国的《大统历》制订《万全历》。

亦在明代，中国儒书大量流入安南，其中就有天文著作。明代《殊域周咨录》记载：

> 如儒书则有少微史、资治通鉴史、东莱史、五经四书、胡氏左传、性理、氏旅、韵府、玉篇、翰墨类聚、韩柳集、诗书大成、唐书、汉书、古文四场四道、源流鼓吹、增韵、广韵、洪武正韵、三国志、武经、黄石公素书、武侯将苑百传、文选、文萃、文献、二史纲目、正观正要、毕用清、钱中舟万选太公家教、明心宝鉴、剪灯新余话等书……

值得一提的是，性理即是指《性理大全》一书，它是由明初的胡广等人编撰的，其中辑录了朱熹大量有关天文学的论述。永乐七年（1419），

---

① 《明史》卷三二一《安南传》。
② 《明太祖实录》卷四二。
③ 《明史》卷三二一《安南传》。

明朝派遣监生唐义前往交趾颁赐《四书》、《五经》、《性理大全》等著作给安南各府、州、县学，作为教授生徒的教材。[①]

乾隆五十五年（1790）九月，阮光平"恳请颁示正朔"。清高宗得知之后，即决定把当年的时宪书 20 本发给安南，以便让安南"奉时遵朔"。中国的时宪书送到安南，扩大了中国农历节令对安南的影响。

《历象考成》是中国一部论述历法的专著，书中论述有关行星的椭圆运动定律和面积定律。在清康熙六十一年（1722），钦天监奉旨，重修《西洋新法历法》，编成《历象考成》一书。越南阮朝嘉隆八年（1809），越南使臣阮有顺来北京，购得《历象考成》一部。清代后期，中国的《历象考成》一书传入安南，受到高度重视。《大南实录》记载：

> 庚午，嘉隆九年［清嘉庆十五年（1810）］四月，阮有慎自清还，以大清历象考成书进言："我国万全历与大清辰宪书，从前皆用明大统历法，三百余年未有改正，愈久愈差。清康熙间，始参西洋历法汇成是编，其书步涉精详，比之大统愈密，而三线八角之法，又极精妙。请付钦天监，令天文生考求其法，则天度齐而节候正矣。"帝称善。[②]

安南人根据《历象考成》的计算方法考定其本国的节日，大典和有关天气变化之历法。[③] 阮有顺后来参照该书，制订新历，奏请朝廷颁行《协纪历》。[④] 越南历法从此正式确立。

中国明朝和清朝设立的钦天监，是掌管观测天象，推算节气、历法的官署，设有监正监副等官。安南仿效。1809 年，安南阮福映任命礼部昭义侯邓德超掌管占候事务，阮玉璘等 12 人为占候管官。1813 年，以礼部尚书安全侯郑怀德掌管钦天监事务。[⑤]

---

① 何成轩：《儒学南传史》，北京大学出版社 2000 年版，第 347 页。
② 《大南实录》卷四〇。
③ 郭振铎、张笑梅：《越南通史》，中国人民大学出版社 2001 年版，第 581 页。
④ 余定邦：《近代中国与东南亚关系史》，中山大学出版社 1999 年版，第 43 页。
⑤ 郭振铎、张笑梅：《越南通史》，中国人民大学出版社 2001 年版，第 582 页。

二十四节气是中国历法家的杰出创造，直到今天在中国民间仍推行如故。越南阮朝所颁行的《协纪历》，也加以采用，其名称也与中国历法完全相同。中国古代历法的另一创造"干支纪日"，也同样为《协纪历》所采用。例如大南维新十年（1916）的历书上写道："正月大（庚午）三日壬申巳正一刻十四分立春。正月节十八日丁亥卯正一刻十三分雨水。"① 历法、二十四节气和干支纪日，越南民间和广大农村都普遍采用，可见其影响深远。

（五）占婆

明太祖洪武二年（1369）时曾赠占城"《大统历》三千"②，永乐七年（1417）郑和第五次下西洋时，明成祖又遣郑和向占城国王赐《大统历》。《大统历》是当时比较精确的历法，它的传入和采用，对占城的农业生产有明显的助益。

（六）柬埔寨

根据《明史》记载，真腊人已经掌握了一些天文历法方面的知识。真腊人，"以十月尾岁首，闰悉用九月。夜分四更。亦有晓天文者，能算日月薄蚀。"③

明代，《大统历》输入真腊。《明史·真腊传》记载了这一史实：

> 洪武三年（1370），遣使臣郭征等赍诏抚谕其国。四年，其国巴山王忽尔那遣使进表，贡方物，贺明年正旦。诏赐《大统历》及彩币，使者亦给赐有差。④

① 陈玉龙：《汉文化论纲》，北京大学出版社 1999 年版，第 377 页。
② 《东西洋考》。另见《明史》卷三二四《占城传》。
③ 《明史》卷三二四《真腊传》。
④ 同上。

（七）印度尼西亚

《新唐书》记载诃陵"有文字，知星历"①。这表明印尼人在当时乃至更早就已经掌握了天文历法知识。

明洪武二年（1369），爪哇进贡，明太祖赐以《大统历》②

明洪武四年（1371），三佛齐纳贡，明太祖也"诏赐《大统历》及锦绮有差。"③

明洪武十六年（1383），须文达那进贡，明太祖"命赐王大统历、绮罗、宝钞，使臣袭衣"④。

（八）泰国

明洪武四年（1371）明朝把《大统历》送给暹罗。⑤据葛治伦和谢远章先生研究，中国历法南传泰国有其有利条件。这两位学者推断：西江流域和云南一带的壮侗语族的先民，很早就接受了汉族的干支历法，后来他们陆续迁徙到近代分布的地区，带去了中国汉族的干支纪年等传统历法。⑥

从1292至1518年期间的20块素可泰碑铭来看，其中7块使用了中国的干支纪年和纪日，是中国历法南传和素可泰人吸收中国古代文明的明证。素可泰人曾经使用了5种方法纪年（大历、小历、佛历、十二生肖纪年、干支）和3种方法纪日（阳历白分黑分纪日法、七曜星期周、干支）。素可泰人把干支纪年和纪日明确注明是泰式或泰日。⑦

---

① 《新唐书》卷二二二（下）《诃陵传》。
② 《明史》卷三二四《爪哇传》。
③ 《明史》卷三二四《三佛齐传》。
④ 《明史》卷三二五《须文达那传》。
⑤ 《明史》卷三二四《暹罗传》。
⑥ 谢远章：《泰——傣古文化的华夏影响及其意义》，《东南亚》1985年第5期。
⑦ 葛治伦：《1949年以前的中泰文化交流》，载周一良：《中外文化交流史》，河南人民出版社1987年版，第501页。

（九）印度

琐里是印度历史上的一个古国，位于今印度罗曼德耳海岸一带。中国的天文历法曾经在明初传入琐里。《明史》云：

> 西洋琐里，洪武二年（1369）命使臣刘叔勉以即位诏谕其国。三年平定沙漠，复遣使臣颁诏。其王别里提遣使奉金叶表，从叔勉献方物。赐文绮、纱罗诸物甚厚，并赐《大统历》。[①]

《明史》错误地把琐里和西洋琐里作为两个不同的国家，云"琐里，近西洋琐里而差小"[②]。其实他们本来就是同一个国家。

二、古代亚洲某些国家的天文历法传入中国

（一）朝鲜

古代朝鲜在天文学方面有所成就。7 世纪时，庆州就建有瞻星台，进行星象观测，到了 8 世纪，朝鲜人又能制造天文观测仪器和漏刻器，并设有专门的研究机构。12 世纪，朝鲜人就已观测到太阳上的黑子。15 世纪时，朝鲜人发明了利用水力计时的自击漏，能准确标出时刻，并有报时装置。1442 年，测雨器在朝鲜出现了，比意大利人本尼迪特·卡斯特利发明的测雨器早 200 年，当时朝鲜已有了地方定期报告雨量的制度。[③]

---

① 《明史》卷三二五《西洋琐里传》。
② 《明史》卷三二五《琐里传》。
③ 续建宜、刘亚林：《世界文明古国述略》，上海教育出版社 1998 年版，第 11—12 页。

（二）印度尼西亚

在古代，东南亚一些国家掌握了一定的天文知识。在中国宋代，印尼人就具有天文学知识。《萍州可谈》卷二云：

> 海南诸国，各有酋长。三佛齐最号大国。有文书，善算。商人云，日月蚀亦能预知其时。但华人不晓其书尔。[1]

（三）印度

古代印度的天文学有很高的成就。早在吠陀时期，古代印度人就已测定了月亮的盈方，认识许多星宿，并能区别五大行星，划分了 28 个星座，编制了天体图。公元前一千年代，已创造出比较精确的历法，分一年为 12 个月，每月 30 天，每五年一闰加上第 13 个月，并且已有季节的划分。公元 5 世纪的阿略巴陀是印度第一个提出大地是球形的天文学家，认为地球是围绕自己的轴在旋转的。[2]

佛教传入中国后，印度的天文知识也随之传入中国。现存的汉译《大藏经》中有一些天文著作，可以为证。

中国古代讲天文的有三家，即盖天、浑天和宣夜之说。它主张，天地之初，状如鸡卵，其外环水。这种学说，中国三国两晋学者常乐道之。季羡林认为这种学说实际上来自印度，它同婆罗门的金胎说似有关系。这也是印度天文思想影响中国天文学界的一个证据。[3]

天竺具有高度发达的天文历法知识，《旧唐书·天竺传》记载：

> 有文字，善天文算历之术。其人皆学《悉昙章》，云是梵天法。

---

[1] 《萍州可谈》卷二。
[2] 续建宜、刘亚林：《世界文明古国述略》，上海教育出版社 1998 年版，第 72 页。
[3] 季羡林：《中印智慧的结晶》，载周一良：《中外文化交流史》，河南人民出版社 1987 年版，第 148 页。

书于贝多树叶以纪事。①

到了唐代，中印天文学交流达到一个高潮，印度天文学传入中国。

在唐初编纂的《隋书·经籍志》里面，列举了大量的印度天文学方面的书籍，如：《婆罗门天文经》21 卷。

《婆罗门天文》1 卷。

《婆罗门阴阳算历》1 卷。

《婆罗门算法》3 卷。

《婆罗门算经》3 卷。

《摩登伽经说星图》1 卷。

此外，费长房《历代三宝记》卷三里还著录了达摩流支译的《婆罗门天文》20 卷，《大唐内典录》卷五著录了《婆罗门天文》20 卷。这些书都已经散失，但是在唐代必然起过一定的作用，这是可以肯定的。

唐代前期天文学各派争鸣，而印度天文学家积极参与其中，是有力的因素。印度天文学家侨居长安的有迦叶、瞿昙和俱摩罗三家。迦叶氏中有迦叶志忠上《进桑条歌表》，迦叶济任太常寺卿。瞿昙氏四代人服务于唐代司天台 100 多年，知名的有瞿昙罗、瞿昙悉达、瞿昙譔等人。瞿昙悉达贡献最大，与唐代著名天文学家僧一行齐名，开元、天宝年间习称瞿昙监。瞿昙罗先后编制《经纬历》、《光宅历》，瞿昙譔的弟弟瞿昙谦著有《大唐甲子元辰历》。唐代宗时太史阁掌有三家天竺历，特别以瞿昙氏历为准，和中国历法参照使用。②《通志》中曾收《西门俱摩罗秘术占》一卷，当系俱摩罗家族的人所著。

665 年唐朝颁行李淳风的甲子元历，称为《麟德历》，太史令瞿昙罗上《经纬历法》九卷，被采纳参照使用。《经纬历》的演算对李淳风制作浑天仪（外层六合仪，中间三辰仪，内层四游仪），用三层仪测定黄道经纬、赤道经纬和地平经纬有参考价值，对《麟德历》所用定朔法是个大改进。698 年，瞿昙罗又上《光宅历》，此历颁行到 700 年。

---

① 《旧唐书》卷一九八《天竺传》。

② 沈福伟：《中西文化交流史》，上海人民出版社 2006 年版，第 171 页。

瞿昙悉达翻译的印度《九执经》在中国运用广泛。718年瞿昙悉达奉命翻译，虽然最后未采用，中译本仍然保存在瞿昙悉达编撰的《开元占经》120卷中。九执原称九曜，在火水金木土日月之外，另外日月交叉处的隐曜龙首和龙尾，合称九曜。九曜分吉凶二类，分执人类的行为。

721年起僧一行开始编制《大衍历》，727年草成后，一行去世，到729年《大衍历》才正式颁行。《大衍历》在事实上也曾参照《九执历》，九曜的说法就此输入中国。

《大衍历》颁行后，政府仍然参用《九执历》，通行于民间。印度历法在好几个世纪中一直是中国天文学家参考的蓝本。建中（780－783）曹士蒍作《七曜符天历》就取则于印度历法，以显庆五年为上元，雨水为岁首，通行民间，称为小历。后晋天福（936－943）时司天监马重积采用小历，正式颁行，称之为《调元历》。[1]

9世纪初年，来华的印度僧人金俱诧在《七曜攘灾诀》中，提出了以节气为每月之首的阳历系统。但是由于我国的数学和天文学体系与印度不同，印度的天文数学在我国没有发挥很大的作用。[2]

印度天文历法在输入中国的过程中，起初曾经遭到中国天文学家的反对。后周世宗任用王朴修订历法。王朴编撰《钦天历》15卷，在给皇帝的奏折上，对印度天文历法进行了批判，极力否认九曜的正确性。他说：

> 臣检讨先代图籍，今古历书，皆无蚀神首尾之文，盖天竺胡僧之妖说也。只自司天卜祝小术，不能举其大体，遂为等接之法。盖从假用以求径捷。于是乎交有逆行之数，后学者不能详知，便言历有九曜，以为注历之恒式，今并削而去之。[3]

---

① 沈福伟：《中西文化交流史》，上海人民出版社2006年版，第171－172页。
② 杜石然等：《中国科学技术史稿》（上）科学出版社1982年版，第363页。
③ 《唐会要》卷一四〇《历志二》。

王朴对天竺历法持全盘否定态度，无疑是错误的。极力排斥外国学术，不利于我国学术的发展。

（四）尼泊尔

《旧唐书》云：泥婆罗人"颇解推算盈虚，兼通历术"①。《新唐书》亦认为泥婆罗人"通推步历术"②。这是中国历史上首次提到尼泊尔的天文历法问题。从"颇解推算盈虚"一语，我们可以看出古代尼泊尔人善于计算月相变化和懂得五星运行规律。

（五）波斯、阿拉伯

波斯的历算占星术知识，最近就有学者从敦煌、吐鲁番文书中有所发现。敦煌写本 P. 4071 文书，就是一篇星命课本。据文书末行所记，"开宝七年十二月灵州大都督府白衣术士康遵课"，可知此事发生在北宋初年。研究者发现，此篇课文内容与成书于 9 世纪的用巴列维语书写的波斯占星术开山作班达希申的主旨极其相似，一是以黄道十二宫推命，二是课文有命运十二宫等。由此可知，波斯的占星术至晚在宋初已传入中国。这里所说的黄道十二宫，最初起源于古巴比伦。古人把黄道带等分为十二个部分，用以观测并确定太阳在黄道上运行的位置，故称黄道十二宫。这一学说早在公元前 2 世纪就由西亚而传入印度，此后在隋代又通过佛教媒介由印度而传入中国。由于黄道十二宫的实测用途与中国传统的二十八宿说相重复，所以在隋唐时期天文学中并未得到重视和普遍采用。不过，在宋人曾公亮所编的《武经总要》一书中，却首次将十二宫与传统节气的日数结合起来。20 世纪七八十年代以来，我国考古工作者先后在张家口等地发现了一些辽代的墓葬。在其中的两座辽代的墓葬中，墓室顶部绘有环绕莲花的黄道十二宫，这也说明了西亚天文理

---

① 《旧唐书》卷一九八《泥婆罗传》。
② 《新唐书》卷二二一（上）《泥婆罗传》。

论对辽朝的影响。①

元代，有许多西域人内迁中国，其中就有波斯人，他们为元朝的科学技术发展做出了贡献。扎马鲁丁是 13 世纪波斯著名的天文学家。1267 年，他应忽必烈之召，从伊利汗国来华，向元朝皇帝进献西域天文仪器 7 种：咱秃哈刺吉（赤道式浑天仪），咱秃朔八台（托勒密长尺），鲁哈麻亦渺凹只（斜纬仪，用来测量太阳过赤道时的时刻以确定春秋分的时刻），鲁哈麻亦木思塔余（平纬仪，用来测量太阳过子午线的高度以确定冬夏至的时刻），苦来亦撒麻（天球仪），苦来亦阿儿子（地球仪），兀速都儿刺不（星盘）。扎马鲁丁后来在元朝的回回司天台任职。与此同时，扎马鲁丁还曾根据伊斯兰历法编写成《万年历》进献元朝政府，被元世祖允许在一定范围内（在回回人中）试行。②

扎马鲁丁的《万年历》曾经对元朝郭守敬所编的《授时历》有着直接的影响。清人俞正燮说："先是耶律文正（楚材）麻答巴法，增益庚午年法、万年法，而为授时所本。"③ 文中的"万年法"，即是指扎马鲁丁编撰的《万年历》。

耶律楚材前后两次造历，都受到过波斯历法的影响，注意研究过穆斯林的天文和星历。麻答巴历很可能是参考了欧麦・卡雅（1048－1124）在内沙布尔天文台编制的哲拉里历，这种历法要历 5000 年才相差一日，比之格雷历积 3330 年相差一日，还要精密。后来扎马刺丁所进万年历大约也是这种经过改良的波斯历。④

元初对回回天文学非常重视，司天台在汉儿以外又专设回回司天台，由穆斯林色目人主持天文观测。忽必烈登汗位前，已征集回回天文学家。波斯人扎马鲁丁应召入华。据英国研究我国科学技术史的著名学者李约瑟的研究，札马鲁丁携来北京的历书是两种鲁哈马日晷图，这就

① 陈尚胜：《五千年中外文化交流史》（第 1 卷），世界知识出版社 2002 年版，第 366－367 页。
② 同上书，第 446－447 页。
③ 《葵巳存稿》卷八。陈尚胜：《五千年中外文化交流史》（第 1 卷），世界知识出版社 2002 年版，第 447 页。
④ 沈福伟：《中西文化交流史》，上海人民出版社 2006 年版，第 244 页。

是在阿拉伯世界也刚刚编成不过是二年的历学巨著《开始和终结之书》。作者是位于旧大陆另一端的摩洛哥天文学家阿卜·阿力·哈桑·马拉库西，札马鲁丁来到北京见到了天文学家郭守敬，因此，1276 年（至元十三年）负责改治新历的郭守敬已经知晓阿拉伯历书，殆可断言。①

忽必烈即位后，便在 1263 年任命拂菻（叙利亚）人爱薛专管西域星历、医药二司，1271 年正式在大都设立回回司天台，编制回历供伊斯兰教徒使用，次年又禁止私卖回回历的命令。万年历是我国第一部正式受到政府许可、获准使用的回回历。1273 年（至元十年）正式将回回、汉儿两个司天台归秘书监管理，设秘书监二人，由焦友直、扎马鲁丁两人负责。三年后又任用可马鲁丁为司天少监，襄助扎马鲁丁主持回回历的编纂工作，回回司天监一直存在到元末。

蒙古初兴，采用金人赵知微重修的《大明历》。著名天文学家耶律楚材跟随成吉思汗西征，1220 年 5 月蒙古军进入撒马尔罕。他在五月望日校食亏，觉有差数，于是用里差法，以撒马尔罕（寻斯干城）为准，按经纬度不同，以差距乘 4359，取得里差，用来加减经朔弦望小余，"满与不足，进退大余，即中朔弦望日及余，以东则加之，以西则减之"。他引进了回历中朴素的"地球经度"的概念，编撰《西征庚午元历》进献成吉思汗，但未被采用。②

回回天文学家爱薛（1226－1308）对中国科学家参加伊儿汗设在马拉格天文台的国际合作，宣扬希腊和阿拉伯天文学，推动元朝决心改订新历，有过不可磨灭的功绩。1275 年开始筹备改历，由王恂、郭守敬主要负责编修的《授时历》，在 1281 年正式颁行全国。元朝在这年正式颁行《授时历》，以 365.2425 天为一年，和地球实际绕太阳一周的周期，只差 26 秒，精确的程度远胜以往各种历法，从西域传入的《万年历》比之《大明历》差错更多，与《授时历》无法相比。因为这些缺陷，万年历远不如中国已有的历法精确，因此实际上没有通行。

《授时历》在多方面借鉴了阿拉伯历法的长处。可作参考的回回历

---

① 周一良：《中外文化交流史》，河南人民出版社 1987 年版，第 780 页。
② 沈福伟：《中西文化交流史》，上海人民出版社 2006 年版，第 243 页。

本便是《积尺诸家历》。回回历的特点是五星纬度计算周密，郭守敬的《五星细行考》五十卷，当是吸收回回历的这一优点而作。郭守敬在恒星观测方面开始编制星表，便是受撒马尔罕和马拉格天文台的启发。他测量二十八宿杂坐诸星入宿去极度，编制了星表；又对前人未命名的1464颗星以外的无名星编为星表。这些都是在中国天文观测上属于创新的工作。通过回回司天文台和多次往访马拉格的爱薛的介绍，郭守敬有可能在仪器设置方面吸收新的养料。[①]

明代继续参照回回历法。成化年间钦天监副贝琳修订回回历书，在1477年（成化十三年）完成了这一工作，所以回回历在明代和大统历同时参照使用了270多年，主要通用于伊斯兰教徒的宗教仪式。回回历的缺点是交食的有无深浅，都与实际有所出入。但远胜西来历法中的九执历、万年历。[②]

明初攻占大都，获得回回历书，称干方先圣之书。1368年，明太祖鉴于历法的重要，在设置司天监的同时另立回回司天监（1370年改为钦天监回回科），诏用曾任元朝回回司天太监黑的儿等14人到南京任职，由回回司天监黑的儿、阿都剌、司天监丞迭里月实等修定历数。回回历法中，五星纬度是中国历法所无，受到明朝政府重视。1382年朱元璋决策将原来元朝大都保存下来的西域（波斯和阿拉伯）天文书由李翀、吴伯宗和回回大师马沙亦黑（长老）马哈麻译成汉文。《明史》记述这种回回历：

> 其法不用闰月，以三百六十五日为一岁，岁二十宫，宫有闰日，凡百二十八而宫闰三十一日。以三百五十四日为一周，周二十月，月有闰日。凡三十年，月闰十一日。历千九百四十一年，宫月日辰再会。[③]

---

① 沈福伟：《中西文化交流史》，上海人民出版社 2006 年版，第 246 页。
② 同上书，第 244－245 页。
③ 《明史》卷三〇《五行三》。

当时翻译的回历有两种，一种是以 365 天为一年的《波斯历》，另一种是以 35411/30 为一年的《回历》。

回回大师马沙亦黑翻译了《天文书》。《天文书》的原作者是波斯天文学家阔识牙耳（970—1029 年）。该书在元初就已经传入中国，一直保存在元朝上都的回回司天台。该书在翻译成汉文后，内容包括四类：第一类为总说，共分 23 门；第二类说世事吉凶，共分 12 门；第三类说人命运并流年，共分 20 门；第四类说一切选择，共分 3 门。由此可见，该书是一部较为完整的伊斯兰占星书。由于波斯和阿拉伯的占星术主要以七曜、十二宫正常天象为目标，而与中国传统占星术以异常天象为观测目标有很大差异，所以此书中也包含着许多中国人所不熟悉的波斯和阿拉伯的天文学知识。①

《明通鉴》谈到了明代前期阿拉伯人众多，阿拉伯历法受到高度重视的情况：

> 时回人居中国者，遍于各省，自元以来，用其历法以参校《授时》。洪武之初，令设科，隶钦天监，与《大统》参用。其推算始于隋开皇十四年甲寅，盖穆罕默德辞世之岁也。②

明代《万历野获编》作者沈德符认为中国历法落后于外国，指出造成历法落后的原因在于朝廷长期禁止民间学习历法：

> 中国历法本不及外国之精密。以故前元钦天监外，又有回回钦天监。本朝亦设回回司天监。有正议大夫、司朔大夫、司元大夫等官。至洪武三十一年而废之，以其教归并之。钦天但用彼国土板历同算。久之则法亦不验，与中土无异矣。国初，学天文有厉禁，学历者遣戍，造历者殊死。至孝宗驰其禁，且命征山林隐逸能通历学

---

① 陈尚胜：《五千年中外文化交流史》（第 1 卷），世界知识出版社 2002 年版，第 550—551 页。

② 《明通鉴》卷二十一《宣宗宣德八年》。

者以备其选，而卒无应者。①

至明末清初，中国天文历法已明显落后于西欧。欧洲传教士来华，带来了先进的天文历法知识。外国人担任钦天监监正，使中国的天文学发生了新的变化。

结　语

中外天文学交流，主要途径有：（1）在贡赐贸易中，中国封建王朝给周边国家赏赐历法，"俾使奉朔"。（2）周边国家向中国购买历法书籍，如安南、日本。（3）天文学家积极传播天文学知识，如中国天文学家到朝鲜、日本等国，波斯、阿拉伯学者来华。（4）中国天文学者编撰历法，借鉴外国的天文学成就。（5）元朝时期阿拉伯学者与中国学者合作研究，共同编撰天文著作。

中国的天文历法传入东亚、东南亚地区，提高了中国封建王朝的政治地位，对指导当地的农业生产、改善当地人民的生活发挥了重大作用。中国天文历法在外传的过程中，也不断吸取外国特别是印度、波斯和阿拉伯等国的先进技术。

古代中外天文历法的交流，推动了天文历法的不断进步，加强了各国人民的联系，具有重要的历史意义。由于天文历法与数学密不可分，天文历法的交流，也有力地推动了相关学科（如数学等其他自然科学）的交流。

我们要借鉴历史经验，吸取历史教训。要提倡学术自由，鼓励民众学习科技知识；反对闭关自守，盲目排外，要勇于吸取世界各国先进成果；科技没有止境，科技不分国界，科技创新需要加强国际合作。

---

① 《万历野获编》卷二十《历法》。

第十五章 古代中国与亚洲国家的 数学交流

古代中国数学远远走在世界各国的前列。早在商代，我国就有了十进制的数学系统，最大数字为 3 万。① 早在西周时期，我国就开设了数学课程。西周的"六艺"之中就有"数"。数学已经成为独立的学科。春秋战国时期创造了筹算。汉时小学，兼重书算。班固《汉书》云："数者一、十、百、千、万也，所以算数事物，顺性命之理也。""其法在算术，宜于天下，小学是则，职在太史，羲和掌之。"② 唐代科举考试还设有"明算"一科。古代，中国数学家辈出，刘徽、祖冲之、贾宪、秦九韶、李治、朱世杰、程大位等蜚声中外。代表性的学术著作，西汉有《周髀算经》，东汉有《九章算术》。《九章算术》的出现，标志着中国古代数学的完整体系的形成，开启了中国数学研究的一个新阶段。魏晋之际刘徽注《九章算术》，对圆周率计算法进行修订。到南朝宋齐时，祖冲之将圆周率推算得极为精确。祖冲之所撰《缀术》影响很大，现已失传。唐初王孝通的《缉古算经》，第一次运用了解三次方程式的方法来解决一些复杂的工程计算问题，是一部比较高深的数学著作。高宗时，李淳风等人审定并注解了《九章算术》、《海岛算经》、《孙

---

① 张明、于井尧：《中国科技史》，吉林文史出版社 2006 年版，第 36 页。
② 《汉书·律历志》。

子算经》、《五曹算经》、《张丘建算经》、《夏侯阳算经》、《周髀算经》、《五经算术》、《缉古算经》、《缀术》共 10 部算经。这 10 部算经均由唐朝政府规定作为算学的教本。1050 年左右，北宋数学家贾宪在他编著的《九章算法细算》中创造了开任意高次幂的"增乘开方法"。宋代秦九韶撰《数学九章》，提出"大衍求一术"，"正负开方术"等新的算式。南宋杨辉撰《杨辉算法》，元代朱世杰撰《算学启蒙》，明代程大位撰《直指算法统宗》。清代时蒙古族历算家明安图撰有《割圆密率捷法》，在三角函数和圆周率的研究上有新的发明。

珠算是中国劳动人民创造的先进的计算方法，是中国人民在数学领域内的一项杰出的创造发明，在东方世界乃至于世界诸国中享有很高的地位和广泛使用的价值。珠算始于元代，盛行于明代，[①] 明代程大位所写的《直指算法统宗》是一部关于珠算的入门书，颇有实用价值。该书于康熙五十五年（1716）翻刻，流传全国，不胫而走，研究算术的几乎是人手一册。

明人沈德符曾经谈到了算学的重要性及设立的过程：

算学亦书数中要事，而于勾稽钱谷，尤为吃紧。本朝定制，以浙江及苏松二府为财赋之地，江西士风谲诡，遂禁此三处士人不得官计曹。然户部胥吏，尽浙东巨奸，窟穴其间，那移上下，尽出其手，且精于握算。视官长如木偶，释褐版曹者。又视簿书为脂地，漫不如意。其在外司民社者，亦持筹不知纵横，任其下为溪壑，皆坐算学不讲之故。惟宋崇宁三年，特立算学。其业以九章周髀。及假设疑数为算问，仍兼海岛、孙子、五曹、张邱建、夏侯算法，并唐历算三式天文书为本科。本科外，人占一小经，愿占大经者听。大观中，命算学如庠序之制……[②]

中国数学首先传入邻邦朝鲜、日本等国家，然后向四周扩散。

---

① 郭振铎、张笑梅：《越南通史》，中国人民大学出版社 2001 年版，第 582 页。
② 《万历野获编》，补遗卷三《历法·算学》。庠序，古代乡学的名称。

一、古代中国数学先后传入亚洲各国

（一）朝鲜

新罗仿效唐朝国子监的教育体制，设立了数科。他们所使用的教材，有《周髀算经》、《九章算术》等。[1] 《三国史记》记载：新罗在"国学"中设立"算学科"，置"算学博士若助教一人，以《缀经》、《三开》、《九章》、《六章》教授之。"[2]

金元时期的一些数学著作，如秦九韶的《数学九章》，李冶的《测圆海镜》与《益古演段》，杨辉的《详解九章算法》与《日用算法》以及《杨辉算法》，朱世杰的《算学启蒙》和《四元玉鉴》，在元代先后传入高丽。高丽王朝甚至还翻刻印刷了《杨辉算法》与《算学启蒙》，将它与早先从中国传入的《九章算术》一起，作为该国算学教育的必读课本。[3]

明清时期，在数学方面，朝鲜李朝仿照中国实行科举制，设算科，并规定算学生徒数额 10 人，每三年一试选，以中国的《九章算术》、《算学启蒙》、《算法》作为必读之书。在太学之中设置算学博士，学习、研究中国的算学著作。[4]

1592 年刊刻的程大位的《算法统宗》，是一部详细介绍算盘制度以及各种应用数学例题的书籍。该书在刻印之初就传入朝鲜，珠算盘成为朝鲜社会生活中一种十分方便的计算工具。

---

① 陈尚胜：《五千年中外文化交流史》（第 1 卷），世界知识出版社 2002 年版，第 287 页。

② ［朝］金富轼：《三国史纪·职官上》。

③ 陈尚胜：《五千年中外文化交流史》（第 1 卷），世界知识出版社 2002 年版，第 466 页。

④ 林延青、李梦芝等：《五千年中外文化交流史》（第 2 卷），世界知识出版社 2002 年版，第 489 页。

自 17 世纪开始，通过欧洲传教士的中介，西方数学开始传入中国。1607 年，由传教士利玛窦口授、徐光启笔录的欧几里德的《几何原本》前六卷在中国刊印。其后，又有《同文算指》、《寰容较义》、《测量法义》、《测量异同》、《勾股义》等西方数学书在中国翻译刊印。这些汉语西方数学书，不久即为来华朝贡的李朝使节带至朝鲜。清初，兼通中西数学并取得巨大成就的梅文鼎，还曾应朝鲜友人询问，于 1692 年著成《少广拾遗》一卷。从此，西方数学中的割圆术、对数术、三角术等知识也从中国传入朝鲜，对朝鲜数学的发展产生了很大影响。[①]

（二）日本

日本学者川原秀成指出，日本数学的发展，有两个大的转折点，可分为三个时期：第一个时期是从飞鸟、奈良时代到江户初期，是全面摄取中国数学的时代；第二个时期是从德川初期到明治初年，新创造了纵写的代数符号法，日本固有的符号代数获得巨大发展，即产生了和算；第三个时期是明治以来脱离和算的西方化时期，沿用笛卡儿以后的符号法，导致今天的数学。[②]

在第一个时期，日本积极引进中国数学，由此触发了"和算"的产生。

8 世纪时，日本仿效唐国子监的教育制度，设有"算学"一科。

中国南宋杨辉的《杨辉算法》（13 世纪下半叶）对日本和算家构筑和完备其方程式理论给了相当大的影响和刺激，对日本和算的建立和发展有重大的贡献。[③]

16 世纪末期，中国的算盘技术流行于日本，对日本数学的发展起到了推动作用。根据学者们的考证和研究，中国算盘可能早在 15 世纪中期就已经传到日本。明末，毛利重能两次到中国学习数学，携算盘回

① 林延青、李梦芝等：《五千年中外文化交流史》（第 2 卷），世界知识出版社 2002 年版，第 492 页。
② 同上书，第 525 页。
③ 李俨：《中算史论丛》（第 5 集），科学出版社 1955 年版，第 178—181 页。

到日本，在丰臣秀吉家中和军中使用，又命工匠仿造。当时，木匠归大津造算盘卖钱，各地纷纷抢购，算盘遂流行于日本。随着算盘的流行，中国的各种运算方法和口诀也传到日本，这对于日本数学的发展以及算盘技术在民间的普及起到了巨大的推动作用。

与此同时，中国的一些重要算学著作也传入日本。丰臣秀吉侵略朝鲜期间，日本从朝鲜得到中国元代朱世杰的著作《算学启蒙》（1299）和明代程大位的著作《直指算法统宗》（1592）。《直指算法统宗》共17卷，包括595个问题。它依照《九章算术》的形式，几乎网罗了商业上所必须的各种应用数学问题，成为中国珠算书的同义词。毛利重能最先在日本传授《直指算法统宗》。他在京都开办学校，登门求学者达数百人，吉田光由、今村知商、高原吉种为其三大高足。现存日本最古刊本的数学书，是藏于龙谷大学的成书于17世纪初的《算用记》。该书中载有"二一添作五，逢二进一十"之类所谓"割算"，即中国的九九歌诀。毛利重能于1622年编《割算书》，是现存和算的第一部名著。吉田光由采取《直指算法统宗》的要点和应用的部分，并加入当时流传的算法，于1627年编成《尘劫记》，多次刊行，历久不衰。今村知商于1639年编成《竖亥录》。在此后的数十年间，《尘劫记》、《竖亥录》二书成为日本数学的规范。后来，《直指算法统宗》又有汤浅得之编的训点本（《新编直指算法统宗训点》12册，1676年出版），在日本广泛普及开来。①

在和算的形成和发展过程中，《算学启蒙》的影响更为重大。《算学启蒙》介绍了包括天元术（中国的高级代数）在内的中国宋元数学，原本不过是一本民间数学书，在中国一度失传。但日本数学家却从此学到了天元术，成为和算的出发点。该书大约在17世纪中期以后传入日本，日本因此出现了很多的复刻本和注释本，如久田玄哲的《新刊算学启蒙》（三册，1658年出版），星野实宣的《新刊算学启蒙注解》（三卷，1672年出版），建部贤弘的《算学启蒙谚解大成》（七卷，1690年出版）等。桥本正数则据该书以研究天元术，其门人泽口一之继之，著作《古

---

① 林延青、李梦芝等：《五千年中外文化交流史》（第2卷），世界知识出版社2002年版，第525页。

今算法纪》。于是，天元术引起日本学界的研究热。其中，成就最大的是"算圣"关孝和。关孝和（1640？—1708）精心研究天元术，加以发展，独立建立了行列式、数学系数方程解法、不定方程解法等。他被人称道的点窜术，就是笔算形式的直行天元术。关孝和因此成为日本古典数学——和算的主要奠基人。[①]

（三）越南

越南李、黎各朝均仿效中国举行算学考试，选拔专门人材。特别是因为黎朝政府重视算学，并大力提倡，所以中国数学在越南各地得到广泛传播。[②]

越南借鉴中国考试数学的方法在科考中设立"书算场"。

《大越史记全书·陈记》记载：

> ［甲申，汉苍开大二年（1404）春二月］汉苍定试举人式。……试法仿元时，参场文字分为四场，又有书算场为五场。[③]

大约在明清之际，算盘南传到越南。珠算的输入，对于越南数学的发展起了推动作用，同时还直接影响到人们的日常生活和商业、经济活动。明代程大位所写的《直指算法统宗》一书南传到越南后，有力地推动了珠算的实际应用。[④] 至今，越南城乡仍然广泛使用珠算，对越南数学的发展起了重大的作用。

早在清康熙五十二年（1713），中国设立算学馆，选送八旗贵族子弟学习计算方法，每年四个季度举行小考，岁末举行大考，五年期满。清乾隆二十六年（1761），安南黎朝总国政郑楹下令官府仿照中国清朝

---

① 林延青、李梦芝等：《五千年中外文化交流史》（第 2 卷），世界知识出版社 2002 年版，第 526 页。

② 陈玉龙：《中国和越南柬埔寨老挝文化交流》，载周一良：《中外文化交流史》，河南人民出版社 1987 年版，第 705 页。

③ 《大越史记全书》本记卷八《陈纪》。

④ 郭振铎、张笑梅：《越南通史》，中国人民大学出版社 2001 年版，第 395 页。

的作法，举行数学的考试，12 年一试，考平分、差分方法，每次考试，取用 120 人。[1]

根据韩琦的介绍，中国科学院自然科学史研究所收藏 18、19 世纪越南算书全部为节抄本，计有 8 种，分别是《算书底蕴》（无撰人）、《算法大成》（进士梁世荣着）、《薏斋算法一得录》（阮有慎着）、《九章算法立成》（无撰人）、《大成算学指明》（范嘉纪撰）、《指明立成算法》（潘辉框撰）、《立成算法》（范有偬撰）、《笔算指南》（阮谨撰）。[2] 上述越南算书，完全承袭了中国的《九章算术》、《算法统宗》的传统，反映了中华文化输入越南后被当地人们接受的情形，由此可见越南汉化之深。《指明立成算法》受明代程大位所写的《直指算法统宗》的影响；《九章算法立成》有九归歌、撞归法，完全是中国明清时期珠算术的翻版，说明在当时越南也流行用算盘作为工具进行运算。

（四）老挝

唐朝曾经安排文单使团参观学习中国文化。文单国，即陆真腊，位于今老挝中南部。唐玄宗开元二年（714）下旨："自今己始，蕃客入朝，并引向国子监，令观礼教。"[3] 通过进入国子监观摩，文单等国使者学习了中国的律学、太学、书学、算学等方面的知识，加深了对中华文化的了解，这有助于促进中老两国的精神文化的交流。[4]

（五）印度

5 世纪以后，印度的数学进入了一个重要的发展时期，大约在 6 世纪创立了位值制数码（即现代通用的印度—阿拉伯数码的前身），建立土盘算术，算术、代数、三角数都有迅速发展，并在以后的时期里经由

---

① 郭振铎、张笑梅：《越南通史》，中国人民大学出版社 2001 年版，第 582 页。
② 韩琦：《中越历史上天文学与教学的交流》，《中国科技史杂志》1991 年第 2 期。
③ 宋敏求：《唐大诏令集》卷一二八。
④ 梁志明：《源远而流长—中国与越南老挝柬埔寨的文化交流》，载何芳川：《中外文化交流史》，国际文化出版公司 2008 年版，第 286 页。

阿拉伯国家辗转传入欧洲，促进欧洲中古时期数学发展。而位值制、土盘算术都似乎受到中国筹算方法的影响，其他如分数、弓形面积、球形面积、勾股问题、圆周率、一次同余式、开方法、重差法等方面也都可以找到中国数学的痕迹。①

一次同余式理论起源于后汉《孙子算经》卷下"物不知数"一题，在 7 世纪传入印度，由印度传入阿拉伯后流行于阿拉伯数学界。《孙子算经》原题是："今有物不知其数，三三数之剩二，五五数之剩三，七七数之剩二，问物几何？答曰：二十三。"

二、古代中国接受了亚洲各国先进的数学知识

13 世纪是中国数学取得辉煌成就的时期，中国数学家秦九韶、李冶和意大利的菲波纳西，德国的内摩拉，摩洛哥的哈桑·马拉喀什并列，被誉为 13 世纪五大数学家，中国的数学在这时也吸收了阿拉伯的历算、代数、几何和三角的一些成果。在中国侨居的阿拉伯人和中亚细亚人士中如赡思、康里不花、丁鹤年等人都是精通阿拉伯术数的名家。

欧几里德的《几何原理》通过阿拉伯算学的介绍，在这时也成了中国数学书中的命题和解算理论。秦九韶（1202－1261）在 1247 年撰《数书九章》卷一、卷二"大衍类"论及数论中等余理论和等余式解法，系统地叙述了历法中"上元积年"的计算方法，提出了和现代一次同余式理论相似的大衍求一术。②

阿拉伯数码字在元朝由于回回司天台的使用，在中国得到流传。《秘书监志》提到 1278 年扎马剌丁曾为安西王推算历法，回回司天台的三名官员同时在王府作见习随侍。1956 年在西安市郊元代安西王府遗址出土五块铁板，上有使用东方阿拉伯数码刻画得六行纵横图（幻方）。1980 年上海浦东陆家嘴也出土过一枚玉佩挂幻方，除"5"以外，数码

---

① 杜石然等：《中国科学技术史稿》（上），科学出版社 1982 年版，第 363 页。
② 沈福伟：《中西文化交流史》，上海人民出版社 2006 年版，第 247 页。

字和西安的相似。当时用幻方压胜和避邪，是伊斯兰教徒的风尚。[①]

结　语

综上所述，古代中国数学曾经传入东亚和东南亚地区，对亚洲国家有过较大的影响，对当地的社会经济发展做出了重大贡献，在日本则直接促成了日本"和算"的产生。

最早在中国创立的十进制制记数法和在此基础上的各种运算方法，经印度、阿拉伯国家而西传，这或者可以说是我国古代数学对世界数学，同时也是对世界科学和人类文明发展的伟大贡献之一。

在数学知识向外传播的同时，中国也接受了阿拉伯等国的数学知识。

古代中国与亚州国家数学交流的途径，主要有：（一）外交使节。如来华的朝鲜李朝使节将汉语西方数学书带到朝鲜，唐朝曾经安排老挝使团参观学习中国文化。（二）留学生。如日本人毛利重能两次到中国学习数学。（三）民间往来。明清时期中外数学家有着较密切的学术交流，梅文鼎曾应朝鲜友人询问撰《少广拾遗》一书。（四）侨民。在中国侨居的阿拉伯人和中亚细亚人传播阿拉伯术数。（五）战争。日本在侵朝战争期间，大肆掠夺，从朝鲜得到中国数学著作《算学启蒙》和《直指算法统宗》。

值得注意的是，中国是西方数学在东方传播的中介之一。西方数学通过阿拉伯人传到中国，引起了中国学者的关注。欧几里得的《几何原本》等西方数学书在中国翻译刊印后，又先后传到朝鲜、日本等国。

在中国古代，天文学与数学紧密联系在一起，天文学家同时也是数学家。天文学的交流，推动了数学交流，促进了数学的发展。同样，数学的交流也促进了天文学和其他自然科学的发展。

---

① 沈福伟：《中西文化交流史》，上海人民出版社 2006 年版，第 248－249 页。

结 束 语

在古代，中国对外交往经过了一个曲折的过程，其趋势是：由近而远，由周边国家向边远地区拓展。总的看来，古代中外科技交流也有此趋势。古代中外科技交流的规模是逐步扩大的，从最早的使节往来、民间往来，到国家有意识地进行大规模的对外文化交流（如明朝永乐帝时期开始的郑和下西洋），经过了一个较长的历史时期。

研究中外科技交流史，我们不能不涉及朝贡活动。中国古代文献中"朝"、"贡"合在一起使用，开始见于《汉书》。《汉书》在记载西域诸国同中国的交往的所用"修奉朝贡，各以其职"一语。刘宋《后汉书》在描述中外关系时也曾经数次使用"朝贡"一词。李云泉在《朝贡制度史论》一书中，按其不同的性质，特征，把中外朝贡关系分为三类，即：典型而实质的朝贡关系，一般性的朝贡关系（礼仪性的朝贡关系），名义上的朝贡关系。[①] 朝贡活动又称为贡赐活动，在中外关系史上具有突出地位。表面上看来，这是政治活动，其实又含有经济活动的成分。由于中国封建统治者采取诸多的奖励政策，对那些所谓"慕义"的四夷赏赐众多，其价值远远高于其入贡的方物价值，在朝贡活动中有着巨大的经济利益，因此朝贡活动极大地吸引了周边国家统治者的注意力，他

---

① 李云泉：《朝贡制度史论》，新华出版社 2005 年版，第 2 页。

古代中外科技交流史略

们为此前赴后继，乐此不疲。朝鲜、安南、日本、琉球等国都曾经屡屡
积极要求入贡，甚至一再要求缩短贡期。就是那些远在阿拉伯、波斯等
地的统治者也对朝贡很有兴趣，甚至有些商人冒充政府使节前来进贡。
朝贡活动有助于中外科技交流。在朝贡活动中，通过外国的进贡，中国封
建皇帝的赏赐，中外手工艺品和动植物等得到交流，中外科技得到传播。

上文我们就古代中国与亚洲国家的科技交流进行了论述，下面谈几
点认识。

（一）古代中外科技交流是中外文化交流的重要组成部分

古代中外科技交流是中外文化交流的重要组成部分。一方面，中外
科技交流是古代中国文化外交的组成部分。纵观中外科技交流史，我们
清楚地看到，古代中外科技交流是一种国家外交行为。自先秦时期起直
到清朝前期，中国封建政府为了统治阶级的需要，需要认识外部世界，
故积极发展对外关系，推行文化外交，鼓励文化互动，先后派遣外交人
员，利用文化外交达到其政治目的。这些国家外交行为导致科技交流，
科技传播成为文化外交的重要内容，科技交流成为中国对外关系的重要
组成部分，科技交流的不断深入发展与中国对外关系不断深化互为因
果。在中外科技交流的历史过程中，中国的科技文化如中国的四大发
明，中国的丝绸织造技术和制瓷技术，中国的天文历法和医学知识，中
国先进的农业生产技术和建筑技术等，源源不断地传入外国。同时，外
国的科技如印度和阿拉伯的医学、天文历法、建筑技术，东南亚的香料
和珍贵动植物，越南的占城稻和朝鲜的铅活字技术，日本的手工艺品等
等，也先后输入中国。良好的国际政治关系是促进科技交流的一个重要
因素。古代中国与东南亚国家的关系较为密切，在中国明代，越南（时
称安南）、老挝、缅甸这三地的统治者都受到明朝廷的册封，与明朝的
往来频繁，朝贡活动高潮迭起，人员往来熙熙攘攘，这大大有利于双方
的文化交流，加速了科技传播。另一方面，中外科技交流是中外民间文
化交流的主要内容。中国人民和邻国人民互通有无，进行贸易活动，客
观上有助于科技交流。如在中缅、中越、中朝、中日等国人民之间的交

314

往中，客居在中国的外国商人把中国的科技带去他国，同时也把外国的科技输入中国。古代华侨由于政治经济等多方面的原因而出走异国他乡，在侨居国传播中国的科技文化，同时把外国的科技带回祖国，在客观上起着中外科技交流的桥梁作用。

（二）封建统治者对中外科技交流的态度由冷淡到重视经历了一个漫长的过程

有学者根据中外交流活动中参与交流主体，交流的主动性与被动性，交流的内容和范围，交流造成的影响的不同，把 1840 年鸦片战争以前的古代中外科技交流分为三个阶段。第一个阶段包括了 16 世纪末（明末）以前的漫长时期；从明末到雍正初年为第二个阶段；从雍正初年到 1840 年鸦片战争为第三个阶段。[①] 认为在第一个时期，中外科技交流突出的特点是科技交流的从属性，也就是说，科技交流往往不是目的，而是统治者政治军事活动的副产品。汉武帝派张骞出使西域，丝绸之路的开通，把中国的铸铁、凿井、丝织、漆等技术西传，也带回了葡萄、石榴、苜蓿等农作物。但是，朝廷使者的目的不是科技交流，而是奉汉武帝之命，从政治上和外交上和西域建立联系，从而斩断匈奴人的右臂，削弱匈奴人的威胁。1405 年，郑和等奉永乐帝之命远航印度洋，其目的是宣扬大明国威，扩大明朝的国际影响，也不是为了科技交流。但是作为外交的副产品，中国的先进科学技术在七下西洋时远播国外，同时也把沿途国家的珍禽异兽和植物等带回国内。古代中外科技交流确实成为中国对外关系中的一个副产品。到了明朝末年，情况有了根本的变化，统治阶段面临两个严重的问题。一是历法不合天时。由于明朝开国皇帝严禁民间研究历法，"习历者遣戍，造历者殊死"[②]。因而到了明末，通晓天文历法者已经寥寥无几，官府只知长年沿用旧历而不加校改，所用的大统历已经明显不合天时，日月食的预告也往往不准确。皇

---

① 袁军荣、殷正坤：《皇权政治下的中外科技交流》，《太原师范学院学报》（社会科学版）2005 年第 4 期。他们把五四运动以前的中外科技交流分为四个阶段。

② 樊洪业：《耶稣会士与中国科学》，中国人民大学出版社 1991 年版，第 58—59 页。

帝用以知天时，决人事的历法也了问题，自然会引起皇帝的震动与不安；二是军事上需要西方先进的大炮技术。明朝末年，农民起义军队的迅猛发展和满清军队的虎视眈眈，给明王朝以极大的威胁。这些问题事关封建王朝的存亡，迫使明朝皇帝转变观念，接纳西方传教士，引进外国先进技术，如天文历法和军工技术，由此在明末清初的 100 多年中迎来了一个"西学东渐"的黄金时代。

（三）中外科技交流有两个重要管道，存在"半官方交流"的现象

古代中国与亚洲国家的科技交流有两个重要管道，一是官方之间的交流，另一是民间交流。以中越科技交流为例。官方之间的交流是很多的，涉及农业生产技术、医药、天文历法、建筑技术等多方面，如在医药交流上，既有药物方面的交流，又有医务人员的往来，还有医学著作的传播。安南国多次对华朝贡，方物中有苏合香、光香、朱砂、沉香、玳瑁、珍珠、象牙等多种药材。宋天兴六年（1028）安南向北宋进贡香药，价值 2760 贯，而宋回赐价值 5000 贯的礼物。民间科技交流在历史上非常频繁。如在医药方面，历代都有一些中国医生前往安南行医。越南封建统治者常请中国医生治病，例如上文提到的宋朝僧医明空和邹孙。安南也有医生来华行医，如安南医生黎德全来华"治南人，名闻南宋"[①]。官方交流和民间交流是科技交流的两条管道，相得益彰，相互促进。

有时，民间交流和官方交流是融为一体兼而有之的，在民间交流中有官方交流的因素，在官方交流中带有民间交流的性质。我以为这可以称做是"半官方交流"。

前者如中国汉唐高僧西游印度等地。以唐玄奘为例，我们可以很好地说明这一问题。自从佛教传入我国后，随着人们对传教经论学习的推

---

① 《国史遗编》下集《国朝大南记》。转引自中国社科院历史研究所编：《古代中越关系史资料选编》，中国社会科学出版社 1982 年版，第 241 页。

广和深入，产生了许多疑问，玄奘曾到处访师请教，但其中一些问题在国内仍然得不到圆满的解决。玄奘便产生了去佛教发源地印度求学的决心。虽然玄奘和他的同伴屡屡上奏朝廷，但是得不到批准。唐贞观元年（627），关中、关东、陇右、河南等地发生饥荒，唐太宗下诏僧俗人等四出觅食。于是，玄奘便借这个机会，夹杂在饥民队伍中向西而去，由此开始了他的漫长而艰难的西天之行。玄奘由长安出发之后，沿途经过秦州（今甘肃天水）、兰州，来到凉州（今甘肃武威）。凉州都督李大亮行禁极严，迫令玄奘东归，但玄奘在慧威法师的帮助下溜出了凉州城。可知玄奘不是奉旨取经，而是冒着风险偷渡出境。贞观十四年（640）玄奘在印度见到了戒日王，谈到了中国和唐太宗。戒日王为玄奘的博学所折服，在贞观十五年（641）玄奘回国时，戒日王命所属部下送玄奘出境，赠给玄奘许多头青象。玄奘回国时，几十万人在京城西郊迎接他，京中万民停业 5 天，可以说是千古罕见。玄奘到洛阳拜见唐太宗，把带回来的各种奇珍异宝献给唐太宗。① 正如玄奘的弟子辩机所说：玄奘"宣国风于殊俗，喻大化于异域"②，其功大焉。这样，玄奘西游名正言顺，就被官方视为正式的外交活动了。玄奘应唐太宗的要求，和弟子辩机一起完成了《大唐西域记》。此后，戒日王遣使来华，中印文化交流频繁。玄奘西行，本是民间僧侣往来，却促成了戒日王对华的遣使行动，演变成官方外交活动。又如，宋代中国与阿拉伯的关系，也一度依赖僧侣，僧侣充当了中外文化交流的使者。《宋史》记载："乾德四年，僧行勤游西域，因赐其王书以招怀之。开宝元年，遣使来朝贡。"③这里说的"其王"即是阿拉伯国王。僧人行勤身负王命，成为官方外交使节。

中国把僧侣充当中外文化交流的使者，无独有偶，在日本等国亦是如此。

《宋史》记载日本民间向中国官府进贡的史实：

---

① 李利安等：《中国高僧正传》，三秦出版社 2005 年版，第 201—237 页。
② ［唐］玄奘述、辩机撰：《大唐西域记》记赞。
③ 《宋史》卷四九〇《大食传》。

雍熙元年（984），日本国僧奝然与其徒五六人浮海而至，献铜器十余事，并本国《职员今》、《王年代纪》各一卷。……①

在官方交流中带有民间交流的性质，如东亚的朝鲜、东南亚的安南、泰国，在与中国进行贡赐贸易的外国使节中，一方面他们充当所在国的使节从事外交活动，另一方面，他们在中国民间从事贸易活动。他们把本国的特产带来中国，又从中国购买大量的商品回国从中牟利。如清乾隆四十四年（1799）七月，安南使臣就从事这样的商贸活动。

安南进贡陪臣胡士栋等自京回国，自江宁乘船。……该贡使营利，借本与船户杨聚锦贩卖私盐。买盐七百七十包，每包重均系五十斤，装入贡使船内。②

又如明代，琉球国通事，在洪武二十三年（1390）随使团来华朝贡，私自携带"乳香十斤、胡椒三百斤"来南京，为会同馆的监门官吏所察觉。"诏还之，仍赐以钞。"③

（四）华侨在中外科技交流中作用巨大

华侨是指侨居在海外的中国人。华侨职业各异，有手工业者、农民、医生、商人、官员、僧侣等等。从历史上看，中国人侨居海外有经济原因，也有政治原因。宋代以后，一方面随着航海业和对外贸易的发展，中国人移居海外渐多，这是出于经济原因。另一方面，由于中国政权更替，战乱频仍，社会动荡，遗臣、将士、民众等社会各类人士逃奔海外者不少，④ 尤其是到越南、朝鲜等国。华侨在中外文化交流上有其

---

① 《宋史》卷四九一《日本传》。
② 余定邦、喻常森：《近代中国与东南亚关系史》，中山大学出版社 1998 年版，第 15 页。
③ 《明史》卷三二三《琉球传》。
④ 张晔：《东南亚华侨华人历史与现状》，旅游教育出版社 2001 年版，第 21 页。

明显的优势，熟悉中外情况，知己知彼，因而在文化交流中能起到桥梁作用。古代华侨在中外科技交流史上的作用是巨大的，许多学者在论述中外关系史时都有相关论述，如有兴趣，读者不妨拜读朱杰勤先生的著作《东南亚华侨史》（高等教育出版社1990年版），亦可参看拙著《中外文化交流与华侨华人研究》（华龄出版社2006年版）。

华侨在古代中外科技交流中的作用是非常突出的，这在古代中国与亚洲国家的科技交流史中显而易见。以越南华侨为例。如在医药交流方面：1136年，越南李朝李圣宗病重，越南医生医治无效，后为宋朝僧医明空所治愈。明空因此被李德政封为"李朝国师"。当元军进攻安南时，中国著名的医生邹孙随军至安南行医，在元军返国后，邹孙留在安南继续行医。他不仅给陈朝官兵治病，而且给当地百姓看病。他医术高超，治愈病人无数，安南人称之为"神医"。又如在制陶技术方面，中原人黄广兴到交趾海阳头溪乡居住，教当地人制作陶模、瓷缸，被越南人尊称为陶瓷业的鼻祖。

值得一提的是，到了近代，华侨中更是不乏科技精英，为中国的科技发展和中外科技交流做出了巨大的贡献。马来西亚华侨伍连德（1909—1960）被誉为"防疫斗士"。他生于马来亚的槟榔屿，按受英文启蒙教育。1896年去英国学习医科。1903年，他获得剑桥大学医学博士学位。学成之后，他回到马来亚，并在吉隆坡医学院从事热带疫病研究，后来在槟榔屿行医。他还用一部分时间去为华侨社会服务，参加社会改革，反对华侨吸食邪片。1907年，他应聘回祖国服务，连续在中国医药卫生界服务了30个年头。① 华侨重视科技技术，英国剑桥大学的著名学者李约瑟的巨著《中国科学技术史》的出版，曾得到了华侨领袖李光前的资助。②

（五）战争成为中外科技交流的特殊管道

在正常的文化交流之外，还有一种特殊的交流渠道，那就是战争。

---

① 巫乐华：《南洋华侨史话》，商务印书馆1997年版，第129页。
② 同上书，第119页。

战争是非和平手段，破坏性极大，因而历来遭到各国人民的反对。诚然，战争会影响各国之间的文化交流。但是战争不仅不能从根本上阻碍文化交流，而且有时能引起文化交流。在世界历史上，古代中国和越南的战争，古代中国和缅甸的战争，古代中国和扶南的战争，都曾经引起过科技交流，促进了科技事业的发展。以元缅战争为例，可以很好地说明这一问题。中国士兵到缅甸后，曾经帮助缅甸人民修建水利工程。1300 年元朝对缅甸用兵时，统帅元军的云南参知政事高庆等人，不但未执行对缅甸作战的命令，反而率军协助当地人民为解除旱灾抢修叫栖（今皎克西）一带的水利灌溉工程，并挖掘了一条顶兑运河。中国的水利工程技术由此传入缅甸。这些水利工程成为缅甸人民的经济命脉，至今对发展农业生产起着重要作用。公元 751 年唐朝军队和阿拉伯军队之间进行的怛罗斯战争，在战后也曾经引起了中国造纸技术在阿拉伯的传播，并且经阿拉伯人传播到欧洲和非洲等地。历史上日本对朝鲜的侵略战争，曾经给两国人民带来了巨大的灾难，但是在客观上也曾引起科技交流。日本在 1592 年侵略朝鲜的壬辰战争中，曾经抢走了朝鲜的活字，结果使得日本人学会了活字和活字印刷术。虽然是巧取豪夺，不足称道，但是在客观上引起了活字印刷技术在日本的传播。

（六）科技交流史是科技文化不断传播、融合、创新的历史

中外科技交流史是中外科技文化不断传播、融合、创新的历史。在科技交流的过程中，人们创造出来的先进科技文化得到广泛的传播，世界各国取长补短，精益求精，从而推动了科技文化的继续发展。历史上有许多重大科技创新是在科技文化交流的过程中产生的，世界上许多科技成果正是在传播过程中吸取了各国人民的智慧而不断创新的。科技交流带来了先进的科学技术，引发了科技工作者的浓厚兴趣，诱发了科学家的创造力；科技交流促进了科技的进步。许多国家的科技工作者持之以恒，推陈出新，从而使科学技术得到进一步发展。各国人民群策群力，同心协力，使科技成果更加先进。印刷技术、火药、天文历法等莫不如此。

以活字印刷术为例，中国发明了活字印刷术，是中华民族对人类文明的巨大贡献。早在公元 7 世纪，中国就发明了雕版印刷术来印刷各种书籍。到了宋代，文化昌盛，中国的雕版印刷技术已经达到了很高的水平和相当的规模。正是在这样一个大的文化背景下，活字印刷术在宋朝开始出现。宋代著名科学家沈括在《梦溪笔谈》一书中对毕昇创造发明使用泥活字印刷一事做了详细介绍。这是世界上关于活字印刷术的最早记载。

本世纪初，在西夏黑水城遗址（今内蒙古额尔纳旗）所发现的西夏文献中，也有四种西夏文活字版印刷品，即《维摩诘所说经》、《大乘百法明镜集》、《三代相照言集文》、《德行集》。近年来，考古工作者又在甘肃武威、宁夏贺兰县等地也发现有新的西夏文活字版佛经。另外，1908 年伯希和率领的法国中亚考古队在敦煌莫高窟也发现有回鹘文木活字，其年代属于 12 世纪晚期。这批回鹘文木活字是世界上现存最早的木活字实物。它表明，在我国中原地区出现活字印刷不久，活字印刷术就先后传播到西夏和回鹘地区。此后，随着蒙古的兴起，活字印刷技术又通过回鹘进一步西传。[①]

活字印刷术在 13 世纪初传播到朝鲜。毕昇的胶泥活字传到朝鲜，称为"陶活字"。青出于蓝而胜于蓝，高丽印刷工人在此基础上，又发明了铜活字。据记载，高丽人崔怡大概在 1234 年用铸造的金属活字印成《古今详定礼文》50 卷 28 本，这是世界上最早的金属活字本。[②] 15世纪时，朝鲜又开始用铅铸字，是世界上第一个铸铅字的国家。

后来活字又由朝鲜传到日本、越南、菲律宾。15 世纪，活字板传到欧洲。公元 1456 年，德国的戈登堡用活字印《戈登堡圣经》，这是欧洲第一部活字印刷品，比中国的活字印刷史晚 400 年。活字印刷术经过德国而迅速传到其他的 10 多个欧洲国家，促使欧洲方艺复兴运动的到来。16 世纪，活字印刷术传到非洲、美洲、俄国的莫斯科，19 世纪传入澳洲。从 13 世纪到 19 世纪，毕昇发明的活字印刷术传遍全世界。全

---

① 陈尚胜：《五千年中外文化交流史》（第 1 卷）世界知识出版社 2002 年版，第 358 页。
② 同上书，第 359 页。

世界人民称毕昇是印刷史上的伟大革命家。①

在活字印刷术传播的过程中，活字不断创新，融合了各国人民的智慧。

火药的发明与发展，也是世界各国人民共同劳动的结晶。火药和火器直接从中国传入伊郎和印度，拥有先进科学技术的阿拉伯又成为火药、火器传入欧洲的媒介。在火药的传播过程中，各国人民对火药进行不断的改进。

天文历法的发展史，是精益求精的历史，也是取长补短的历史。在古代中国与亚洲各国的天文历法交流中，先进的天文历法得到传播，中国与西亚、南亚的各国天文学家互相学习，努力创新，共同推动了天文历法的不断进步。

---

① 《北宋毕昇：活字印刷术的发明人》，湖北在线，2008－8－20。

古代中外科技交流史大事年表[①]

公元前 11 世纪，商朝宗室箕子率部迁移到朝鲜半岛，建立箕氏朝鲜。他们带去中国文化，其中就有中国古代的科学技术。

公元前 210 年，徐福率男女 3000 人移居海外。学术界一般认为他们到了日本，带去了中国的农耕文化和手工业技术。

公元前 2 世纪，黄兴广到交趾海阳头溪乡居住，教当地人制造陶瓷。

公元前 139—127 年，张骞第一次出使西域，开辟了汉朝去中亚的丝绸之路。张骞将苜蓿种子从西域带回中国。

公元前 119—115 年，张骞第二次出使西域，先后访问乌孙、大宛、康居、大月氏、大夏、安息、身毒等国。

公元前 115 年，安息王派遣使者到长安观察中国国情，向汉朝献鸵鸟卵和魔术师。

公元前 103 年，中国的凿井技术通过匈奴传入中亚地区。

公元前 1 世纪左右，中国的冶铁技术通过汉朝逃亡士兵传入中亚地区。

---

① 本大事年表主要介绍古代中国与亚洲国家科技交流的情况。参考借鉴了许多前人著作。其中有李喜所主编、陈尚胜著《五千年中外文化交流史》（第一卷），李喜所主编、林延青、李梦芝等著《五千年中外文化交流史》（第二卷），世界知识出版社 2002 年版。

公元 57 年，倭奴国使节通过朝鲜半岛来华，汉光武帝赐以"汉委（倭）奴国王"印。

公元 69 年，汉朝正式设立永昌郡，正式经营西南丝绸之路。从此，蜀－滇－缅甸－印度的道路全线畅通。

公元 3 世纪初，中亚的葡萄酒制造技术传入汉朝。

231－251 年，孙权遣朱应、康泰出使海南诸国。

264 年，波斯的锁子甲传入中原地区。

4 世纪前半期，中国的造纸术传入朝鲜半岛的高句丽。

366 年，敦煌莫高窟开凿。

4 世纪末 5 世纪初，秦的遗民弓月君率民去日本，不久，阿知使主率汉人赴日。

5 世纪中叶，南朝的《元嘉历》以及医学等科学技术传入百济。

468 年，南朝宋政权应倭王要求派遣纺织、缝衣等工匠前往日本。

541 年，百济向梁朝求取佛经和工匠、画师等。

550 年，波斯僧侣把中国蚕茧带至东罗马。

552 年，中国的蚕桑和丝织技术传入拜占庭。

553 年，中国的天文历算、医学等科学技术通过百济传入日本。

610 年，中国的造纸术通过高句丽僧人传入日本。

627 年，唐玄奘到印度取经。

641 年，唐玄奘从印度回国，带回"天竺猫"。

645 年，日本派遣医生等来唐朝学习中国文化。

647 年，唐太宗遣使赴天竺学习熬糖法。

647 年，泥婆罗国遣使入献波棱、酢菜、浑提葱。

650－670 年，中国的造纸术传入尼泊尔，并由此传入印度。

662－671 年间，日本仿照唐朝国学制度建立"大学寮"，内分"明经道"和"算道"。

665 年，唐朝颁行《麟德历》。印度天文学家曾参与修历。

690 年，日本使用中国的《元嘉历》。

724 年，吐火罗遣使中国献胡药乾陀婆罗等 200 余品。此后，吐火罗又多次向唐朝献质汗药等。

735 年，唐朝的《大衍历》传入日本。

746 年，日本僧人荣睿从唐朝带回《七曜星历》等印度天文学著作。

751 年 8 月，中阿双方在怛罗斯附近决战，唐军失败，被俘工匠把造纸技术传到阿拉伯。

755 年，郑虔编著《胡本草》，介绍域外药物。

780 年，日本使者真人兴能来华献方物，所携带纸张"似蚕而泽"。

781 年，唐朝的《五纪历》传入日本。

793 年，日本桓武天皇迁入新都平安京，该城的建筑布局完全仿照唐朝首都长安。

805 年 5 月，中国茶种由高僧最澄带回日本种植。

829 年，日本颁布《太政府符》命作水车，仿效中国。

859 年，唐朝《宣明律》通过渤海国传入日本。从 862 年开始，日本正式使用该历，直到 1684 年。

公元 9 世纪，《齐民要术》传入日本。

907 年，波斯侨民李珣编写《海药本草》六卷，主要介绍海外药物，增进了中国人民对海外药物的了解。

958 年，占城国王向后周遣使献猛火药等西亚物产。

10 世纪中叶，高丽开始生产青瓷，受宋代越州窑的影响。

10 世纪末，中国雕版印刷技术传入高丽。

1009 年，泉州清净寺建立，这是中国最早的伊斯兰教寺。

1011 年，占城稻传入中国。

1037 年，中亚大学者阿维森纳（980－1037）去世。他所著的《医典》一书含有不少关于中国的医药知识。

1072 年，宋朝派遣医官王愉等人前往高丽传授医术。

1074 年，宋朝医师马世安等人前往高丽传授医术。

1078 年，宋神宗派遣翰林医官邢造等 89 人的庞大医疗专家组前往高丽，为其国王治病并传授医术。

1101 年，宋朝向高丽赠送《神医普救方》，此书被高丽肃宗王誉为"济世之要术"。

1103 年，宋徽宗派遣医官牟介等人前往高丽对该国医生进行培训。

1118 年，宋徽宗派遣翰林医官杨宗立等人前往高丽行医和教学，为期二年。

1168 年，日本留学僧荣西从中国带回茶种，在距京都大约 5 公里远的肥前（今贺佐县）背振山种植成功。

12 世纪中后期左右，中国指南针、航海技术先后传入阿拉伯地区和欧洲。

12 世纪末，日本摄津三宝寺采用中国雕版印刷技术刻印禅宗语录。此后，日本各禅院日渐兴起使用雕版印刷术刻印书籍。

13 世纪初，中国活字印刷术传入高丽。高丽人铸造成铜活字。

1223 年，日本陶工加藤四郎入宋，到天目山学习制陶技术。

1234 年，高丽人崔怡印刷《古今详定礼文》50 卷 28 本，这是世界上最早的金属活字本。

13 世纪中期，中国雕版印刷术传入越南。

1260 年，尼泊尔建筑家和工艺师阿尼哥来到中国，在乌斯藏建造金塔。

1261 年，阿尼哥来到元大都建造白塔（今北京白塔寺），并向中国人传授尼泊尔的泥塑艺术和铜铸技术。

1266 年，元朝定都燕京，8 月，元朝任命也黑迭儿领导宫廷建设。他对宫城的布局、建筑等进行了全面的规划。

1270 年，忽必烈派遣使节到狮子国访问并采购药物。

1281 年，印度泰米尔商人在泉州建造印度教寺院——番佛寺。

1288 年，越南陈圣宗遣使陈克用向元朝求取《大藏经》。

1292 年，元朝在大都和上都两地设置回回药物院，掌管回回医药事务。

1294 年，伊利汗乞合都为摆脱财政危机，仿效元朝雕版印刷纸币。

1294 年，素可泰王朝兰甘亨国王邀请 500 名中国陶瓷工人在素可泰烧制陶器。宋加洛陶瓷诞生。

1300 年，元朝对缅甸用兵时，云南参知政事高庆等人率军协助缅甸当地人民抢修水利灌溉工程，挖掘顶兑运河。

1314 年，回回大师阿老丁在杭州建造真教寺。

1365 年，高丽人文渐益出使元朝，从中国带回棉花种子。

1367 年，元朝优秀雕工俞良甫等人来到日本，雕刻出大量典籍刻版。

1368 年，明朝建立，设置回回司天监，专管伊斯兰历法事务。

1369 年，日本人竹田昌庆来到中国师从道士金翁学医，于 1378 年携带多种中国医书回国。

1373 年，高丽官员崔茂宣结识中国商人李元，向其学得火药制造技术。1377 年，高丽正式生产火药。

1383 年，吴哥使团来中国，明太祖赐给其瓷器 19000 件等。

1390 年，尼八刺王遣使中国，明太祖赐其红罗伞等。

1392 年，明太祖赐闽人三十六姓于琉球，以便于琉球与中国的往来。

1403 年，明成祖遣中官尹庆出使柯枝国。

1405 年起，郑和率领舰队七下西洋。

1406 年，明成祖开始营建北京城，安南人阮安被委任负责总设计。

1414 年，榜葛剌嗣王遣使奉表来谢，贡麒麟及名马方物。

1415 年，明成祖命侯显率舟师赴榜葛剌。其王塞勿丁遣使贡麒麟及诸方物。

1415 年，明朝应朝鲜要求，向朝鲜赠送铜人图。不久，朝鲜即刊印此图并颁布全国。

1417 年，苏禄东王和西王组成 340 余人的大型使团来华朝贡。

1418 年，明成祖遣中官邓诚出使尼八刺。

1425—1435 年间，中国漆工杨埙从日本学得漆器制作技术，回国后大显身手，被后人称之为"泥金画漆法"。

1443 年，安南后黎探花梁如鹄首次奉使赴明，学习中国人刻书方法。

1445 年，朝鲜医官金蒙礼等人依照中国的《太平圣惠方》，编撰《医方类聚》。此书收集了中朝两国医书 153 种。

1465—1487 年，明朝钦天监对阿拉伯《回回历》进行重新翻译补充，改名《七政推步》。

1475 年，朝鲜派纸匠朴非随谢恩使团来明朝学习造纸法。

1478 年，苏丹穆罕默德二世在伊斯坦布尔兴建托普卡帕宫，吉祥门的檐下一组彩画，类似北京故宫或颐和园中的山水彩画。

1487 年，日本僧人田代三喜随使团入明，专门学习中国李东垣、朱丹溪医术。

1488 年，朝鲜人崔溥把中国水车制造之法传入朝鲜。

1551 年，日本出版兽医学著作《马医醍醐》。

1510 年，日本陶瓷工五郎大夫祥瑞随明使来华学习制陶技术，后来他在肥前伊万里开窑，烧制白瓷，销售全国。

1569 年，西双版纳召片领娶缅甸东吁王朝公主，在景洪建立了第一座佛寺。

1574 年，潮州人林凤率民众进入菲律宾吕宋北部山区和土著杂居，在此传播中国耕种技术及其他手工艺。

1587 年，安南黎朝使臣冯克宽把玉米和大豆种子带回国内，后玉米和大豆成为越南的主要农作物之一。

16 世纪，茯苓从中国传入伊朗。

16 世纪，花生经菲律宾传入中国福建。

1592 年，日本侵略者大肆抢劫朝鲜文物，将朝鲜的铜活字带到日本，用来印刷各种书籍。

1593 年，菲律宾华侨陈振龙将甘薯引入福建。

16 世纪末 17 世纪初，伊朗沙法维王朝大力发展陶瓷业，引进数百名中国陶瓷工匠。

16 世纪末 17 世纪初，吕宋华侨将烟草引入福建。

17 世纪，华侨蔡焕玉把"中国犁"带入印尼。

1602 年，华人龚容和西班牙神父何塞共同创造了菲律宾第一部活版印刷机。

1619 年，陈元赟到日本长崎，成为尾张德川侯幕宾，传授中国文学艺术和制陶技术。

1639 年，明末徐光启《农政全书》开出，不久传到日本，受到日本学者的高度重视。

1639 年，南明永历皇帝入缅。追随者居住在缅甸南部地白古一带从事农业生产，使得白古一带成为鱼米之乡。

1654 年，僧人隐元率弟子到达日本长崎，把中国的宗教、建筑、医学等传到日本。

17 世纪 70 年代，广东海康人莫玖到达河仙地区，建立七社村。

1679 年，明广东龙门总兵杨彦迪和总兵陈上川等率兵到达湄公河三角洲（南圻），"起房舍，集华夷，结成廛里"。

17 世纪 80 年代，华侨在雅加达创办造纸厂，把中国造纸技术引入印尼。

1697 年，宫琦安贞的名著《农业全书》问世，被称为日本的第一部重要的百姓农书，在相当大的程度上利用了《农政全书》的成果。

17、18 世纪之交，《天工开物》传入日本。

1727 年，幕府将军德川吉宗为发展养马业，从中国聘请陈采诺等到日本传授养马骑马相马以及医马等技术。

18 世纪，中国潮州农民前往泰国开发农业。

1761 年，雅加达红溪真寺开始兴建，该寺显示了荷兰、爪哇和中国的建筑风格。

1771 年，郑昭王郑信在曼谷隔河对岸建造新都吞武里，有许多华侨参加建设。

1786 年，华侨穆斯林在巴达维亚建筑清真寺，仿效中国式样。

1786 年，缅甸华侨尹蓉受命设计和建筑曼德勒皇城。

1810 年，大批越南人到中国学习科学技术。

1815 年，著名刻工梁阿发随牧师米怜前往马六甲，用木板雕刻汉文《圣经》。

　　1817 年，日本幕府命长崎地方官从中国寻求绵羊，牧养于江户，几年间绵羊繁殖到数百余头。

　　朝鲜李宪宗（1834—1849 年在位）时期，马铃薯自中国传入朝鲜。初种植于北关，不久盛行于朝鲜半岛北部。

　　19 世纪初，越南水利学者黄叔会著《河堤对策》，概述了越南的治水历史，又综合了中国的治水经验。

主要参考文献

一、著作

1. ［西汉］司马迁：《史记》，中华书局 1956 年版。

2. ［东汉］班固：《汉书》，中华书局 1956 年版。

3. ［西晋］陈寿：《三国志》，中华书局 1959 年版。

4. ［南朝宋］范晔：《后汉书》，中华书局 1982 年版。

5. ［唐］房玄龄：《晋书》，中华书局 1974 年版。

6. ［南齐］沈约：《宋书》，中华书局 1974 年版。

7. ［唐］魏征：《隋书》，中华书局 1956 年版。

8. ［后晋］刘昫：《旧唐书》，中华书局 1975 年版。

9. ［北宋］欧阳修等：《新唐书》，中华书局 2003 年版。

10. ［北宋］司马光：《资治通鉴》，中华书局 2007 年版。

11. ［元］脱脱等：《宋史》，中华书局 1962 年版。

12. ［明］宋濂等：《元史》，中华书局 2000 年版。

13. ［清］张廷玉等：《明史》，中华书局 2000 年版。

14. ［清］王鸿绪：《明史稿》，康熙五十三年敬慎堂印本。

15. 赵尔巽：《清史稿》，中华书局 1997 年版。

16. ［南宋］赵汝适：《诸蕃志》，中华书局 1956 年版。

17. 〔明〕黄省曾：《西洋朝贡典录》，中华书局 1982 年版。

18. 〔唐〕玄奘述、辩机撰：《大唐西域记》，万卷出版公司 2009 年版。

19. 〔明〕谈迁：《国榷》，中华书局 2005 年版。

20. 〔明〕王世贞：《弇山堂别集》，中华书局 2006 年版。

21. 〔明〕沈德符：《万历野获编》，中华书局 2007 年版。

22. 〔明〕夏燮：《明通鉴》，中华书局 2009 年版。

23. 〔明〕严从简：《殊域周知录》，余思黎点校，中华书局 1993 年版。

24. 〔明〕张岱：《夜航船》，中华书局 2012 年版。

25. 〔清〕黄遵宪：《日本杂事诗》，岳麓书社 1985 年版。

26. 向达：《蛮书校注》，中华书局 1962 年版。

27. 周达观：《真腊风土记校注》，夏鼐校注，中华书局 1981 年版。

28. 张星烺：《中西交通史料汇编》，中华书局 1977 年版。

29. 吴晗：《朝鲜李朝实录中的中国史料》（第 1 册），中华书局 1980 年版。

30. 陈显泗、许肇琳等：《中国古籍中的柬埔寨史料》，河南人民出版社 1985 年版。

31. 中国社科院历史研究所编：《古代中越关系史资料选编》，中国社会科学出版社 1982 年版。

32. 景振国：《中国古籍中有关老挝资料汇编》，河南人民出版社 1985 年版。

33. 〔越〕吴士连：《大越史记全书》，日本东京大学东洋雪文献中心丛刊 1979 年版。

34. 〔菲律宾〕格雷戈里奥·F. 赛义德：《菲律宾共和国历史、政府与文明》，吴世昌、温锡增译，商务印书馆 1979 年版。

35. 〔印尼〕部·阿·杜尔：《印度尼西亚的华侨》，明星出版社 1960 年版。

36. 〔日〕木宫太彦：《日中文化交流史》，胡锡年译，商务印书馆 1980 年版。

37. 〔英〕哈威：《缅甸史》，姚楠译，陈炎校订，商务印书馆 1957 年版。

38. ［印尼］萨努西·尼巴：《印度尼西亚史》，吴世璜译，商务印书馆1959年版。

39. ［英］D.G.E.霍尔：《东南亚史》，中山大学东南亚历史研究所译，商务印书馆1982年版。

40. ［越］陶维英：《越南古代史》，刘统文、子钺译，商务印书馆1976年版。

41. ［越］越南社会科学院委员会：《越南历史》，北京大学东语系越南语教研室译，北京人民出版社1977年版。

42. ［英］李约瑟原著：《中华科学文明史》（1—4），柯林·罗南改编，上海交通大学科学技术史系译，上海人民出版社2003年版。

43. ［美］迈克尔·H.哈特：《历史上最有影响的100人》，苏世军、周宇译，湖北教育出版社1991年版。

44. ［法］G.赛代斯：《东南亚的印度化国家》，蔡华、杨保筠译，商务印书馆2008年版。

45. ［新］尼古拉·塔林：《剑桥东南亚史》，贺圣达等译，云南人民出版社2003年版。

46. ［泰国］黎道纲：《泰境古国的演变与室利佛逝的兴起》，中华书局2007年版。

47. 北京大学东南亚研究所：《东南亚文化研究论文集》，经济日报出版社2004年版。

48. 陈序经：《陈序经东南亚古史研究合集》，海天出版社1992年版。

49. 张秀民：《中越关系史论文集》，台北文史哲出版社1992年版。

50. 陈显泗：《柬埔寨两千年史》，中州古籍出版社1990年版。

51. 郭振铎、张笑梅：《越南通史》，中国人民大学出版社2001年版。

52. 王介南：《中外文化交流史》，书海出版社2000年版。

53. 金应熙：《菲律宾史》，河南人民出版社1990年版。

54. 李连庆：《印度史话》，世界知识出版社1987年版。

55. 陈玉龙等：《汉文化论纲》，北京大学出版社1993年版。

56. 何成轩：《儒学南传史》，北京大学出版社2000年版。

57. 季羡林：《文化交流的轨迹》，经济日报出版社 1977 年版。

58. 季羡林：《中印文化交流史》，中国社会科学出版社 2008 年版。

59. 王民同等：《东南亚史纲》，云南大学出版社 1994 年版。

60. 余定邦、喻常森：《近代中国与东南亚关系史》，中山大学出版社
    1998 年版。

61. 樊洪业：《耶稣会士与中国科学》，中国人民大学出版社 1991 年版。

62. 何芳川：《中外文化交流史》，国际文化出版公司 2008 年版。

63. 贺圣达：《东南亚文化发展史》，云南人民出版社 1996 年版。

64. 申旭：《老挝史》，云南大学出版社 1990 年版。

65. 周一良：《中外文化交流史》，河南人民出版社 1988 年版。

66. 梁志明等：《古代东南亚历史与文化研究》，昆仑出版社 2006 年版。

67. 陈尚胜：《五千年中外文化交流史》（第 1 卷），世界知识出版社
    2002 年版。

68. 林延青、李梦芝：《五千年中外文化交流史》（第 2 卷），世界知识
    出版社 2002 年版。

69. 李俨：《中算史论丛》（第 5 集），科学出版社 1955 年版。

70. 清华大学图书馆科技史研究室编辑：《中国科技史资料选编》，清华
    大学出版社 1981 年版。

71. 自然科学史研究所主编：《科技史文集》（第 3 辑），上海科学技术
    出版社 1980 年版。

72. 杜石然等：《中国科学技术史稿》，科学出版社 1982 年版。

73. 张明、于井尧：《中国科技史》，吉林文史出版社 2006 年版。

74. 全林：《科技史简史》，科学出版社 2002 年版。

75. 乐爱国：《儒家文化与中国古代科技》，中华书局 2002 年版。

76. 中国中日关系史研究会编：《日本的中国移民》，三联书店 1987 年
    版。

77. 沈福伟：《中西文化交流史》，上海人民出版社 2006 年版。

78. 沈福伟：《中国与西亚非洲文化交流志》，上海人民出版社 1998 年
    版。

79. 钱健：《中外科技交流史考论》，齐鲁书社 2008 年版。

80. 杨保筠：《中国文化在东南亚》，大象出版社 1997 年版。

81. 续建宜、刘亚林：《世界文明古国述略》，上海教育出版社 1998 年版。

82. 徐振保：《中外文化交流记趣》，复旦大学出版社 1996 年版。

83. 何平：《中南半岛民族的渊源与流变》，民族出版社 2006 年版。

84. 王晓秋等：《中日文化交流史大系（一）》（历史卷），浙江人民出版社 1996 年版。

85. 陈烈甫：《菲律宾与中菲关系》，南洋研究出版社 1955 年版。

86. 陈梧桐：《中国文化通史·明代卷》，北京师范大学 2009 年版。

87. 黄启臣：《广东海上丝绸之路史》，广东经济出版社 2003 年版。

88. 杨曾云：《日本佛教史》，人民出版社 2008 年版。

89. 李威周、刘志义：《中日文化交流史话》，山东教育出版社 1996 年版。

90. 张远志：《中国印度尼西亚文化交流》，北京大学出版社 1999 年版。

91. 陶雪、金之平：《古代中国与海外》，山东教育出版社 1997 年版。

92. 张晔：《东南亚华侨华人历史与现状》，旅游出版社 2001 年版。

93. 杨万秀、罗晃潮：《中华文化与海外华侨华人》，广州出版社 1998 年版。

94. 巫乐华：《南洋华侨史话》，商务印书馆 1997 年版。

95. 高伟浓：《走向近世的中国与朝贡国关系》，广东高等教育出版社 1993 年版。

96. 范宏贵：《同根生的民族——壮泰各族渊源与文化》，光明日报出版社 2000 年版。

97. 高伟浓等：《粤籍华侨华人与粤地对外关系史》，中国华侨出版社 2005 年版。

98. 段立生：《泰国史散论》，广西人民出版社 1987 年版。

99. 赵和曼：《东南亚手册》，广西人民出版社 2000 年版。

100. 郎天咏：《东南亚艺术》，河北教育出版社 2003 年版。

101. 华嘉：《千岛之国》，广东人民出版社 1958 年版。

102. 刘必权：《尼泊尔》，社会科学文献出版社 2004 年版。

103. 杨长源：《缅甸概况》，中国社会科学出版社 1990 年版。

104. 王宏纬：《尼泊尔》，社会科学文献出版社 2004 年版。

105. 王兰：《斯里兰卡》，社会科学文献出版社 2004 年版。

106. 黄维民：《土耳其人》，三秦出版社 2004 年版。

107. 马树洪等：《老挝》，社会科学文献出版社 2004 年版。

108. 陆容：《菽园杂记》，中华书局 1985 年版。

109. 翦伯赞：《中国史纲要》（增订本），北京大学出版社 2006 年版。

110. 白寿彝：《中国通史》（第 9 卷），上海人民出版社 1999 年版。

111. 吴晗：《明朝大历史》，陕西师范大学出版社 2010 年版。

112. 朱绍侯等：《中国古代史》，福建人民出版社 2001 年版。

113. 李利安等：《中国高僧正传》，三秦出版社 2005 年版。

114. 张帆：《中国古代简史》，北京大学出版社 2001 年版。

115. 张安奇、步近智：《中华文明史》（第 8 卷），河北教育出版社 1994 年版。

116. 潘醒农：《潮侨溯源集》，美国新泽西八方文化企业公司 1993 年版。

117. 李云泉：《朝贡制度史论》，新华出版社 2004 年版。

118. 朱云影：《中国文化对日韩越的影响》，台湾黎明文化事业有限公司 1981 年版。

119. 方豪：《中西交通史》，上海人民出版社 2008 年版。

120. 柳怡征：《中国文化史》，东方出版社 2008 年版。

121. 黄时鉴：《解图插说中西关系史年表》，浙江人民出版社 1994 年版。

122. 张国刚等：《中西文化关系史》，高等教育出版社 2006 年版。

123. 王怀兴：《中国文化简史》，齐鲁书社 2002 年版。

124. 刘锋：《宗教与中国传统文化》，山东教育出版社 1990 年版。

125. 鲁毅等：《外交学概论》，世界知识出版社 1997 年版。

126. 金正昆：《外交学》，中国人民大学出版社 2004 年版。

127. 吴格言：《文化传播学》，中国物资出版社 2004 年版。

128. 王怀兴：《世界文化简史》，齐鲁书社 2002 年版。

129. 周发祥、李岫：《中外文学交流史》，湖南教育出版社 1999 年版。

130. 唐廷猷：《中国药业史》，中国医药科技出版社 2003 年版。

131. 李未醉：《中越文化交流论》，光明日报出版社 2009 年版。

132. 李未醉：《中外文化交流与华侨华人研究》，华龄出版社 2006 年版。

二、论文

133. 季羡林：《中印智慧的结晶》，载周一良主编：《中外文化交流史》，河南人民出版社 1987 年版。

134. 梁志明：《源远流长－中国与越南老挝柬埔寨的文化交流》，载何芳川主编：《中外文化交流史》，国际文化出版公司 2008 年版。

135. 杨通方：《源远流长的中朝文化交流》，载周一良主编：《中外文化交流史》，河南人民出版社 1987 年版。

136. 郭保纲：《古代中国和老挝的历史关系》，载《中国东南亚研究通讯》1985 年第 3 期。

137. 夏应元：《相互影响两千年的中日文化交流》，载周一良主编：《中外文化交流史》，河南人民出版社 1987 年版。

138. 陈玉龙：《中国和越南老挝柬埔寨文化交流》，载周一良主编：《中外文化交流史》，河南人民出版社 1987 年版。

139. 周南京：《历史上中国和印尼的文化交流》，载周一良主编：《中外文化交流史》，河南人民出版社 1987 年版。

140. 周南京：《中国和菲律宾文化交流的历史》，载周一良主编：《中外文化交流史》，河南人民出版社 1987 年版。

141. 周南京：《回顾中国和马来西亚文莱文化交流的历史》，载周一良主编：《中外文化交流史》，河南人民出版社 1987 年版。

142. 陈炎：《中缅文化交流两千年》，载周一良主编：《中外文化交流史》,河南人民出版社 1987 年版。

143. 陈玉龙:《中柬友好关系的三次高潮》,载《中国与亚非国家关系史论丛》,江西人民出版社 1984 年版。

144. 谢远章:《泰——傣古文化的华夏影响及其意义》,《东南亚》1985年第 5 期。

145. 潘吉星:《〈本草纲目〉在国外的传播》,载自然科学史研究所主编:《科技史文集》第 3 辑,上海科学技术出版社 1980 年版。

146. 张孟闻:《四灵考》,载李国豪等主编:《中国科技史探索》,上海古籍出版社 1982 年版。

147. 胡道静:《朝鲜汉文农学撰述的结集》,载李国豪等主编:《中国科技史探索》,上海古籍出版社 1982 年版。

148. 葛治伦:《1949 年以前的中泰文化交流》,载周一良主编:《中外文化交流史》,河南人民出版社 1987 年版。

149. 朱杰勤:《中国陶瓷和制陶技术对东南亚的传播》,载《中外关系史论文集》,河南人民出版社 1984 年版。

150. 梁志明、郑翠英:《论东南亚古代铜鼓文化及其在东南亚文化发展史上的意义》,《东南亚研究》2001 年第 5 期。

151. 傅增有:《中泰文化交流的特点研究》,载北京大学东南亚研究所:《东南亚文化研究论文集》,经济日报出版社 2004 年版。

152. 黄祥续:《中越历史上的医药交流》,《印度支那研究》1981 年第 2 期。

153. 黄仁宇:《明太宗实录中的年终统计——李老博士所称中国官僚主义的一个例证》,载李国豪等主编:《中国科技史探索》,上海古籍出版社 1982 年版。

154. 王心喜:《钱氏吴越国与日本的交往及其在中日文化交流史上的地位》,《中国文化研究》2003 年第 3 期。

155. 周伟洲:《扶南乐与骠国乐》,载林超民主编:《民族学通报》(第一辑),云南大学出版社 2001 年版。

三、英文

156. Explorations in The history of Science and technology in China, *Chief editors*, *LiGuohao*, *Zhang Mengwen*, Cao Tianqin, Shanghai Chinese Classics Publishing House, 1982.

157. Brian Harrison. *Southeast Asia. A short History*, London, 1954.

158. E. Renaudot, *Ancient Accounts of India and China by Two Mohammedan Tranvelleres*, London, 1733.

159. David Hooper, *On Chinese Medicine*: *Drugs of Chinese Pharmacies in Malaya*, *in The Garden's Bulletin*, Strait Settlements, Vol. V1, December 1929, Part 1, No1—5.

后 记

　　著者多年来从事中外科技交流史的教学和研究，很想在此研究方面有所建树，故近年鼓足勇气撰写此部著作。

　　在拙著的写作过程中，我们得到了暨南大学高伟浓教授等人的鼓励和指导；前人的研究成果，是撰写拙著的基础，特别是沈福伟、钱健等先生的有关著述对我们写作帮助较大。在此，对上述先生一并表示衷心的感谢。

　　中外科技交流史的内容广博，中国与世界上许多地区和国家都有着广泛的科技交流，我们不可能在一本书中全面深刻地论述其历史。因此，拙著有意识地选择了古代中国与亚洲各国的科技交流史作为研究的对象。因为选题专注于亚洲部分，远远不能反映古代中外科技交流史的全貌，故取名为《古代中外科技交流史略》。

　　拙著写作开始于 2008 年初，至 2012 年 12 月完稿，历经五年。其间我们承担了大量的教学与科研工作，事务繁杂，花费了大量的时间和精力，进而影响了资料的全面收集。由于时间和资料有限，更由于我们理论水平不高，拙著必然具有一定的局限性与不成熟性，我们诚恳地期待大雅方家不吝指正。

李未醉

2012 年 12 月